中国农村改革四十年研究丛书编委会

主 任

龚　云（中国社会科学院）

委 员（排名不分先后）

李　明（中国农业大学）

仝志辉（中国人民大学）

王双印（深圳大学）

苏保忠（中国农业大学）

吕文林（中国农业大学）

周　进（中国社会科学院）

黄艳红（中国社会科学院）

彭海红（中国社会科学院）

李　霞（北京化工大学）

湖北省学术著作出版专项资金资助项目

中国农村改革四十年研究丛书

全国高校出版社主题出版

中国农村社会保障研究

Research on Rural Social Security in China

苏保忠 ◎ 著

华中科技大学出版社
http://www.hustp.com
中国·武汉

作者简介　About the Author

苏保忠

中国农业大学经济管理学院教授、博士生导师，国际期刊 China Agricultural Economic Review 编辑协调人兼编辑办公室主任，中国社会科学院农村发展研究所研究员。曾任美国哈佛大学肯尼迪政府学院亚洲研究员和美国宾夕法尼亚州立大学农学院访问学者。兼任北京食品安全政策与战略研究基地研究员、中国行政管理学会理事、全国政府绩效管理研究会副秘书长和北京农业经济学会理事。主要研究领域包括农业农村发展政策、农村社会保障、公共治理绩效评价以及人力资源与组织管理创新等。在《人口与发展》《调研世界》《中国行政管理》，以及 Land Use Policy、Journal of Rural Studies 等国内外期刊上发表中英文论文30多篇；出版著作《中国农村养老问题研究》《大邦之本：中国农村改革40年》和主编教材《公共管理学》以及参编《农业经济学》等，翻译专业图书2部。主编的《领导科学与艺术》获得了2011年度北京市精品教材奖和清华大学出版社2011年度最佳畅销书称号。主持和参与国家市场监管总局、农业农村部、教育部课题，国家自然科学基金项目、国家社会科学基金项目等40余项。

内容提要

　　自改革开放以来,中国农村的社会保障模式经历了一个从土地保障模式到社会保障模式的渐进式演变过程。本书以城乡二元结构为背景,以制度变迁理论为基础,以农村养老保障制度、农村医疗保障制度、农村社会救助制度和农村社会福利制度为基本内容,覆盖普通农民、失地农民和外出务工农民三大群体,深刻剖析我国农村社会保障制度的制度演变过程和未来发展趋势。本书以制度变迁理论为基础,汲取当代研究思维之精华,旨在系统梳理改革开放以来中国农村社会保障制度的变迁过程,总结其发展经验和面临的挑战,进而对未来发展进行展望,具有较高的学术价值,对进一步丰富农村社会保障学科研究和促进我国农村社会保障制度实践具有重要的现实意义。

改革是农村发展的根本动力

农业强不强、农村美不美、农民富不富,决定着亿万中国农民的获得感和幸福感,决定着我国全面小康社会的成色和社会主义现代化的质量。

1978年十一届三中全会以来,农村率先开始了一系列旨在解放和发展生产力、实现共同富裕的重大改革。农村改革拉开了中国改革开放的序幕,被称为"启动历史的变革"。

中国农村改革自1978年安徽小岗村实行家庭联产承包责任制开始,历经40年,敢闯敢试,波澜壮阔,影响深远,大致经历了以下五个阶段。

1978年至1984年是中国农村改革的启动阶段。农村改革从改变基本经营制度开始,推行"包产到户"和"包干到户"等责任制,逐步形成了家庭联产承包责任制,农民成为自主经营的生产者,农户成为相对独立的市场经营主体,极大地调动了农民的积极性。

1985年至1991年是农村以市场化为导向的改革探索阶段。随着农村基本经营制度的逐步确立,农村改革进入探索市场化改革阶段,改革重点主要在改革农产品流通体制、培育农产品市场、调整农村产业结构和促进非农产业发展等方面。

1992年至2001年是农村改革全面向社会主义市场经济体制过渡阶段。1992年初邓小平发表的南方谈话和10月中共十四大的召开,确立了社会主义市场经济体制的改革目标,农村改革由此进入了全面向社会主义市场经济体制过渡的时期,初步建立了农产品市场体系,市场机制在调节农产品供求和资源配置等方面逐步发挥着基础性作用。

2002年至2011年是中国农村全面综合改革阶段。这一阶段农村改革的突出特征在于把农业、农村、农民问题放在国民经济整体格局下,聚焦农业、农村、农民发展的深层次矛盾和问题,以农村综合改革和社会主义新农村建设为主要抓手,实行"以工促农、以城带乡",加强城乡统筹,促进农村全面发展。

2012年中共十八大以来,中国农村改革进入全面深化阶段。2015年11月,中共中央、国务院发布《深化农村改革综合性实施方案》,明确了深化农村改革的指导思想、目标任务、基本原则、关键领域、重大举措和实现路径,是十八大以来农村改革重要的指导性、纲领性文件,对深化农村改革发挥了重大的推动作用。2017年十九大以后,启动乡村振兴战略。中国农村改革进入向纵深推进阶段。全面深化农村改革的关键性领域是农村集体产权制度、农业经营制度、农业支持保护制度、城乡发展一体化体制机制和农村社会治理体系。这五大领域的改革,对健全符合社会主义市场经济要求的农村制度体系,具有"四梁八柱"的作用。

改革开放四十年来,中国农村发生了翻天覆地的变化。习近平总书记指出:"改革开放以来农村改革的伟大实践,推动我国农业生产、农民生活、农村面貌发生了巨大变化,为我国改革开放和社会主义现代化建设作出了重大贡献。这些巨大变化,使广大农民看到了走向富裕的光明前景,坚定了跟着我们党走中国特色社会主义道路的信心。对农村改革的成功实践和经验,要长期坚持、不断完善。"农业农村发展取得的成就主要体现在以下两个方面。

农民的物质生活水平有了显著提高,向全面小康社会迈进。农村改革在促进增产增收、解决吃饭问题和贫困问题等方面的效果极为明显。1978年至2017年,农村居民年人均纯收入由134元增加到13400多元。1978年,我国农村贫困人口[当时的贫困线标准为100元/(人·年)]为2.5亿人,贫困发生率为30.7%;到2020年,农村贫困人口全部脱贫。

农民的精神面貌发生了显著变化。农民成为相对独立的经营主体,农民的公民权利得到实现,农民的主动性、积极性、创造性得到极大调动,农民的精神生活日益丰富。

农村改革发展40年,经验很多,主要有下面五条:一是坚持马克思主义的一切从实际出发、解放思想、实事求是、与时俱进的思想路线;二是正确处理国家与农民的关系,保障农民经济利益,尊重农民民主权利,满足农民的精神需要;三是尊重客观规律,尊重自然规律、农业规律、经济规律;四是始终坚持农村土地集体所有制这个社会主义农村基本经济制度;五是始终把解决好"三农"问题这个关系国计民生的根本性问题作为全党工作的重中之重。

中国特色社会主义进入新时代,习近平总书记多次强调:"小康不小康,关键看老乡。一定要看到,农业还是'四化同步'的短腿,农村还是全面建成小康社会的短板。""我国农业农村发展面临的难题和挑战还很多,任何时候都不能忽视和放松'三农'工作。"2018年3月8日,习近平总书记在参加十三届全国人大一次会议山东代表团审议时明确指出:"实施乡村振兴战略,是党的十九大作出的重大决策部署,是决胜全面建成小康社会、全面建设社会主义现代化国家的重大历史任务,是新时代做好'三农'工作的总抓手。"

我国改革是有方向、有立场、有原则的。2013年12月23日,习近平总书记在中央农村工作会议上的讲话中指出:不管怎么改,都不能把农村土地集体所有制改垮了,不能把耕地改少了,不能把粮食生产能力改弱了,不能把农民利益损害了。实现乡村振兴,需要高度重视下面几个问题。

巩固和完善农村基本经营制度。习近平总书记指出,农村基本经营制度是党的农村政策的基石。坚持党的农村政策,首要的就是坚持农村基本经营制度。

第一,坚持农村土地农民集体所有。这是坚持农村基本经营制度的"魂"。农村土地属于农民集体所有,这是农村最大的制度。农村基本经营制度是农村土地集体所有制的实现形式,农村土地集体所有权是土地承包经营权的基础和本位。坚持农村基本经营制度,就要坚持土地集体所有。

第二,坚持家庭承包经营的基础性地位,在动态中稳定农民的家庭承包经营权益。

第三，坚持稳定土地承包关系。党的十九大报告明确了农村第二轮土地承包到期后再延长30年。

深化农村集体产权制度改革。发展壮大村级集体经济是强农业、美农村、富农民的重要举措，是实现乡村振兴的必由之路。习近平总书记指出："集体经济是农村社会主义经济的重要支柱，只能加强，不能削弱。"农村集体产权制度改革是巩固社会主义公有制、完善农村基本经营制度的必然要求，不断深化农村集体产权制度改革，探索农村集体所有制的有效实现形式，盘活农村集体资产，构建集体经济治理体系，形成既体现集体优越性又调动个人积极性的农村集体经济运行新机制，对于坚持中国特色社会主义道路、完善农村基本经营制度、增强集体经济发展活力、引领农民逐步实现共同富裕具有深远的历史意义。要按照分类有序的原则推进改革，逐步构建归属清晰、权能完整、流转顺畅、保护严格的中国特色社会主义农村集体产权制度，保护和发展农民作为农村集体经济组织成员的合法权益，以推进集体经营性资产改革为重点任务，以发展股份合作等多种形式的合作与联合为导向，坚持农村土地集体所有，探索集体经济新的实现形式和运行机制，不断解放和发展农村社会生产力，促进农业发展、农民富裕、农村繁荣，为推进城乡协调发展、巩固党在农村的执政基础提供重要支撑和保障。

实现小农户和现代农业发展有机衔接。我国的农业经营目前主要以小农形式存在，这是由我国国情决定的。习近平总书记2016年4月25日在安徽省小岗村关于深化农村改革的讲话中明确指出：一方面，我们要看到，规模经营是现代农业发展的重要基础，分散的、粗放的农业经营方式难以建成现代农业；另一方面，我们也要看到，改变分散的、粗放的农业经营方式是一个较长的历史过程，需要时间和条件，不可操之过急，很多问题要放在历史大进程中审视，一时看不清的不要急着去动。他多次强调，农村土地承包关系要保持稳定，农民的土地不要随便动。农民失去土地，如果在城镇待不住，就容易引发大问题。这在历史上是有过深刻教训的。这是大历史，不是一时一刻可以看明白的。在这个问题上，我们要有足够的历史耐心。习近平总书记还强调：创新农业经营体系，不能忽视了普通农户。经营家庭承包耕地的普通农户仍占大多数，这个情况在长时期内无法根本改变。由于小农户将长期存在，在新时代农村改革发展实践中需要探索如何实现小农户与现代农业发展有机衔接的问题，准确把握土地经营权流转、集中、规模经营的度，与城镇化进程和农村劳动力转移规模相适应，与农业科技进步和生产手段改进程度相适应，与农业社会化服务水平相适应。

中国农村改革经过40年发展，站在新的历史起点上。新时代的农村改革仍将是全面深化改革的重要领域，农村发展水平决定着全面建成小康社会和社会主义现代化强国的整体水平。我们任何时候都不要忘了农村改革的初心，巩固和完善社会主义制度，最终实现全体农民共同富裕！

中国社会科学院习近平新时代中国特色社会主义思想研究中心执行副主任
中国社会科学院中国特色社会主义理论体系研究中心副主任
中国社会科学院世界社会主义研究中心副主任

2018 年 9 月

目　　录

第一章　引论　　1

第一节　农村社会保障的制度变迁　　2
一、新中国成立初期的农村社会保障制度安排　　3
二、改革开放后农村社会保障制度的不断探索　　6
三、21世纪以来农村社会保障制度的建立与逐步完善　　9

第二节　农村社会保障的基本特点　　10
一、农村社会保障制度发展滞后　　11
二、农村社会保障总体水平较低　　11
三、农村社会保障立法尚不健全　　12

第三节　农村社会保障发展面临的主要挑战　　13
一、人口老龄化问题日益严峻　　13
二、农民工社会保障处境尴尬　　14
三、农村社会保障投入资金短缺　　15
四、农民社保观念滞后　　15

第四节　本书所要回答的几个问题　　16

第二章 农村养老保障制度　　19

第一节　农村社会养老保险制度的发展历程　　20
一、"老农保"阶段(1986—2009 年)　　22
二、"新农保"阶段(2002—2014 年)　　27
三、"新农保"制度的创新与改进　　31

第二节　农村社会养老保险制度的现状审视　　33
一、现行农村社会养老保险制度的主要内容　　34
二、现行农村社会养老保险制度存在的问题　　35
三、农村社会养老保险制度的国际借鉴及启示　　37

第三节　农村社会养老保险制度的未来展望　　41
一、农村社会养老保险制度的发展趋势　　41
二、对我国农村社会养老保险制度的政策建议　　43

第三章 农村医疗保障制度　　49

第一节　中国农村医疗保障的历史沿革　　50
一、农村合作医疗的萌芽和发展时期(20 世纪 40—60 年代)　　50
二、农村合作医疗的高潮时期(20 世纪 60—80 年代)　　51
三、农村合作医疗的衰退时期(20 世纪 80—90 年代)　　52
四、农村合作医疗的探索和重建时期(20 世纪 90 年代至 21 世纪初)　　53
五、新型农村合作医疗的建设时期(21 世纪初至今)　　56

第二节　新型农村医疗保障的现状及特点　58
一、新型农村医疗保障的现状　58
二、新型农村医疗保障的特点　60

第三节　农村医疗保障存在的问题　64
一、医疗卫生财政投入不足，城乡医疗卫生资源分配不均衡　65
二、筹资机制尚需改进，筹资难度较大　66
三、新型农村合作医疗制度设计不完善　67
四、农村医疗卫生服务水平低　68
五、政策环境和法理基础制约　68

第四节　国外农村医疗保障的经验借鉴　69
一、墨西哥的农村医疗保险制度　69
二、巴西的全民医疗保险制度　70
三、泰国农村的医疗保障制度——"30铢计划"　71
四、印度农村的医疗保障机制　72
五、典型国家农村医疗保障制度对我国的启示　74

第五节　农村医疗保障的发展趋势　75
一、设施完善　76
二、人员培养　76
三、资金投入　77
四、制度建设　78

第四章 农村社会救助制度　81

第一节　农村社会救助制度演变：改革开放后　82
一、改革阶段(1978—1992 年)　83
二、发展阶段(1992—2002 年)　85
三、完善阶段(2003 年至今)　88

第二节　农村社会救助制度现状　89
一、农村五保制度现状　90
二、农村救灾制度现状　92
三、农村最低生活保障制度　93
四、农村扶贫开发政策现状　95
五、新型农村合作医疗制度现状　97
六、教育救助制度现状　98

第三节　农村社会救助制度现存的问题　100
一、农村社会救助水平偏低　101
二、农村社会救助对象难界定　101
三、农村社会救助主体权责不明　102
四、农村社会救助资金存在缺陷　103
五、农村社会救助法律体系不健全　103
六、农村社会救助管理体系不完善　104

第四节　国外农村社会救助制度的经验借鉴　105
一、发达国家农村社会救助——比较完善的安全网　105
二、发展中国家农村社会救助——各具特色的安全网　107
三、国外农村社会救助成功的经验启示　110

第五节　农村社会救助制度的发展趋势　　113
一、实现城乡一体化救助　　114
二、明确各级主体职责　　115
三、建立财政长效投入机制　　116
四、加强救助法律建设　　117
五、提高救助标准与水平　　117
六、转变单一的救助形式　　118
七、完善救助监管体制　　119
八、动员社会力量参与救助　　120

第五章　农村社会福利制度　　121

第一节　引　　言　　122

第二节　改革开放以来农村社会福利变迁　　123
一、传统社会福利制度时期　　123
二、探索新型社会福利制度时期　　126
三、新型社会福利制度时期　　128

第三节　农村社会福利的现状及特点　　132
一、农村老年人社会福利　　132
二、农村儿童社会福利　　137
三、农村残疾人社会福利　　140

第四节　农村社会福利存在的问题　　143
一、城乡差距大、发展不平衡　　143
二、各项福利制度发展不平衡　　144

三、农村社会福利管理机制缺失 　　145
四、社会福利队伍缺乏专业人才 　　146

第五节　国外社会福利经验借鉴　　147
一、发达国家社会福利 　　147
二、发展中国家社会福利 　　151
三、对我国社会福利政策的经验借鉴 　　152

第六节　农村社会福利的发展方向　　153
一、发挥多主体在农村社会福利发展中的作用 　　153
二、城乡融合统筹发展社会福利事业 　　155
三、健全各项农村社会福利模式 　　156
四、建立监督检查和评估机制 　　158

第六章　失地农民社会保障　　161

第一节　失地农民社会保障制度的演变　　162
一、失地对农民的影响 　　162
二、失地农民社会保障制度的演变 　　163

第二节　失地农民社会保障制度现状　　172
一、失地农民社会保障制度的基本原则 　　172
二、失地农民社会保障制度现状 　　175

第三节　失地农民社会保障存在的问题　　183
一、失地农民最低生活保障的问题 　　184
二、失地农民养老保障的问题 　　186

三、失地农民医疗保障的问题　　189
　　四、失地农民就业保障的问题　　191

第四节　国外失地农民社会保障制度的借鉴　　193
　　一、美国失地农民社会保障制度　　193
　　二、日本失地农民社会保障制度　　195
　　三、英国失地农民社会保障制度　　196

第五节　失地农民社会保障发展展望　　198
　　一、失地农民的最低生活保障　　198
　　二、失地农民的养老保障　　200
　　三、失地农民的医疗保障　　201
　　四、失地农民的就业保障　　202

第七章　农民工社会保障制度　　207

第一节　农民工社会保障发展回顾　　208
　　一、问题的出现　　208
　　二、实践的探索　　209
　　三、体系的优化　　210

第二节　农民工社会保障现状　　212
　　一、农民工当前基本状况　　212
　　二、农民工社会保险现状　　214
　　三、农民工社会救助与社会福利现状　　217

第三节　农民工社会保障存在的问题　　221

一、政策设计中的问题　　221
　　二、政策执行中的问题　　222
　　三、政策评估中的问题　　223
　　四、国外相关经验　　224

第四节　农民工社会保障未来展望　　225

第八章　农村社会保障发展展望　　229

第一节　农村社会保障发展的主要趋势　　230
　　一、城乡一体化社会保障建设将进一步加快　　230
　　二、农村社会保障项目将均衡发展　　231
　　三、政府主导地位加强　　231
　　四、农村社会保障水平进一步提高　　232
　　五、农村社会保障多层次发展　　232

第二节　农村社会保障的政策方向　　233
　　一、坚持走中国特色社会保障道路　　233
　　二、进行理念创新　　234
　　三、土地制度创新　　234
　　四、强化政府主体地位　　235
　　五、深化户籍制度改革　　235

参考文献　　236

后记　　248

第一章

引 论

2018年,是中国改革开放四十年,也是农村改革四十年。在这四十年间,中国农村经济社会发生了巨大而深刻的变化,农村社会保障制度就是其中的关键内容之一。

同世界上许多国家存在城乡二元结构一样,新中国成立后也逐渐形成了城乡二元结构,并被包括人民公社制度、户籍制度及附着在户籍制度之上的就业、教育、福利保障以及粮食供给等在内的一系列制度安排所固化。在农村,受传统农村生产方式的影响,形成了以土地为依托、家庭或集体为责任主体的农村社会保障模式。经过改革开放四十年来的渐进式改革,国家不断推进以人民为中心发展取向的社会保障体系建设,中国农村社会保障制度逐渐摆脱"以家庭或集体为主体"的模式制约,开始走上制度创新的道路,同时也开启了新时代国家发展的新征程。

当前,中国特色社会主义已进入新时代,同时,中国社会面临的发展不平衡不充分问题突出体现在农村。为此,加强和完善覆盖城乡的中国社会保障体系建设,不仅是保障基本民生的需要,更是满足城乡居民美好生活的需要和维护全体人民走向共同富裕的重要制度安排。本书的目的就是试图在改革开放四十年之际,从制度变迁的角度,回顾农村社会保障制度四十年的发展历程,总结过去的经验和教训,并由此得出中国农村社会保障制度未来的发展方向,进而为推进中国社会保障制度发展、促进人民生活水平提高提供借鉴。

第一节 农村社会保障的制度变迁

制度变迁是一个制度不均衡时追求潜在获利机会的自发交替行为[①],

---

① 道格拉斯·C.诺思.经济史中的结构与变迁[M].陈郁,罗华平,等译.上海:上海三联书店,上海人民出版社,1994.

其变迁过程既可以由政府引入法律、政策和命令强制进行,也可以由个人或自愿团体为响应获利机会自发倡导、组织和实行[①]。根据制度变迁理论,制度变迁具有路径依赖性,即制度变迁一旦进入某一路径(不论好坏),就可能对这种路径产生依赖,它既可能进入良性循环轨道迅速优化,也可能顺着原来的错误路径往下滑,甚至被锁定在某种状态下而导致停滞。就当前我国农村社会保障制度的变迁过程而言,它既是一个由农村家庭、社区为主体的社会保障制度向以农村社会保险为基础的社会保障制度渐变的过程,也是一个由路径依赖下的城乡社会保障制度分割到逐步向城乡社会保障融合,最终走向城乡一体化的社会保障制度创新过程。

一、新中国成立初期的农村社会保障制度安排

在传统的农业社会,土地是农民最重要的生产资料,也是维持生产生活、抵抗风险的基本手段,因此,以土地为基础、以家庭为主体的制度安排成为过去农村社会最主要的社会保障方式之一。土地不仅是农村家庭最主要的生产方式和经济来源,还是农村社会保障的核心内容。一方面,农民通过占有和使用土地取得收入,实现其资产价值;另一方面,土地具有社会保障功能,是养老保障的重要内容。这种社会保障模式与传统中国农村社会的政治、经济和文化相适应,对维护传统社会稳定、保障农民利益发挥了重要作用。

新中国成立后,农村生产方式几经变革,其社会保障制度也在不断发生变化。其中,1978年的改革开放是农村社会保障制度发展的一个关键节点。

新中国成立初期,落后的社会生产力推动了中国城乡二元体制的形成。在这一时代背景下,社会保障制度也深受影响,形成了以城市为重

---

① 见林毅夫《关于制度变迁的经济学理论:诱致性变迁与强制性变迁》。

心、农村在国家社会保障制度建设边缘游离的局面。

1949年11月,我国成立内务部,作为社会保障制度的管理机构,直接负责农村社会救济、社会优抚等工作,并开始探索建立中国农村社会保障体系。1950年,毛泽东在《为争取国家财政经济状况的基本好转而斗争》中提出争取国家财政经济状况基本好转是当前阶段的中心任务,需要完成土地革命。中共七届三中全会确立了土地改革的总路线:依靠贫农、雇农,团结中农,中立富农,有步骤地有分别地消灭封建剥削制度,发展农业生产。同年,我国颁布了《中华人民共和国土地改革法》,其中指出:废除地主阶级封建剥削的土地所有制,实行农民的土地所有制,借以解放农村生产力,发展农业生产,为新中国的工业化开辟道路,并确立了"耕者有其田"的制度,明确了以土地保障为主的农民养老制度。1953年底,全国范围的土地改革基本完成。大部分无地或少地的农民无偿地获得土地、农具、耕畜和房屋等生产资料,这一制度大大提高了农民的生产积极性,促进了农村生产,强化了土地的社保功能。

1951年,第一次农业互助合作会议发布《中共中央关于农业生产互助合作的决议(草案)》,提出"不能忽视和粗暴地挫折农民这种个体经济的积极性""必须提倡'组织起来',按照自愿和互利的原则,发展农民互助合作的积极性"。随后出现了大量临时性互助组、常年互助组和以土地入股的初级农业生产合作社为主要形式的互助合作组织。到1953年底,全国共有745万个互助组。农业生产互助合作组织是对农业生产组织方式的一次重大变革,进一步巩固和发展了土地的社保功能。1954年1月,中共中央在总结农村互助合作运动经验的基础上,制定了《关于发展农业生产合作社的决议》,指出先从最低层次的互助组过渡到初级农业生产合作社,进而发展为高级农业生产合作社。1956年底,全国的农业合作化基本完成。在此期间,中共中央多次下发文件积极引导互助合作运动的发展,这一举动加快了农村社会保障体系的建立和完善。

1949—1955年,农村社会保障是以土地私有制为基础,以临时社会救灾救济、社会优抚为主要内容,形成了以家庭为责任主体、政府适当扶持的模式。这一模式在新中国成立初期的国情下应运而生,在当时有力地促进了农村经济的恢复与发展。

1956—1978年,随着农村人民公社体制的确立,我国农村社会保障体系建设步入正轨。农村社会保障制度逐渐转变为以生产资料公有制为基础,以集体为责任主体,以家庭保障为辅,国家救助的保障模式。这一时期,国家在发展农村救灾救济的同时,积极引导建设农村五保制度和合作医疗制度。

1956年1月,中共中央制定了《一九五六年到一九六七年全国农业发展纲要(修正草案)》,提出:农业合作社对于社内缺乏劳动力、生活没有依靠的鳏寡孤独的社员,在生活上给予适当照顾,做到保吃、保穿、保教(儿童和少年)、保烧(燃料)、保葬,使他们生老病死都有保障。1956年6月,国家发布《高级农业生产合作社示范章程》,规定了对农村老弱病残成员要"保证他们吃、穿和烧柴的供应,保证年幼的受到教育和年老的死后安葬,使他们的生养死葬都有指靠",出现了五保制度的雏形。1957年9月,在《中共中央关于整顿农业生产合作社的指示》中提出:对于五保户,也应该根据他们的能力,分配一些可能的轻便的工作,使他们能够得到一定的劳动收入,只在劳动收入不足的情况下,才由社用公益金给予照顾。五保制度是一项有中国特色的农村社会救助制度,为五保供养对象提供基本生活资料来保障其基本生存需求,是这一时期农村社会保障制度的主要部分,我国第一次在制度上解决了农村孤寡老人晚年的生活难题,为农村养老保障制度的设计和建设提供了宝贵经验。截至1958年,全国五保户共计423万户519万人,其中,兴办敬老院15万所,供养300万人。1965年,又增加"保住"和"保医"的内容,五保制度进一步完善。但由于生产资料严重匮乏、农业生产效率较低、集体经济发展缓慢,这一时期的农村五保制度保障水平较低。在农村保障制度中集体并没有发挥应有的作用,家庭仍然占据主导地位。1969年,中央政府撤销了内务部,失去了主管社会救助工作的专职机构,致使国家缺乏对社会救助工作统一的管理规划。

此时的农村保障制度(含农村救灾救济制度、农村五保制度及农村合作医疗制度)中,仅农村五保制度有明确的政策规定。农村救灾救济制度则主要是一种临时性的救助,依旧没有形成健全的政策制度。

1949—1978年,这一时期农村社会保障是典型的生存救助型社会保障,内容以社会救济为主。传统的土地保障模式依然是农村社会保障的主要形式,国家治理在农村保障领域的责任停留在重大自然灾害的救助以及以农村五保制度为核心的社会救助领域,农村居民缺乏正式的社会保障制度。我国社会保障体系开始呈现二元化特征。尽管土地的产出归个人所有,但是由于农产品价格的提升仍然远低于工业产品价格的增长,农民单纯依靠土地获得的收益相对来说是下降的,土地对于农民的保障作用不断弱化。

二、改革开放后农村社会保障制度的不断探索

改革开放前,在特定的历史条件下,中国形成了特色鲜明的农村社会保障制度,即以家庭或集体作为社会保障的主体。这在一定时期有利于维护社会稳定、保障农民民生,但随着经济社会的发展,农业生产方式的变化,这一模式对农村社会的进一步发展产生了制约。新型农业生产方式的推行迫切需要正式的"现代社会保障"替代非正式的"土地保障"。

改革开放开始后,党和政府的工作重心逐步转移到经济建设上来,自此,我国进入了从计划经济体制向市场经济体制转变的过程,中国的社会主义建设事业也迈入了一个全新的阶段。与此同时,农村开始了以家庭联产承包责任制为主要内容的经济体制改革,集体经济组织解体,依托集体经济发展起来的包括"五保"供养和农村合作医疗制度在内的农村社会保障制度失去了赖以生存的经济基础而走向衰退。在制度变迁过程中,大部分农民实际上又回到了家庭保障方式中,党和政府在对之前三十年农村社会保障制度的建立、发展进行总结归纳与重新认识的基础上,积极

尝试建立一套旨在保护农村居民在受灾、贫困、患病等突发状况及年老时能够维持其基本生活水平的社会保障制度体系。为了适应新的农业生产方式,我国农村开始了建立现代社会保障制度的探索,其中最重要的标志是农村社会保险制度的建立,因此该阶段的社会保障制度属于保险型农村社会保障制度。

1978年3月,全国人大五届一次会议通过决议,对《宪法》进行修改,在第50条中将"群众卫生事业"变更为"公费医疗和合作医疗等事业"。将合作医疗列入《宪法》,使得农村合作医疗在根本法层面有了法律支持,也是农村合作医疗法制建设进步的标志。1979年,在对我国农村合作医疗20多年发展经验进行总结的基础上,卫生部、财政部、农业部联合发布了《农村合作医疗章程(试行草案)》,对农村合作医疗制度进行了制度化规范。在这一历史阶段,农村医疗体系的建立和维持是以当时的农村土地所有权制度为基础的,集体是维持制度供给的主体,集体经济为合作医疗制度的发展提供了稳定的资金支持。

1980年9月,中共中央下发了《关于进一步加强和完善农业生产责任制的几个问题》的通知,允许将土地承包到户,自此,我国农村土地的生产经营方式发生了重大变革,实现了土地所有权与经营权的分离。1982年1月,中共中央转批了农村改革中的第一个"一号文件"——《全国农村工作会议纪要》,指出:"截至目前,全国农村已有90%以上的生产队建立了不同形式的农业生产责任制。"建立农业生产责任制的工作获得如此迅速的进展,反映了亿万农民要求按照中国农村实际状况来发展社会主义农业的强烈愿望。生产责任制的建立,不但克服了集体经济中长期存在的"吃大锅饭"的弊病,而且通过劳动组织、计酬方法等环节的改进,带动了生产关系的部分调整,纠正了长期存在的管理过分集中、经营方式过于单一的缺点,使之更加适合我国农村的经济状况。1983年10月,中共中央、国务院发出《关于实行政社分开建立乡政府的通知》,正式废除了在农村实行长达25年之久的人民公社制度。这一制度的废除,使得农民的生产积极性得以充分发挥,农村的生产力得以迅速发展。与此同时,集体经济的解体,也使得新中国成立以来依托集体经济建立的农村社会保障体系迅速走向衰落。1985年,全国实行合作医疗的村占比由1980年的90%急剧下降到了5%。

1982年,我国将计划生育定为基本国策。随着计划生育政策的持续推行和人口老龄化的发展,农村居民的家庭保障愈发难以实现。农村居民从家庭获得的保障极其有限,他们迫切要求由国家出面推动农村社会保障制度的改革和发展,为其提供广泛的社会保障。1978年3月,中华人民共和国民政部正式成立,其主管优抚安置、救灾救济、社会福利、行政区划、殡葬改革和政府机关人事工作。1982年7月,中共中央、国务院重新决定把基层政权建设工作交民政部负责。1982年12月,全国人大五届五次会议通过的《中华人民共和国宪法》,就社会保障问题做了比以往宪法更全面的规定,包括劳动、受教育等权利,保障妇女、儿童、老人权益等。中共中央在"七五"计划中明确提出,要认真研究和建立形式多样、项目不同、标准有别的新的城乡个体劳动者的社会保险制度。1987年10月,党的十三大报告中正式提出"三步走"发展战略:"党的十一届三中全会以后,我国经济建设的战略部署大体分三步走。第一步,实现国民生产总值比一九八〇年翻一番,解决人民的温饱问题。这个任务已经基本实现。第二步,到本世纪末,使国民生产总值再增长一倍,人民生活达到小康水平。第三步,到下个世纪中叶,人均国民生产总值达到中等发达国家水平,人民生活比较富裕,基本实现现代化。""三步走"的战略目标是从人民生活水平不断提高的角度来描述其整个战略的发展过程,它从根本上改变了我国贫穷落后的面貌,使人民的生活水平显著提高。1991年,中共中央印发《关于国民经济和社会发展十年规划和第八个五年计划纲要》,指出:"我们所说的小康生活,是适应我国生产力发展水平,体现社会主义基本原则的。人民生活的提高,既包括物质生活的改善,也包括精神生活的充实;既包括居民个人消费水平的提高,也包括社会福利和劳动环境的改善。"1995年,全国民政厅局长会议提出有步骤地在农村进行最低生活保障制度试点。1999年,国务院颁布的《国务院批转整顿保险业工作小组〈保险业整顿与改革方案〉的通知》中提出,目前中国农村尚不具备普遍实行社会保险的条件,暂停了农村社会养老保险工作。

1978—2002年,集体经济的衰退、政府财政责任的缺位使得农村社会保障制度缓慢发展,农村社会保障发展一度出现停滞状态。

三、21世纪以来农村社会保障制度的建立与逐步完善

21世纪以来,我国进入改革和发展的关键时期。农村居民对社会保障的强烈需求以及农村正式社会保障制度长期缺失,政府开始引入强制性制度变革,以解决农村社会保障制度的不足。

2002年十六大召开以来,国务院办公厅及劳动和社会保障部相继发布《关于实施农村医疗救助的意见》《关于促进农民增加收入若干政策的意见》《关于推进社会主义新农村建设的若干意见》等文件,将农村社会保障建设摆在了突出的战略地位,积极引导农村社会保障事业发展。

2003年,中国开始试点并推广实施了新型农村合作医疗制度,强调政府责任与互助共济的现代社会保险性质。2007年,国务院发布了《关于在全国建立农村最低生活保障制度的通知》,要求在全国31个省(直辖市、自治区)全面完成农村"低保"的建制,以保障农村贫困人口的基本生存权利。党的十七大报告明确指出:到2020年,覆盖城乡居民的社会保障体系基本建立,人人享有基本生活保障。2009年10月,新型农村社会养老保险制度开始试点并在全国范围内迅速推广。"新农保"方案实行个人缴费、集体补助、政府补贴相结合的筹资结构,兼具保险和福利的双重特征,明确了政府的责任主体地位,极大地激发了农民的参保热情。由此,农村开始突破长期以来对土地保障模式的路径依赖,逐步建立并完善具有现代意义的社会保障制度。在社会福利制度方面,老年津贴制度的出现、教育福利的发展成为农村社会福利制度内容体系发展的重要表现。

2012年,中央政府出台《农业保险条例》,并设计出"政府与市场合作"模式的中国农业保险,其中规定:国家支持发展多种形式的农业保险,健全政策性农业保险制度,农业保险实行政府引导、市场运作、自主自愿和协同推进的原则。加强了政府干预,以解决我国农业保险制度中保障水平较低、保障覆盖面较窄、商业性农业保险发展缓慢等问题。这种政策性农业保险与商业保险不同,它是政府为支持农业发展而做出的一种制度安排。运用保险机制进行风险管理和社会管理,根据大数法则为被保险人在从事农业经济活动中因自然灾害或意外事故所造成的经济损失给予保险责任范围内的经济补偿,以财政补贴为主要推动手段,利用保费补贴形式引导农民投保,将农民对保险的潜在需求转化为现实需要。现阶段政策性农业保险是中国农业保险制度的主体,是农村社会保障制度的重要组成部分。积极引导政策性农业保险发展,满足农民不同需求,以更好解决"三农"问题。

农村社会保障制度已经形成针对全体成员的社会保障制度和针对部分成员的社会保障制度,农村社会保障制度的覆盖面不断扩大,基本实现了"保基本、广覆盖、多层次"的目标。可见,我国农村社会保障制度经历了一系列的渐进式改革与重构,突破了传统的社会保障模式。其中,政府成为农村社会保障制度变迁的关键要素,不但为农村社会提供了稳定的安全预期,而且为农村社会保障在体系架构和制度安排上奠定了基础。农村社会保障制度已成为国家农村治理能力的主要组成部分。

第二节 农村社会保障的基本特点

我国正处于发展农村社会保障制度的关键时期,国家不遗余力地推进社会主义新农村建设,统筹城乡发展,中国农村社会保障事业取得了不错的成绩。但受到现实条件与历史条件的制约,相对于城市社保发展较为成熟稳定、资源丰富的情况,中国农村社会保障制度的发展并不具备同样的条件,只能采取渐进式的改革方式。在这样的时代背景下,我国农村社会保障出现了一些显著的特点。

一、农村社会保障制度发展滞后

相对于城镇居民的社会保障,农村社会保障的发展明显滞后,究其原因,一方面是国家长期以来重工轻农。在新中国成立初期,生产力水平较低,为了促进经济发展,出现了城乡二元户籍制度。在二元的经济结构背景下,形成了农村支持城市、农业支持工业的发展模式。另一方面也与农业生产方式自身局限有关,传统的小农生产方式限制了农村的进一步发展。农村经济增长水平远落后于城市经济增长水平。受此影响,社会保障也呈现出城乡二元结构的特点。我国城市社会保障建设不仅起步早,而且项目全,现已形成包括养老保险、医疗保险、工伤保险、生育保险、失业保险、社会救助及最低生活保障制度等在内的较为完善的社会保障体系,其保障水平也高于农村社会保障。进入 21 世纪以来,随着国家一系列政策文件的出台,城乡一体化进程加快,促进了城乡社会保障统筹发展,但从整体上看,农村社会保障的发展与城市社会保障相比还远不在一个水平上。

二、农村社会保障总体水平较低

现代社会保障包括社会保险、社会福利、社会救助和社会优抚等多个方面,它旨在满足公众的基本保障需求。目前农村社会保障存在着不同项目间发展失衡问题,起步较早的农村五保制度、社会优抚制度发展较为完善,但受到传统农业生产发展方式的限制,存在起步早、发展慢等问题。2003年、2009年分别开展了新农合和新农保试点工作,虽然起点高,但起步晚,缺乏配套的政策保障,发展水平仍不高。农村社会保障项目事关农民生活各个方面的质量,一些项目发展好了,不代表农民的生活水平得到全面提高。农村社会保障项目间发展不平衡,存在"短板",这也是农村社会保障发展需要解决的问题。

三、农村社会保障立法尚不健全

建设中国农村社会保障体系,必须坚持立法先行,发挥立法的引领和推动作用。而我国现在存在法律制度缺失、立法滞后的问题。我国关于农村社会保障的立法仍有很多空白,尚未出台农村社会保障的专门法律。新农保、新农合试点工作在全国范围如火如荼地开展,但仍缺少相关法律和规定。同时,农村社会保障的立法机制和程序也比较落后,并没有统一的立法机构对农村社会保障进行立法。这些问题增加了农村社会保障工作实施难度,阻碍了农村社会保障的进一步发展。我国应该加快制定和实施与农村社会保障相配套的法律法规及规范性文件,形成健全和完善的农村社会保障法律体系,并从依法管理转向依法治理。应明晰立法规划,从宏观上把握社会保障法制建设的发展方向。同时,明确立法责任主体,统一立法工作的负责机构,保障立法工作顺利进行。

第三节 农村社会保障发展面临的主要挑战

中国是一个农业大国,"三农"问题是国家现代化治理的重点难点。全面建成小康社会,构建社会主义和谐社会,农村是短板。从党的十六大起,中央政府不断加大对社会保障领域的投入。党的十八大报告指出,社会保障是保障人民生活、调节社会分配的一项基本制度。要坚持全覆盖、保基本、多层次、可持续方针,以增强公平性、适应流动性、保证可持续性为重点,全面建成覆盖城乡居民的社会保障体系。现在农村社会保障已经突破了对土地保障模式的路径依赖,开始向制度化的现代社会保障制度过渡。但中国农村社会保障制度四十年来渐进式的改革仅仅开始突破对土地保障模式的路径依赖,城乡二元的社会保障体系格局仍在转变过程中,农村社会保障制度建设仍然面临着诸多问题和挑战。

一、人口老龄化问题日益严峻

2017年,全国人口中60周岁及以上人口24090万人,占总人口的17.3%,其中65周岁及以上人口15831万人,占总人口的11.4%。60周岁及以上人口和65周岁及以上人口都比上年增加了0.6个百分点。近年来我国人口老龄化速度加快,老龄人口对社会保障的需求更高。同时,城乡发展不均衡。20世纪70年代,我国开始实行计划生育政策,城镇生育率较农村生育率低。由于城乡地区经济发展水平不平衡,大量农村年轻劳动力向城市流动,导致农村老年人口增多,农村老龄化越发严重。相对于城市而言,农村面临的形势更为严峻,要求更稳定的经济基础和更丰富的社会资源,对社会保障体系建设提出了更高的要求。

二、农民工社会保障处境尴尬

农民工是指户籍在农村,进入城市务工和在当地或异乡从事非农产业工作6个月及以上的劳动者。农民工是社会群体中非常特殊的一个群体,有一些非常鲜明的特点。首先,普遍受教育水平低,文化素质偏低。其次,流动性强,就业具有较强的不稳定性,主要集中在劳动密集型产业。现在我国农民工的数量不断增多,农民工的社会保障问题,不仅关系到我国社会经济的发展,更关系到社会的和谐稳定。农民工群体受到自身文化水平和经济条件的限制,社会保障参与率较低。2017年我国有2亿多名农民工,社保缴纳比重不足十分之一。此外,由于农民工流动性强,不同地区社保制度存在差异,以及办理手续复杂等,进一步打击了跨地区流动农民工参与社保的积极性。一方面农民工参保积极性不高,另一方面还存在社保项目缺失的情况。这与农民工特殊的高强度、高危险的工作性质有关。现有的工伤保险费率的分类粗糙、理赔程序烦琐、专业人员设置不足,致使农民工的参保率较低。农民工的户籍属于农村,依托农村社会保障,但生活工作在城市,农民工既没有城市户籍而不能享受城市社保,又远离家乡难以实现农村社会保障,导致农民工处于非常尴尬的境地。农民工群体日益庞大,但农民工社会保障建设处于滞后状态。完善农民工社保建设,解决农村社会保障发展短板,对建设和谐社会、维护社会稳定具有重要意义。

三、农村社会保障投入资金短缺

农村社会保障建设起步晚、难度大,需要稳定有力的财政支持。一方面,由于农村生产能力相对落后,农业生产活动价值只能维持基本的生活需要,农民自身没有多余的资金投入到社会保障系统中。另一方面,虽然国家在农村建设方面投入了大量的资金和精力,但由于我国是农业人口大国,面对庞大的农村人口基数,面对农村社会保障建设的需求,依然有很大的缺口。正是资金短缺,造成农村社会保障水平低下、分布不均衡、保障范围窄的情况出现。农村人口存在致贫原因多样、脱贫后易返贫的问题,无法单纯依靠自身力量脱贫。对于他们来说,养老、医疗、低保、社会救助等社会保障,是重要的依靠。针对这些贫困人口,一方面可以扩大农村低保制度覆盖范围,实行社保政策兜底脱贫;另一方面应该根据不同致贫原因制定对应的解决方案。但这些措施都会极大地增加经济成本和社会成本,面临的资金短缺问题更加突出。

四、农民社保观念滞后

"任何历史的重大变化与重大发展,都伴随着理论的重大发展和思想的重大解放"。思想观念是改革发展、事业进步的坚实基础,而近年来社会保障事业的持续进步也离不开国民社会保障观念的不断变化。虽然农民社会保障观念意识在一定程度上得到提升,民众对社会保障的认同感也相对提高,但受到传统观念的影响和农民自身文化水平的限制,大部分农民仍存在着对社保认识不足的问题。特别是在生活还不富足的情况下,很多农民仍依靠传统土地和家庭保障模式,而对国家主导的农村社会保障还存在认知上的不情愿、不主动和不充分,这需要进一步强化农民对社会保障重要性的认识,促进他们的思想转变,增进他们对推进农村社会保障改革的共识,从而促进社会保障体系的进一步完善。

第四节 本书所要回答的几个问题

改革开放四十年来,中国经济社会取得了巨大成就,农村社会保障制度建设也取得了突破性进展。长期依赖传统家庭和土地为社会保障的中国农村为何能够突破传统社会保障模式,并开启现代社会保障制度创新?这种制度创新能否得以持续,进而在未来使农村居民能与城镇居民共享经济社会发展成果,实现中华民族复兴的伟大梦想?这些既是社会各界人士想弄清楚的问题,也是国外人士的关切所在。致力于中国农业农村经济发展研究的学者,尽己所能探寻上述问题的答案,是责无旁贷的。具体来说,本书拟回答如下几个问题。

第一个要回答的问题:为什么农村传统的以家庭和土地为基础的社会保障形式在改革开放前能长期维系,而在改革开放后却无法持续?老有所养,病有所医,灾有所济,穷有所帮,伤有所助,是几千年来广大中国农民最朴素的梦想,也是新中国成立后许多仁人志士的不懈追求。但是,不论是新中国成立初期薄弱的经济基础、城乡二元经济结构的形成以及人民公社制度的实施,都没有改变农村居民以家庭和土地为基本生活保障形式的制度安排。从1978年开始,中国农村高度集中统一的单一经营转变为以家庭承包经营为基础、统分结合的双层经营,并作为我国农村集体经济的一项基本制度得以确立。这一经营体制上的根本性变化,一定程度上释放了农民农业生产的积极性,但与此同时,农村集体经济也逐渐削弱。受此影响,农村居民生活保障的集体依托不再存在,农村家庭自然地又成为保障其成员基本生活的载体。然而,受农业的脆弱性、农村集体经济瓦解、改革开放思想、乡镇企业崛起以及大量农村剩余劳动力向城镇非农就业转移等因素影响,农村家庭抵御风险的能力存在局限性,因病致贫、因老致贫、因伤致贫等问题渐渐凸显。无疑,农村基本经营制度改革是一个重要影响因素。因此,通过纵向的历史梳理,总结历史经验和教训,探寻良性发展规律,阐明农村传统的以家庭和土地为基础的社会保障形式在改革开放前能长期维系,而在改革开放后却无法持续的原因,是本书首先要解决的问题。

第二个要回答的问题:为什么农村的社会保障项目之间发展不平衡?中国迄今为止的农村社会保障制度建设与发展并非完美,也不是一帆风顺的。事实上,在建设现代农村社会保障制度过程中,始终伴随着理念对制度公平的制约、经济发展结构不平衡、管理体制僵化等问题,进而导致农村社会保障发展总体严重滞后,有些项目起步早,但是发展缓慢,有些项目由于约束条件过多而无法满足农村居民基本的保障需求。如果这些基本问题不能从根本上得到解决,中国农村社会保障建设与发展将遭遇巨大障碍,让广大农村居民共享经济社会发展成果的愿望也可能会成为泡影。因此,探讨农村社会保障不同项目建设和发展中面临诸多问题的成因并积极探寻解决路径,是本书的重要任务之一。

第三个要回答的问题:中国农村社会保障制度建设和发展的道路是否具有可持续性?中国农村社会保障建设与发展,在过去的四十年里历经曲折探索,冲破了传统路径依赖束缚,取得了空前进步。但是,正式的农村现代社会保障建设与发展才刚刚起步,距离实现老有所养、病有所医、弱有所扶等改善民生福祉目标尚存在较大差距。要实现这些目标,就必须使农村社会保障制度建设与发展在正确的道路上持续前进。然而,未来一个时期,农村社会保障制度的完善与发展仍将面临诸多问题和挑战,如果不能解决和应对这些问题和挑战,农村现代社会保障制度建设与发展就会难以持续。因此,审视中国农村社会保障发展面临的问题和挑战,探讨农村社会保障发展的内在规律,进而根据这种规律去找出解决所面临的问题和挑战的正确路径,是本书的使命所在。

第四个要回答的问题:未来农村社会保障发展的基本趋势如何?经历了四十年的建设和发展,以人民为中心的社会保障思想得以确立,以解除城乡居民的生活后顾之忧并为全体人民提供稳定的安全预期的社会保障总体目标也已明确,但是,在未来农村社会保障基本的发展趋势方面,在未来农村社会保障发展与完善的重点方向上,还存在较大的模糊性。因此,系统梳理和归纳未来农村社会保障发展的基本趋势和重点发展方向,并辅以相应的政策建议,是本书的重要任务之一。

第二章

农村养老保障制度

第一节　农村社会养老保险制度的发展历程

我国农村社会养老模式的变迁经历了三个阶段,分别为家庭养老模式向集体养老模式转变阶段、集体养老模式向农村社会养老模式转变阶段、农村社会养老保险制度探索阶段。其中,家庭养老模式和集体养老模式均是我国特殊国情下传统养老观念的体现,直到家庭养老功能弱化、集体保障功能削弱以及农民承受的社会风险逐渐加大后,我国农村地区社会养老保险制度的探索才逐步展开。

家庭养老模式是以土地为依托的,我国作为一个传统的农业国家,土地是政治资源、生产资料和社会保障的基础。1949年,新中国成立初期,我国开始实行土地农民所有制,解放了生产力,促进了农业的发展,这为农村养老提供了基本的生产资料保障,土地的养老保障功能得到最大限度的发挥。在这一时期,养老方式依旧以家庭为基础,农村家庭的老年人由青年子女共同来赡养。1951年9月,中共中央讨论通过了《中共中央关于农业生产互助合作的决议(草案)》,农业合作化运动在全国快速展开,合作化的明显特征之一就是"共有";1955年7月,毛泽东作了《关于农业合作化的问题》的报告后,全国的合作社运动走向高潮,标志着家庭养老模式向集体养老模式转变。实施集体养老模式期间,所有的农村劳动力都要参加集体劳动,合作生产不计报酬,国家对农村劳动力统一调配、统一分配劳动所得。1962年出台条例规定对生活没有依靠的老、弱、孤、寡、残疾社员提供补助,这种补助形成了农村的五保供养制度,这一制度也为农村社会老年人口提供了基本生活保障,从此改变了传统的家庭养老的单一观念,国家和集体也成为养老的重要主体。

中共十一届三中全会以后,农村开始实行家庭联产承包责任制。该制度虽然极大地提高了农民的生产积极性,也促进了农村经济的发展,但与此同时,它也逐渐削弱了农村集体经济,直至其瓦解。因此,农村养老保障的集体经济来源不复存在。随着农村劳动生产率的提高,大批农村剩余劳动力开始向城镇转移,农村养老的家庭支持力也逐渐下降。改革开放后,人们的思想观念也发生了新的变化,"孝文化"对年轻农民的养老约束和影响淡化,加上农村老年人在家庭中的经济地位下降,其基本生活保障问题开始凸显。为此,通过农村社会养老来解决农村养老问题的探索提上日程。1986年10月,民政部在江苏省沙洲县(现张家港市)召开了全国农村基层社会保障工作座谈会,开始明确将农村基层社会保障体制改革提上议事日程,标志着中国农村社会养老保险制度进入实质性探索时期。

1992年,民政部正式颁布实施《县级农村社会养老保险基本方案(试行)》,标志着在全国范围内正式开始了农村社会养老保险制度的试点和推广工作,这一时期的农村社会养老保障制度被学界称为"老农保"。1993—1998年,参加"老农保"的人数从3037.3万人上升到8025万人。到1999年后,参加"老农保"的人数开始下降。1999年7月,国务院暂停了"老农保"业务,认为农村尚不具备普遍实行农村社会养老保险的条件。2009年9月,国务院颁布《关于开展新型农村社会养老保险试点的指导意见》,标志着新型农村社会养老保险制度("新农保")的开始。2014年2月,国务院颁布《关于建立统一的城乡居民基本养老保险制度的意见》,将"新农保"制度与"城居保"制度结合,建立"城乡居保"制度(见表2-1)。

表2-1 我国农村养老模式发展历程

时间阶段	农村养老模式	标志事件	主要特点
1949—1955年	家庭养老模式	—	以土地为依托;农村家庭老年人由家庭成员负责养老

续表

时间阶段	农村养老模式	标志事件	主要特点
1955—1986年	集体养老模式	1955年7月,毛泽东作《关于农业合作化问题》的报告	农村老年居民的基本生活保障资料由集体提供;实施五保供养制度
1986—2009年	农村社会养老保险制度——"老农保"	1986年10月,民政部召开全国农村基层社会保障工作座谈会	资金以个人缴纳为主,集体补助为辅;建立个人账户;农村居民自愿参保等
2009—2014年	农村社会养老保险制度——"新农保"	2009年9月,国务院颁布《关于开展新型农村社会养老保险试点的指导意见》	资金由个人缴纳、集体补助、政府补贴构成;设置个人账户和基础养老金账户;明确参保激励机制等
2014年至今	农村社会养老保险制度——"城乡居保"	2014年2月,国务院颁布《关于建立统一的城乡居民基本养老保险制度的意见》	"新农保"与"城居保"制度相结合

一、"老农保"阶段(1986—2009年)

"老农保"制度是我国从20世纪80年代中期开始,在农村地区广泛推行的以防控养老风险作为目标的主要社会保障制度类型,此项制度建立的初衷是应对农村传统养老保障制度所遭遇的挑战。"老农保"制度自1986年开始探索,到2009年结束,经历了探索期、推广期和停滞期(见表2-2)。

表2-2 我国"老农保"制度建设阶段划分

时间阶段	"老农保"制度建设阶段	标志事件	主要内容
1986—1991年	探索期	1986年10月,民政部召开全国农村基层社会保障工作座谈会	初步形成农村基层社会保障建设思路
1992—1998年	推广期	1992年1月,民政部颁布《县级农村社会养老保险基本方案(试行)》	确定了"老农保"制度基本框架
1999—2009年	停滞期	1999年7月,国务院颁布《国务院批转整顿保险业工作小组〈保险业整顿与改革方案〉的通知》	"老农保"制度陷入停滞时期

1. 探索期(1986—1991年)

20世纪80年代中期,随着我国改革开放的逐渐深化,农村经济社会改革的步伐加快,改革的方向是从计划经济体制转向市场经济体制,从单一的农业转向发展工业和服务业,从限制人口流动转向鼓励非农就业,农民个体、家庭和农村社区都因为资本的进入和市场的扩张,开始发生前所未有的变化。在这样的时代背景之下,传统的家庭养老模式以及农业合作社时期的集体养老模式,都很难解决农村老年人口的养老问题,因此,"老农保"制度的探索呼之欲出。

"老农保"制度探索起点的标志性事件是沙洲会议。1986年10月,民政部和国务院部分部委在江苏省沙洲县(现张家港市)召开全国农村基层社会保障工作座谈会,决定选择一些经济条件较好的农村地区作为建立农村社会养老保险制度的试点区域。这是我国首次在全国性会议上部署开展农村社会养老保险试点工作,由此开启了我国农村社会养老保险制度的实践探索。

1987年,民政部公布了《关于探索建立农村基层社会保障制度的报告》,认为社会保障制度是经济发展到一定阶段的产物,农村的社会保障制度要以国家、集体、个人承受能力为限度,提倡自我保障,并要求充分考虑家庭保障的作用。在农村社会保障制度起步时,需要考虑三个问题:一是农村社会保障制度的覆盖范围应当从小到大;二是农村社会保障制度的内容应该因地制宜、由少到多;三是社会保障的标准应该由低到高。对于农村社会保障制度的资金来源,该报告指出:贫困地区,以国家提供的救灾费、救济款、优抚费和各级财政补贴为基本保障资金,继续发挥现有福利网络的作用;富裕地区,采取国家、集体、个人三方合理分担的办法。

1987年之后,各地开始开展农村社会养老保险的试点工作。截至1989年6月,全国开展农村养老保险试点的省(自治区、直辖市)有19个,县(市、区、旗)有190个,参保人数近90万人,共筹集资金4095.9万元,有21.6万人领取养老金。在这一时期,农村社会养老保险制度的试点范围非常小,统筹层次也很低,并且缺乏法律法规的保障,存在基金安全性较差、养老金待遇水平较低、监督机制缺乏等问题,难以满足农村老年居民的基本生活需求。

1991年1月,国务院决定选择一批有条件的地区开展建立县级农村社会养老保险制度的试点。1991年6月,国务院在《关于企业职工养老保险制度改革的决定》中进一步明确了农村(含乡镇企业)的养老保险改革由民政部负责。同时,民政部制定了《县级农村社会养老保险基本方案(草案)》,并确定了以县为单位开展农村社会养老保险的原则。1991年10月,民政部选定山东省牟平、龙口、招远等五县市为首批农村社会养老保险试点地区。试点地区根据民政部拟定的《县级农村社会养老保险基本方案(草案)》进行试点,并初步确定了制定农村社会养老保险方案的基本思想:从农村实际出发,坚持以保障老年人基本生活为目的;坚持以农民的自我保障为主、社会互济为辅,社会养老保险与家庭养老保障相结合。

2. 推广期(1992—1998年)

在总结了山东省五县市试点的基本做法和经验的基础上,1992年1月,民政部正式出台《县级农村社会养老保险基本方案(试行)》,确定了"老农保"制度的基本框架。

"老农保"制度的基本原则为:从我国农村的实际出发,以保障老年人基本生活为目的;坚持资金个人交纳为主,集体补助为辅,国家予以政策扶持;坚持自助为主、互济为辅;坚持社会养老保险与家庭养老保障相结合;坚持农村务农、务工、经商等各类人员社会养老保险制度一体化的方向。由点到面,逐步发展。保障对象是城镇户口、不由国家供应商品粮的农村人口,交纳保险人员不分性别、职业,为20周岁至60周岁,领取养老保险金的年龄一般在60周岁以后。资金的来源坚持以个人交纳为主、集体补助为辅,国家给予政策扶持的原则,个人月交费标准设2元、4元、6元、8元、10元、12元、14元、16元、18元、20元十个档次(见表2-3),按人

表2-3 我国"老农保"制度的主要内容

主要框架	具 体 内 容
保障对象	非城镇户口、不由国家供应商品粮的农村人口
交纳人员	不分性别、职业;年龄为20周岁至60周岁
资金筹集	以个人交纳为主、集体补助为辅,国家给予政策扶持
缴费标准	月交费标准设2元、4元、6元、8元、10元、12元、14元、16元、18元、20元十个档次
基金管理	以县为单位统一管理;购买国家财政发行的高利率债券和存入银行
基金监督	设立农村社会养老保险基金管理委员会

立户记账建档；领取养老金从 60 周岁开始，根据交费的标准、年限，确定支付标准。"老农保"基金以县为单位统一管理，保值增值主要是购买国家财政发行的高利率债券和存入银行，不直接用于投资。县级以上人民政府要设立农村社会养老保险基金管理委员会，实施对养老保险基金管理的指导和监督。

1992 年 7 月，民政部召开全国农村社会养老保险工作经验交流会；1992 年 9 月，民政部要求全国各地要因地制宜，不可以一刀切实行"老农保"制度；1992 年 12 月，民政部召开全国农村社会养老保险工作会议，总结了近 600 个县(市)大规模试点的实际经验，提出"积极领导、稳步前进"的方针。以此为标志，老农保制度在全国范围内逐步发展起来。

1995 年 10 月，民政部在浙江省杭州市召开全国农村社会养老保险工作会议，会议明确了"加强领导、稳步推进、严格管理、扎实工作"的工作方针，之后，"老农保"制度快速覆盖全国。1997 年 11 月，民政部在山东省烟台市召开农保管理工作现场经验交流会，全国有 26 个省(区、市)制定了相关的地方性法规并将农保制度纳入政府重要工作任务中。

民政部的统计资料显示，在"老农保"制度发展巅峰的 1998 年，全国共有 2123 个县市和 65% 的乡(镇)开展了农村社会养老保险工作，共有 8025 万名农民参加了"老农保"，占当年农村人口总量的 9.24%，占当年农村劳动力人口的 17.28%。全年农村社会养老保险基金收入 31.4 亿元，支出 5.4 亿元，当期结余 26 亿元，期末滚存结余 166.2 亿元。领取人数为 55 万人，建立各级农村社会养老保险管理机构近 3 万个，配备专职人员近 4 万人，基本形成了中央、省、市、县、乡、村多级工作网络和上下贯通的管理体系，以及较为健全的管理体制。

3. 停滞期(1999—2009 年)

从 1997 年 10 月开始，国家对"老农保"的整顿工作已逐步展开，"老农保"制度存在性质不清、管理不规范、强迫参保、给付标准过高、基金运营困难等弊端。1998 年政府机构改革，民政部不再负责农村社会养老保险工作，而由新成立的劳动和社会保障部农村社会保险司对农村社会养老保险进行统一管理,"老农保"制度面临着整顿和职能机构变更的局面。直到1999年7月,《国务院批转整顿保险业工作小组〈保险业整顿与改革方案〉的通知》中才明确提出我国农村目前不适合普遍推行社会养老保险制度,要对"老农保"制度进行清理整顿,停止接收新的业务,并在条件允许的情况下过渡为商业保险。当时劳动和社会保障部对"老农保"的实施情况进行了深入调查并广纳意见,但由于在实际工作中问题层出不穷,各地退保现象频频出现,基金运营面临更大的困境,因此老农保制度基本处于停滞状态。

图2-1显示,自1992年"老农保"制度全面推广后,参保人数显著上升,从1993年的3037万人上升至1998年巅峰时期的8025万人,但1998年之后,参保人数开始下降。1999—2004年,参保人数已经从8000万人下降到了5378万人,在2005年参保人数略有上升后,2006年之后仍继续下降,2008年"老农保"参保人数小幅上升,参保人数为5595万人。最终于2008年,"老农保"制度退出历史舞台。

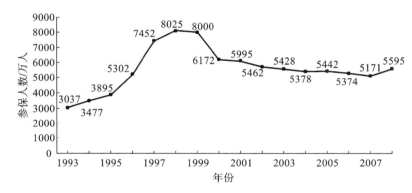

图2-1 "老农保"参保人数统计图

二、"新农保"阶段(2002—2014年)

随着当时中国农村人口老龄化问题的愈发严峻,农村老人的养老问题成为社会关注的焦点,如不能有效解决该问题将会直接影响社会的稳定与和谐。"老农保"制度和"新农保"制度是在不同的时间和社会背景下开展起来的,二者有着明显的差异性,而且"新农保"制度具有"老农保"制度无可比拟的优越性。"新农保"制度自 2002 年开始探索,直到 2009 年 9 月才正式启动。

1. 新的探索期(2002—2008 年)

"新农保"制度探索起点的标志性事件,是 2002 年 11 月召开的中国共产党第十六次全国代表大会。党的十六大报告中重申了在有条件的地方要探索建立农村养老保险制度。为贯彻党的十六大精神,我国又重启了农村社会养老保险制度的实践探索。为了与 1986—2002 年探索建立的农村社会养老保险制度相区别,人们将此后探索建立的农村社会养老保险制度,称之为新型农村社会养老保险制度,简称"新农保",而将此前探索建立的农村社会养老保险制度简称为"老农保"。2003 年 11 月 10 日,中华人民共和国劳动和社会保障部发出《关于认真做好当前农村养老保险工作的通知》(以下称《通知》),对做好我国新型农村社会养老保险工作进行了部署,为探索我国新型农村社会养老保险制度指明了方向。在我国建立农村社会养老保险制度,代表着我国社会发展的趋势,反映了广大农村居民的愿望。《通知》颁发后,"新农保"试点工作迅速在全国推开。

2006 年,十六届六中全会通过的《中共中央关于构建社会主义和谐社会若干重大问题的决定》,把到 2020 年基本建立覆盖城乡居民的社会保障体系作为构建社会主义和谐社会的重要目标。2007 年,党的十七大报告进一步明确了社会保障制度建设的远景目标:到 2020 年,覆盖城乡居民的社会保障体系基本建立,人人享有基本生活保障。2008 年,党的十七届三中全会提出"贯彻广覆盖、保基本、多层次、可持续的原则,加强健全农村社会保障体系……按照个人缴费、集体补助、政府补贴相结合的要求,建立新型农村社会养老保险制度。……创造条件探索城乡养老保险制度有效衔接办法"。

2. 推广期(2009—2014年)

2009年9月,国务院颁布并实施了《关于开展新型农村社会养老保险试点的指导意见》,决定以"保基本、广覆盖、有弹性、可持续"为基本原则,在全国的县市区进行"新农保"试点,建立起个人缴费、集体补助与政府补贴相结合,基础养老金与个人账户相结合的新农保制度(见表2-4),之后每年逐步扩大试点,到2020年实现全覆盖。以此为标志,各地"新农保"试点工作全面启动,全国各地陆续开展了新型农村社会养老保险的试点工作,中国农村社会养老保险制度建设进入了一个新的发展阶段。2009年底,除了北京、上海、天津和重庆四个直辖市直接进入"新农保"试点外,另外确定了320个县(市、区、旗)为首批"新农保"试点县。

表2-4 我国"新农保"制度的主要内容

主要框架	具 体 内 容
保障对象	年满16周岁(不含在校学生)、未参加城镇职工基本养老保险的农村居民
资金筹集	由个人缴费、集体补助、政府补贴构成
缴费标准	每年100元、200元、300元、400元、500元五个档次
待遇水平	由基础养老金和个人账户养老金组成,支付终身;基础养老金标准为每人每月55元;个人账户养老金的月计发标准为个人账户全部储存额除以139
领取条件	年满60周岁、未享受城镇职工基本养老保险待遇的农村有户籍的老年人
基金管理	纳入社会保障基金财政专户,实行收支两条线管理,单独记账、核算,按有关规定实现保值增值
基金监督	各级人力资源和社会保障部门

2010年4月,人力资源和社会保障部下发了《关于2010年扩大新型

农村社会养老保险试点的通知》,要求将新农保制度试点范围扩大到23%的县。截至2010年底,全国有27个省、自治区的838个县(市、区、旗)和4个直辖市开展国家"新农保"试点,参保人数1.03亿人,其中,2863万人领取待遇(见表2-5)。全年"新农保"基金收入453亿元,基金支出200亿元,累计结余423亿元。2010年12月,全国人力资源和社会保障工作会议提出,2011年全国40%的县(市、区、旗)开展"新农保"试点;2011年4月,国务院常务会议决定,2011年"新农保"覆盖地区提高至全国60%的县(市、区、旗)。2012年两会《政府工作报告》提出:加快完善社会保障体系,当年年底前实现新型农村社会养老保险制度全覆盖。

表2-5 我国"新农保"制度的实施情况

年份	2003	2004	2005	2006	2007	2008	2009	2010	2011	2012
参保人数/万人	5428	5378	5442	5374	5171	5595	8691	10277	32643	48370
领取人数/万人	198	205	302	355	392	512	1556	2863	8525	13075
支付养老金/亿元	15	—	21	30	40	56.8	76	200	588	1150
积累基金/亿元	259	285	310	354	412	499	681	423	1199	2302

3. 城乡居民基本养老保险制度阶段(2014年至今)

"新农保"制度建设以来,社保资源配置失衡与权益不公的问题日益成为聚焦点,从广受诟病的企业职工与机关事业单位职工养老金"双轨制",到职工基本养老保险地区分割统筹情形下的缴费负担不公,尤其在中国社会福利政策缺失的广大农村,与城镇居民相比社保待遇的巨大差异,都反映了社会制度的不公平。在养老保险方面有如下原因:

第一,城乡之间养老保险水平差距较大。中国长期的城乡二元经济结构,导致城乡之间在社会保障的水平与标准上存在着很大差异。城镇居民一般都具有正规的社会养老保障,而农村居民则依靠的是土地养老和家庭子女供养。

第二,农村养老保险占财政支出比重偏低。在"新农保"制度推行的过程中,有些省份的财政投入规模较小,致使县级财政承受着过大压力,基层财政补贴不足,严重影响新型农村养老保险工作的推进步伐。不可否认,在一些经济不发达地区确实存在着筹资难、推进缓慢的现象,以西部的某一省份为例,如果该省农民全部参加新型社会养老保险制度,以该省份的经济发展水平来看,势必会造成该省政府过重的财政负担。因此,建立统一的城乡居民基本养老保险制度,使全体人民公平地享有基本养老保障,是中国经济社会发展的必然要求。

我国农村社会养老保险制度并轨实践探索起点的标志性事件,是2013年11月召开的中国共产党十八届三中全会。会议要求把在农村参加的养老保险规范接入城镇社保体系,整合城乡居民基本养老保险制度。2014年2月7日,国务院常务会议决定:按照党的十八届三中全会要求,合并新型农村社会养老保险和城镇居民社会养老保险两个保险制度,由此建立起我国城乡居民基本养老保险制度。

三、"新农保"制度的创新与改进

1. "新农保"较"老农保"更具社会性、互济性和福利性

一是"新农保"应对的是带有普遍性的农村养老社会问题。"新农保"制度试点是在我国工业化、城市化、现代化进程中农村养老问题成为普遍性的社会问题时逐渐开展起来的,它所要解决的是带有普遍性、社会性的农村所有老人的养老问题,而不是某一部分农村居民的养老问题。

二是"新农保"的参保范围不是农村中的少数居民,而是覆盖全体农村居民。"老农保"规定保险对象为非城镇户口、不由国家供应商品粮的农村人口。一般以村为单位确认(包括村办企业职工、私营企业、个体户、外出人员等),组织投保。乡镇企业职工、民办教师、乡镇招聘干部、职工等,可以以乡镇或企业为单位确认,组织投保。少数乡镇因经济或地域等原因,也可以先搞乡镇企业职工的养老保险。实际上"老农保"的覆盖范围很小,参保率很低,即使在参保高峰期,参保率也只有10%。

三是"新农保"的基金来源渠道多元化。"老农保"资金筹集以个人交纳为主、集体补助为辅、国家给予政策扶持。个人交纳要占一定比例;集体补助主要从乡镇企业利润和集体积累中支付;国家予以政策扶持,主要是通过对乡镇企业支付集体补助予以税前列支体现。在实际实施过程中,由于大多数乡镇企业发展不景气和集体积累很少,乡镇企业和集体无力或不愿意对农村社会养老保险给予补助,绝大多数农民养老保险没有集体补助,从而国家"通过对乡镇企业支付集体补助予以税前列支"的政策扶持也无从谈起,因此,"老农保"的资金筹集在相当一部分农村地区是一种完全由个人缴费的储蓄积累,缺乏社会性和互济性。

2."新农保"较"老农保"缴费标准和保障水平更高

在老农保的实际实施过程中,由于农村经济发展水平和农民收入较低等因素,大多数人选择每月交2元或4元的标准,个人账户的资金积累相当少,加上难以保值增值,农民最终领取的养老金很低,根本保障不了基本生活。按照民政部《农村社会养老保险交费、领取计算表》计算,若每月交2元,10年后每月可领取4.7元,15年后可领取9.9元;若每月交4元,10年后每月可领取9.4元,15年后可领取20元,加上管理费增加和银行利率下调、通货膨胀、集体补贴难以到位和政府的扶持政策不能落实等因素的影响,农民实际领取的养老金会更少。

"新农保"缴费标准设为100元、200元、300元、400元、500元五个档次,地方可以根据实际情况增设缴费档次。国家依据农村居民人均纯收入增长等情况适时调整缴费档次。地方政府还对参保人缴费给予补贴,补贴标准不低于每人每年30元,对选择较高档次标准缴费的,可给予适当鼓励。养老金待遇由基础养老金和个人账户养老金组成,支付终身。"新农保"较"老农保"来说,养老金收入基本能保障农村老年人的基本生活。

3. "新农保"明确了政府财政责任

政府在养老保险中的责任主要有以下两个方面。一是管理责任,包括制度、法律法规、政策的研究制定,管理机构设置、经办服务,基金管理和监督,组织实施中的问题协调,宣传等。二是出资责任,主要指基金筹集、管理费用的财政投入支持和基金缺口的财政保底。

"老农保"主要体现了政府的管理责任,缺失出资责任。"老农保"只规定国家对资金筹集予以政策扶持,主要是通过对乡镇企业支付集体补助予以税前列支体现(不过这一政策并没有最终落实),没有明确规定政府必须通过财政转移支付进行直接的资金支持。

"新农保"规定了政府研究制定政策、规划、标准,经办管理服务,基金管理与监督,组织实施和舆论宣传等管理责任。其与"老农保"制度的最大区别是"新农保"明确了政府对农村社会养老保险资金的投入责任,加大了公共财政的投入力度,并支持"新农保"全过程。

第二节 农村社会养老保险制度的现状审视

2014年2月7日,国务院发布《关于建立统一的城乡居民基本养老保险制度的意见》,决定整合新型农村养老保险和城镇居民养老保险,建立全国统一的城乡居民基本养老保险制度,由此开启了我国基本养老保险制度改革的新征程。随后,全国31个省(区、市)根据各地的实际情况,相继颁布了本地的城乡居民基本养老保险实施办法。新制度实施以来,我国城乡居民基本养老保险取得了重大进展。截至 2016 年年末,全国城乡居民基本养老保险参保人数 50847 万人,实际领取待遇人数 15270 万人;全年城乡居民基本养老保险基金收入 2933 亿元,比上年增长 2.8%;基金支出 2150 亿元,比上年增长 1.6%,基金累计结存 5385 亿元。

一、现行农村社会养老保险制度的主要内容

新型城乡居民社会养老保险由 2009 年开始实施的新型农村社会养老保险和 2011 年开始实施的新型城镇居民社会养老保险合并而成。新型城乡居民社会养老保险制度采取政府补贴、集体补助和个人缴费相结合的筹资方式,主要内容为:

(1) 参保对象:年满 16 周岁(除在校学生外),非国家机关和事业单位工作人员及不属于职工基本养老保险制度覆盖范围的城乡居民。

(2) 参保缴费共有 12 个档次供选择,分别为每年 100 元、200 元、300 元、400 元、500 元、600 元、700 元、800 元、900 元、1000 元、1500 元、2000 元。参保人可选择任意一个档次参保(只能选择一个档次),政府对每个缴费档次给予不同标准的财政补贴。重度残疾人等缴费困难群体由地方人民政府为其代缴部分或全部最低标准的养老保险费。

(3) 每位参保对象都建立了养老保险个人账户,个人所缴参保费用、财政补贴、集体经济补助及资金资助都计算到个人账户,并对个人账户储存额计息。

(4) 新型城乡居民养老保险制度刚实施时已年满 60 周岁,不用缴费,直接按月领取基础养老金;个人应逐年缴费,累计缴费应不少于 15 年,对参加养老保险且年满 60 周岁的,可以按月领取城乡居民养老保险待遇。

(5) 养老保险待遇由基础养老金和个人账户养老金构成。其中基础养老金由政府全额支付;个人账户全部储存额除以 139(计算基数)为个人账户养老金的月计发标准。如参保人死亡,且个人账户资金还有余额的,

可以依法继承。

新型城乡居民社会养老保险能够满足广大农村社会养老的基本要求,完善了我国社会保障体系,保障了农村基本生活水平,缩小了城乡差距,缓解了社会矛盾,维护了社会公平和谐发展。

二、现行农村社会养老保险制度存在的问题

1. 养老保障程度问题

整体上看,农村社会养老保险制度的保障力度不够大,保障效果较差,甚至不能维持农民最基本的养老生活。农村社会养老保险制度保障水平低、保障效果差的主要原因就是替代率过低。2015 年中央财政加大了对贫困地区等的转移支付力度,提升农村社会养老的政府补贴数额,这在一定程度上提升了基础养老金的数额,使基础养老金的替代率上升。但在现行的农民社会养老金激励机制下,农民个人账户的缴存额并没有明显提升,最终导致实际的替代率明显低于理论上的替代率,农民领到手的养老金数额较少。

2. 农民参保落实问题

农村社会养老保险制度中,政府对于农民基础养老金的补贴标准是按照人数发放的,存在着"多缴不奖、长缴不补"的问题,这在一定程度上降低了农民参保的积极性,甚至导致部分人存在逆向选择行为。整体来看,激励机制主要存在以下几个方面问题:首先,农民的参保率较低。大部分农民工没有纳入到农民工养老保险体系中,种地农民也有部分未能纳入到种地农民社会养老保险体系中,完成社会养老保险对农民的全覆盖还有很长的路要走。其次,青壮年农民参保积极性不高。很多青壮年农民认为其现在的缴费是为当下的老人服务的,对其 60 周岁后能否按时领取养老金存在疑问,导致部分人不参保或弃保。最后,集体补助的标准

较低。不论是农民工还是种地农民、失地农民，集体补助的标准过低，也将影响农民参保的积极性。

3. 政府补贴机制问题

在"新农保"与"城居保"并轨的实践过程中，政府在农村社会养老保险金的补贴机制上存在中央投入力度不大，不足以满足农民养老的基本需要；各级地方政府对于养老金的补贴不到位、不均衡；各级地方政府在农村社会养老保险金的补贴上权责不明确；中央财政仅按照区域发展情况来制定补贴标准缺乏公平性等问题。

首先，各级地方政府在农民养老金的补贴上投入不均衡。苑梅在《我国农村社会养老保险制度研究》一书中指出：在取消农业税后，地方财政能力严重削弱，除试点地区和少数相对富裕的地区对养老保险基金账户能够提供足额的财政补贴外，其他各地方和各级财政的投入相当有限，无法完成区域平衡发展的农村社会养老保险发展战略。从各地区经济发展水平来看，东部地区、新型农村社会养老保险试点地区，经济发展较快，地方财政充裕，能够足额完成地方补贴，而对于经济发展水平较低的县来说，地方财政明显无法承担农村社会养老保险的政府补贴。这样一来，农村社会养老政府补贴反而成为制约贫困地区发展的因素，长此以往，必然造成经济发展较好的地区发展越好，经济发展较差的地区发展越差，这显然背离了"新农保"以及城乡居民养老制度建立的初衷。

其次，各级地方政府在养老保险金的补贴上权责不明确。对于农村社会养老保险金的权责问题，中央和各省级政府间的权责是划分明确的，但是省级以下的地方市、县政府间的权责却没有具体的规定，这使得省级以下的各地方政府都有一套自己的社会养老保险财政支付模式。省级以下地方政府权责不明确，必然会导致各级地方政府财权与事权的混乱状况。

最后，中央财政仅按照区域发展情况来制定补贴标准缺乏公平性。中央财政关于农村社会养老保险的补贴标准，仅仅是以东、中、西部地区为划分依据的，但是如果政府补贴政策不将各地区居民生活水平、物价水平、地区农村人口占全国农村总人口的比例、各级地方政府的财政收支情况等各种因素考虑在内的话,城乡居民养老保险将很难真正做到"公平""统一""规范",很可能重蹈"老农保"的覆辙,成为地区经济发展的制约因素。

4. 养老基金管理问题

尽管城乡养老保险制度对养老基金的管理更加科学,责任分工更加明确,但仍存在管理层次低、保值增值效率低、监管力度小、个人账户建立不完善等问题。

第一,社会养老金管理层次低。当前,农村社会养老保险金的管理仍停留在县级管理的层面上。县级管理使得我国农村社会养老保险政策"碎片化",有效养老基金地区规模小,抗风险能力差。尽管养老金实行收支"两条线管理"、专项管理,但是基金管理权依然掌握在地方财政手中,没有独立出来,长此下去,还会出现财权、事权混乱的局面。

第二,社会养老保险基金保值增值效率低。2015年之前,养老金投资渠道仍然比较单一,主要依靠银行存款或购买国债。单一的投资渠道使得农村社会养老保险基金保值增值受到很大限制,效率低下。直到2015年8月,基本养老金才真正开始市场化投资。

第三,养老保险基金的监管力度小。当前全国统一的社会养老基金监管法律尚未形成,这就使得农村社会保险养老制度在建立、运行,以及养老金的收取、投资、支出等方面缺乏严肃性、规范性。

第四,农村社会养老保险金个人账户建立不完善。在推进城乡社会养老保险制度建设的过程中,农民个人缴费记录卡尚未建立,信息化管理尚未实行,这就使得投保人的缴费情况难以查询,个人账户利息分割难以到位。

三、农村社会养老保险制度的国际借鉴及启示

对于国际上较为成功的农村养老模式,根据其覆盖范围和保障水平,

并结合养老保险基金的筹集和发放方式,大体上可以划分为社会保险型、社会福利型和社会救助型三种,其中对应的典型国家分别为德国、日本和巴西。

1. 典型国家农民养老金制度安排

德国的社会保险型农村养老主要采取以下两种形式:一种是面向农村人口,单独设立的养老制度;另一种是扩大城镇养老保险制度对农村的覆盖。无论哪种方式,德国的农村养老模式仍然坚持"自助养老为主"的原则,注重强调养老是每个人的责任和义务,采取养老保险金现收现付和积累相结合的方式,养老保险待遇与缴费年限和缴费金额相挂钩。在德国,农村养老既是每个人应尽的义务,也是国家和社会所承担的责任,政府在资金上给予了大量补贴。德国的社会保险型农村养老模式在资金筹集上采取多元化的方式,通常由个人缴纳部分、社会缴纳部分和政府补贴部分三块共同组成,保障了资金来源的稳定性。同时,从制度上强调缴费义务和领取养老金的关系。被保险人领取养老金的多少取决于他缴纳社会养老保险多寡。农村养老保险的参与者被划分为农业工人和农业企业主两部分。农业工人就是在农业企业从事生产和劳动的工作人员,政府要求这部分人必须参加养老保险。而农业企业主是拥有土地所有权的人及其家庭成员,属于农业资源的所有者,采取自愿参加养老保险的方式。

日本是典型的社会福利型农村养老体系,其农民养老保险制度主要分为两层:第一层是基础养老金——"国民年金",第二层是"农业者年金"及"国民年金基金",为日本农民提供了良好的养老保障服务。在日本,国民年金是最基本的养老金,一般的日本公民都会享有,而农业者年金是为农民设立的。日本的国民年金基金制度是为那些有能力缴纳高保费的公民所建立的制度。日本的农民可以通过基础养老金来缩小收入差距。在日本缴纳养老保险是有限制的,为了缩小贫富差距公民只能选择几种参保方式,而不能重复加入国民养老基金,参保者不能中途退保。农业者年金制度,是专门为农民建立的一套独立制度体系,农民收入以农业为主,设立这个制度不仅是为了保障农民的生活,他们还肩负着国家农业发展和生产经营的使命。

巴西养老保险模式属于社会救助模式。这种模式主要流行于发展中和不发达国家,由于经济条件有限,难以实施缴费型养老保险制度,但又面临大量生活贫困的农村人口,所以通过实行养老金救助制度,以确保特别困难的农村老人享有基本养老保障。巴西养老保险模式构成有如下几点。第一,覆盖对象为农村人口。第二,资金筹集。无论养老金辅助计划还是农村养老金体系,农村居民无须缴费。其中,养老金辅助计划资金完全由政府财政拨付。而农村养老金体系资金主要由2.2%的农产品初次销售缴费、3%的城市职工工薪附加税、国债收入及政府其他税收等几方面构成。第三,待遇给付。虽然个人不要缴费,但农村居民从事农业生产活动的时间要在15年以上才能享受养老金,证明方式就是当地劳工组织开具的信函证明;领取年龄为男60岁和女55岁;月领取标准由原来的最低工资的50%提升至目前的全额。第四,管理运作。养老金辅助计划由国家社保协会负责,农村养老金体系的资金收集与运行管理由中央政府及其相关下属机构负责;给农村居民发放的社保卡,可用于集中参保信息及领养老金,也可用来贷款抵押等。

2. 国外农民养老金制度安排经验

国外的养老保险制度起步较早,经过了长期的发展完善已具有可行性与操作性,为我国提供了很多可借鉴经验。

一是财政投入方面。作为一项政府主导的制度,政府在制定制度的同时就应主动承担相应的责任。面对庞大的受益群体,在养老基金筹集方面,除了引导国民主动缴费外,政府应承担主要责任,可以根据国家及地方财政的状况,适当增加财政投入比例,以调动国民的参保积极性,增加养老基金的存量,提升国民养老待遇水平。

二是立法保障方面。养老保险制度推行比较成功的国家都通过相关的法律法规保驾护航,利用法律的权威性和强制性,划分个人和政府责任;通过法律的监督和制约机制,保障制度的规范性和有效性;以具体的法律条文,规定制度原则、基金筹集方式和基金增值运营办法,促使养老保险制度依法实施,依法保障国民生活水平。

三是制度多模式方面。养老保险制度面向所有国民,由于国民的经济水平不一、职业的特殊性等因素影响,养老的需求也不相同,所以有必要实行多样化的养老制度,针对不同职业的人群,制定更多有利的养老制度。特别是农村群体,收入水平不高,对养老金的需求高,国家应制定出台专门的辅助养老制度,额外增加补贴,以解决农村老人基本生活需求。

3. 对我国农村社会养老保险的启示

启示一:养老保险法律体系完善。

法律制度的健全不仅使社会保障事业有了具体的法律依据,也为国民社会保障权益的实现提供了保证。例如,英国从1948年颁布社会保险法案开始,关于养老保险就出台了十几个法案。每一个新的制度的出台,都经过不断的调研和反复的论证,然后再通过立法实施,立法对制度稳定、持续发展起到重要的保障作用。瑞典也有健全的法律,公民参与国家养老保险的政策具有强制性,瑞典还有着健全的税收和监管体制,从而使企业和个人不易偷逃、欠缴保费。可以说,健全的法律是养老保险制度良好运行的关键。

启示二:政府责任明确并发挥重要作用。

在农村养老保险制度的建立和实施过程中,政府具有不可推卸的责任。以美国为例,首先,政府在养老保障制度运行的过程中是中间人的角色,即在雇主、雇工之间建立一个桥梁,引导他们参与到制度中来;其次,政府在制度运行的过程中是管理者的角色,政府负责管理制度运行的各个环节,如负责收缴雇主、雇工的保费,进行投资运营,并负责养老金的发放。在我国,农民是一个弱势的群体,他们为国家的建设做出了巨大的贡献,在农村养老保险制度中,政府的责任不容缺位,必须承担起财政责任、立法的责任及相关的管理责任。

启示三:建立了专门的农村养老保险管理机构。

纵观各国的农村养老保险发展,都建立了专门的农村养老保险管理机构。例如在德国,农业社会保障的主管机构是保险营运机构。农业保险营运机构是自治的公法人团体。以农民老年保险金库为例,在德国,有一个直属联邦的老年保险金库、16个直属州的老年保险金库。农业企业由它所在地的农民老年保险金库管辖,经营几个农业企业的,由经济价值最大的企业所在地的农民老年保险金库管辖。联邦直属老年金库由设在柏林的联邦保险事务所监督,州直属老年金库由各州有管辖权的州行政机构监督,州行政监督机构往往是社会部。另外,还有专门的年金银行管理老年保障基金的营运,确保基金保值增值。

启示四:建立了多层次、多元化的农村养老保险体系。

无论是社会保险型、社会福利型还是社会救助型的农村养老模式,最终养老的责任都是由政府、社会和个人多方协调共同承担的。政府、社会和个人共同组成一个多层次的农村养老保障基础。政府主导下的农村养老保险体系和制度建设,是实现有效养老的保障,也是基础和前提;社会和企业主积极响应的养老金缴纳行为,促进了农村养老保险工作的顺利推进;个人的养老意愿和养老需求是农村养老制度得以有效开展的根本。因此,世界各国实行的农村养老保险模式中,一方面注重政府和社会主导下的养老保险基础作用,另一方面又积极引入市场竞争机制,发展商业化的养老保险模式,为农村养老事业发展提供了多方位、多层次的补充。

第三节 农村社会养老保险制度的未来展望

一、农村社会养老保险制度的发展趋势

城乡统筹是农村社会养老保险发展的必然趋势。主要原因如下:一

是从生产力发展来看,农村社会养老保险制度是社会化、农业产业化的必然产物。要实现真正意义上的现代化大生产,城乡分割是桎梏和瓶颈,必须冲破城乡隔离的藩篱,实行城乡统筹。二是从现实发展来看,当前我国政府为了推行养老保险城乡一体,出台了众多政策措施,其密度之高、速度之快均创历史新高,有力推动了不同人群的社会养老保险制度城乡统筹。三是从人口变化来看,城乡统筹是应对人口结构变迁的重大举措。城乡统筹有助于提高农村老人生活水平,缩小城乡社会养老保险差距,促进农村社会养老保障全覆盖,有效应对农村人口老龄化的养老保障需求。四是从制度公平性来看,城乡统筹农村社会养老保险制度是促进城乡养老保障公共服务均等化的重要手段。

从发达国家居民社会养老保险的统筹路径来看,农村社会养老保险制度的实现与城市的均等化,基本上经过了两个阶段,即城乡的制度统筹和城乡一体化动态融合。目前我国农村社会养老保险的城乡统筹也可以借鉴这两个步骤。

名义上:城乡社会养老保险制度的合并。第一,将种地农民社会养老保险制度与城镇居民养老保险制度进行合并统筹,建立统一的制度体系,合并成为城乡居民社会养老保险制度。种地农民社会养老保险体系与城镇居民社会养老保险体系在制度设计上有较多的相似之处,特别是在个人账户、缴费方式和养老金发放形式等方面。因此,可以建立统一的缴费档次,将城镇居民社会养老保险管理机构和农村社会养老保险机构合并管理,实现省级范围内的统筹,这样不仅能够形成统一的制度,还能够实现养老金的保值增值。第二,农民工、失地农民社会养老保险制度与城镇职工社会养老保险制度进行统筹,合并成为城镇职工社会养老保险制度。农民工、失地农民群体虽然在户籍上是农民,但这些人基本上是居住在城镇,在城镇从事服务业、制造业及商业活动等,其主业不再是农业生产,部分人甚至成为城镇企业的固定职工。因此,应该通过制度合并与统筹,积极引导失地农民、农民工参加城镇职工社会养老保险体系,进而在整体上提升失地农民、农民工的养老保险缴费额度,使其获得更高的养老保险待遇,解决替代率低的问题。

实质上:城乡社会养老保险保障水平的一体化。在城乡居民社会养老保险制度合并之后,由于城市的经济社会发展水平要高于农村,农民要想获得与城镇居民、城镇职工同样的养老保险待遇,就必须加大政府的投入水平。通过城市带动农村、工业带动农业的自上而下的反哺方式,加强制度之间的均等化。各级政府应该加大对农村社会养老的支持力度,同时要缩小农民与城镇居民社会养老保险合并后,工资、养老金之间的差距,推动保障水平均等化。此外,还需要不断优化农村社会养老制度的账户形式、养老金发放方式等,建立激励机制,充分调动广大农民的参保积极性,真正实现城乡社会养老制度体系的全覆盖,推动城乡居民、城镇职工养老保险体系的一体化。在一体化融合的过程中,要想确保城乡居民社会养老保险在保障水平、待遇方面的均等性,就必须要进一步加大对农民的政策支持力度,大力推进农业产业化发展,提高农民自缴标准,确保农民能够享受到均等化的城乡保障水平。城乡居民社会保障水平达到实质上的一体化,可以大大促进城乡生产要素与社会资源的平等自由流动,有助于农民摆脱对家庭养老、土地养老的依赖,有助于推进城乡一体化进程。

二、对我国农村社会养老保险制度的政策建议

1. 加大宣传的力度,增强参保者的积极性

1)明确宣传内容,增进农民对养老保险政策的了解

政府应加强对城乡居民基本养老保险的宣传,为农村居民解读好政策,使参保者真切地认识、了解和读懂政策,积极引导城乡居民更加有序地参加养老保险。工作人员尽量使用通俗易懂、易于接受的语言,到农村轮流宣传,耐心地向农村居民讲解全面的政策。尤其要注重对与居民切身利益相关的问题进行宣传,如对财政补贴、资金管理、缴费档次、待遇发

放、账户保值增值等问题进行合理解释,以消解群众疑虑。

2)开辟多元化的宣传方式,切实做好宣传工作

有关部门可灵活运用多元化的宣传方式对关于城乡居民基本养老保险的政策进行讲解,将宣传册发放到每个参保者手中,利用网络、电视、报纸、广播、开会、宣传栏等方式使城乡居民更加全面地了解政策,使得城乡居民了解政府配套的补贴政策,帮城乡居民算好明细账,增加城乡居民基本养老保险的透明度,让城乡居民由认知政策转变为认可政策,积极引导城乡居民多缴纳养老保险费用,从而提高其参保的积极性。

2. 调整和完善城乡居民养老保险缴费机制

1)变固定缴费为比例缴费

中国城乡居民养老保险缴费是固定缴费,其缺陷是城乡居民缴费水平与经济增长无法动态关联,不能随着经济增长和城乡居民收入增加而提高,以至于缴费额度常常滞后于经济水平,不利于个人账户养老金稳定持续增长,所以为了使缴费水平和城乡居民收入增长同步变化,必须确立比例缴费制度。该制度的优势是:当城乡居民收入增加,城乡居民缴费就增加,反之缴费就减少,从而保证城乡居民困难时也能持续缴费,而不至于断缴,进而使基金收入持续增长,基金支付能力不断提高。

2)变逆向激励缴费为正向激励缴费

建立缴费正向激励制度,以扭转账户基金累退增长态势。建立基础养老金与缴费档次、年限相关联的激励约束机制,鼓励居民早缴、多缴和长缴。在待遇领取环节,对缴费满15年的,每增加一年就增发一定数额或比例的基础养老金,也可根据所超年限分段递增;在缴费环节,根据缴费档次,加大补贴。但是,激励要正向递增,不能是目前的累退性态势。同时,保证富人与穷人适度公平,不仅激励不能过大,让富人占有更多养老资源,而且还要配套穷人补贴,如提高缴费豁免标准、设置低收入者待遇补贴等,以促进社会公平。

3)变单一方式缴费为多元方式缴费

非正规就业下,缴费方式也会影响管理效率的提高,所以完善多元缴

费方式是必要的。缴费时间：可按月、季、半年及一年缴费，也可一次趸交。缴费渠道：可由村干部或协理员直接收缴、通过银行等金融机构从本地或外地按时汇缴、由别人（如亲属、朋友等）代缴等；因农村居民手头现金少而农产品多，不妨准许农民以粮食作物、经济作物等易变现物品缴费，激励一些需求高而现金少的农村居民参保。缴费方式多元，不仅能适应多数农村居民常年外出务工和增收比较慢的现实，而且还便于经济困难的城乡居民有灵活时间和余地按时缴费。

3. 调整和完善城乡居民养老保险待遇制度

1）建立城乡居民养老待遇弹性给付制度

面对人口老龄化形势，城乡居民养老保险却刚刚获得初步发展，不仅基金规模很小，而且制度保障能力也很有限。要实现制度持续运行，就需保证城乡居民待遇给付与保费收入相称，不能出现失衡。鉴于居民退休年龄偏低、增收慢且不稳定，要维持合理的待遇水平，提高待遇给付年龄，延长缴费期，将会是目前和今后时期的必然选择。因此，可借鉴国外经验，建立适应中国城乡居民养老待遇给付年龄的选择制度。政府对城乡居民领全额养老金的条件做出规定，每延迟一年领取就增发一定额度养老金，延迟年龄不设上限。待经济发展和城乡居民收入达到一定水平，再将领取年龄调至 65 周岁，男女相同。这种制度比较符合目前中国城乡居民的生存劳动现状，即只要健康准许，就不退出劳动。

2）完善城乡居民养老待遇正常调整制度

继续完善待遇给付调整机制，以保证代际公平。根据职工工资、居民人均收入和物价变动逐年调整，调幅略高于城镇职工养老金增幅，有条件、有步骤地缩小城乡待遇差距，充分发挥养老保险收入再分配功能。这一方面保证居民代内公平，另一方面也促进不同群体代际公平。而待遇给付调整主要是基础养老金的调整。基础养老金调整所需资金由政府财政承担，具体办法是，以县区经济财政收入、农业人口数、人口老龄化指标等为基础，将全国各县区划分为三类：发达县区、中等发达县区和欠发达县区。第三类由中央财政全担，前两类由中央和地方财政按不同比例共担,其中,第二类按 6∶4,第一类按 5∶5。而除实行比例缴费之外,地方政府各级财政也要参照上述办法分担责任,改变目前国家各级财政负担上轻下重的态势,逐步使个人账户养老金替代率达到 24%,总替代率达到 45%。

4. 建立多元化、多支柱的农村养老保障制度

多元化是指实现对适龄参保人群的全覆盖。我国"城乡居保"制度对农村居民的参保范围规定为 16 周岁及以上、未参加城镇职工养老保险、具有农村户籍的农村居民。从现实情况来看,这一范围群体数量和规模非常大,同时这一范围内的农村群体已经发生了分化,有常年在外打工的农民工,也有临时外出打工的农民工,还有被征地的农民。上亿的流动农民工及越来越多的被征地农民,成为社保制度面临的重大难题。虽然实施的"城乡居保"对农民工的养老保险转接问题进行了明确的规定,但是对被征地农民等群体的转接问题并未作相关规定,这就要求我国政府应该在适龄参保人员实现全覆盖的问题上再研究制定相关政策。

建立多层次制度体系,包括基本社会养老保险、强制性完全积累个人账户和自愿商业养老保险。基本社会养老保险需要政府通过强制性收取税费来提供,制定各阶层税费率和发放标准来实现公平的分级给付制度;强制性完全积累个人账户由个人和企业共同承担,国家制定税费率,储蓄资金完全进入个人账户,为老年人退休后提供生活保障;自愿商业养老保险作为补充,随个人意愿选择,强调激励,体现差别。

1) 补充养老金制度

我国农村养老保险起点比较低,"城乡居保"比较适合当前我国的国情和经济发展水平,这是一种比较基本的和基础的养老保险。与此同时,也有部分较富裕的农民的养老需求较高,不会满足于每月与低保相近的养老金水平,但目前并没有可供他们选择的基础养老之外的补充养老保险制度。因此,在农村养老保险推进的过程中,应该认真研究我国农民情况的复杂性和多样性,以及我国农民养老状况的形式及需求,加快研究建立符合农村实际和农民实际的多层次、多支柱的养老保险体系,使有不同养老需求的老年人都能够得到满足。由政府主导并由政府实施建立基础养老金制度以保障农民养老的最基本的需求,这种基础养老金与农民收入没有关联,仅与农民的年龄关联;通过政府引导、政府财政补贴激励建立农民补充养老金制度,补充养老金需要农民个人缴费,因而是与农民收入关联的一种制度,主要目标是提高农民退休后养老金水平。

2) 自愿商业养老保险制度

在我国个人账户养老金收益率不高的情况下,对于一些比较富裕的农民,养老金的给付水平并不能满足他们的养老预期,又不能仅靠提高缴费档次来提高养老金待遇。这就要求我国在政策上规范商业保险对农村居民养老保险的补充作用。可以发展农村地区的小额人身保险市场,发挥商业养老保险公司的优势,农村居民通过参与商业养老保险,补充国家政策的暂时性不足。

5. 健全城乡居民养老保险法律法规体系

全国人大常委会须单独制定城乡居民养老保险法,明确城乡居民养老保险法律地位,统一指导思想、基本原则、基本制度、主体责任、发展目标及评估标准等;国务院须出台《城乡居民养老保险基金管理条例》、《城乡居民养老保险经办服务条例》、《城乡居民养老保险法律救济条例》等配套法规;地方根据上述法律法规及地区实际制定实施细则。所有法律法规应保持协调和统一,形成从中央到地方完整的法律法规体系,保障城乡居民养老保险制度的实施有最权威最规范的法律法规作为依据。同时,还要建立社保争议或纠纷法律救济机制。制度实施过程中不可避免地会产生争议或纠纷。一般来说,争议或纠纷常发生在参保者与经办机构、参保者与基金管理机构、基金投资主体与基金监管主体等之间,如果双方或多方能协商解决的就协商解决,协商不成的就通过行政复议解决,而复议也不成或无法复议的就依法向法院起诉,由法院社保法庭判决或裁决。当然,在这个过程中,须保持案件的独立性和程序的简化性,保障协商、复议及审判过程的公平高效和城乡居民的养老保险权益。

第三章

农村医疗保障制度

第一节 中国农村医疗保障的历史沿革

中国的农村医疗保障是指以中国的农民为对象,由政府和农民本人共同筹集医疗预防保健基金,并按照一定比例补偿的各种医疗保健形式,包括合作医疗、医疗保险、统筹解决住院费及预防保健等形式。在我国农村医疗保障制度的历史发展进程中,合作医疗制度是一项主要的农村医疗保障制度。它是在政府和集体经济的扶持下,农民遵循自愿、互助、互益和适度的原则,通过合作形式(如民办公助、民办互助等形式)建立起来的满足农民基本医疗保健要求的农村医疗保健制度。政府利用其资金的优势建立起了以县医院为龙头的农村卫生网络,并大力开展地域病、传染病等的预防和治疗。基层卫生机构依靠生产队公益金提取、农民缴纳保健费和业务收入(药品利润),保证了主要经费来源,实现了"合医合防不合药"的合作医疗[1]。我国农村医疗保障的类型可以分为传统农村合作医疗和新型农村合作医疗,其发展历程大致可以分为以下五个阶段。

一、农村合作医疗的萌芽和发展时期(20世纪40—60年代)

农村合作医疗产生于20世纪40年代,当时陕甘宁解放区出现了医药合作社(卫生合作社),这是一种民办公助的合作性医疗机构。20世纪

---

[1] 《中国社会保障制度总览》编辑委员会.中国社会保障制度总览[M].北京:中国民主法制出版社,1995:943.

50年代,东北各省也相继涌现出合作制和群众募集资金创办的医疗卫生机构。这一类型的医疗卫生保健,基本采用的是"合作制"和"群众集资"的形式,具有典型的集资医疗和互助共济特点,虽然不具有医疗保险的性质,但它是中国农村医疗保障制度的萌芽或雏形,并为后来合作医疗制度的产生奠定了基础。

随着我国农业合作化的发展,由农业生产合作社举办的保健站开始在山西、河南、河北等省的农村地区出现。其中,1955年年初,山西省高平县(现高平市)米山乡最早实行"医社结合",采取社员群众出"保健费"和生产合作社提供"公益金"补助相结合的办法,建起了合作医疗制度。这一制度确实起到了让农民"无病早防,有病早治,省工省钱,方便可靠"的作用,得到了当时卫生部的肯定和推广。1956年,全国人大一届三次会议通过的《高级农业生产合作社示范章程》中规定,合作社对于因公负伤或因公致病的社员要负责医疗,并且要酌量给予劳动日作为补助,从而首次赋予集体介入农村社会成员疾病医疗的职责①。1958年开展"人民公社化"运动之后,合作医疗发展较快。1959年,卫生部在山西省稷山县召开的全国农村卫生工作会议上,正式肯定了农村合作医疗制度,随后这一制度逐步在农村推广。1960年2月,中共中央肯定了合作医疗形式,并转发了卫生部《关于农村卫生工作现场会议的报告》,将合作医疗称为集体医疗保健制度,并要求各地参照执行。但在三年困难时期,因农村集体经济大幅削弱,合作医疗制度曾一度遭受挫折②。

二、农村合作医疗的高潮时期(20世纪60—80年代)

1965年9月,中共中央批转了卫生部党委《关于把卫生工作重点放到农村的报告》,强调了加强农村基层卫生保健工作,大力推动农村合作医

---

① 杨国平.中国新型农村合作医疗制度可持续发展研究[D].上海:复旦大学,2008.
② 邓大松.中国社会保障若干重大问题研究[M].深圳:海天出版社,2000:299-300.

疗制度的发展。到1965年底，山西、湖北、江西、江苏、福建、广东、新疆等十多个省(自治区)的部分县市陆续实行了合作医疗制度。合作医疗逐步成为全国农民享受医疗保障的基本形式。到20世纪70年代，合作医疗制度曾一度覆盖了95.2%的农村人口。

1978年第五届全国人民代表大会第五次会议通过的《中华人民共和国宪法》把"合作医疗"列入其中。1979年12月15日，卫生部、农业部、财政部、国家医药管理总局、全国供销合作总社联合发布了《农村合作医疗章程(试行草案)》，这个章程对合作医疗制度进行了全面和细致的政策性规定，它是对20多年来农村合作医疗经验的总结，标志着合作医疗的制度化。1980年，全国行政村中合作医疗的覆盖率达到90%，覆盖了85%的农村人口[1]。农村合作医疗的进一步巩固和发展，对提高农民的身体素质和健康水平起到了重要作用，中国公民的健康指标(包括婴儿死亡率预期和期望寿命等)都远远超过当时的国民收入所能达到的水平。世界卫生组织在一份报告中曾说，"初级卫生人员的提法主要来自中国的启发。中国人在占80%的人口的农村地区发展了一个成功的基层卫生保健系统，向人民提供低费用的、适宜的医疗保健技术服务，满足大多数人的基本卫生需求，这种模式很适合发展中国家的需要"。因此，合作医疗(制度)、基层医疗预防保健网络(机构)和乡村医生(队伍)，被各界公认为解决我国传统农村医疗卫生保障问题的三大法宝，并得到国际社会的广泛重视。

三、农村合作医疗的衰退时期(20世纪80—90年代)

20世纪80年代初，随着家庭联产承包责任制的实行，人民公社制度的废除，乡镇一级政府的设立，农村经济体制和行政体制发生了巨大变

---

[1] 岳颂东.呼唤新的社会保障[M].北京：中国社会科学出版社，1997.

化,农村基层的卫生组织和合作医疗制度也相应进行了整顿和改革。农村集体经济组织逐步解体,使合作医疗制度赖以生存的原有集体经济组织中可以直接分配与扣除的筹资制度丧失了基础。另外,县乡财政特别是乡镇财政困难的加剧,使其再也无法为包括公共卫生在内的医疗保障制度提供有效的供给。显然,原有的农村合作医疗制度,已经失去了其存在的经济基础和社会基础,出现了迅速的衰退。全国大多数社队的合作医疗机构很快走向了解体、停办,部分村卫生室(合作医疗站)变成了乡村医生的私人诊所,使得合作医疗覆盖面大幅下降。据调查,全国实行合作医疗的行政村,由1980年的90%,骤降至1985年的5%,农村居民中参加农村医疗保障制度的仅占9.6%,而自费医疗占到81%。1989年的统计数据显示,继续坚持合作医疗的行政村仅占全国的4.8%,自费医疗制度再次成为农村主导地位的医疗制度[1]。全国仅存的合作医疗主要分布在上海和苏南地区,广大农村居民重新陷入了"因病致贫、因贫致病"的恶性循环中。原有医疗保障制度消失,不仅造成了农民看病难,影响了农民的身心健康;而且忽视了公共预防措施,使得农村地区的卫生健康状况逐年下降。

四、农村合作医疗的探索和重建时期(20世纪90年代至21世纪初)

20世纪90年代以来,我国进入了社会主义市场经济阶段,如何解决新时期农村医疗保障问题无法回避地摆在了面前,中央政府和各个地区都为了重建合作医疗制度展开了积极的探索。1990年6月,卫生部等五部委向国务院递交了《关于改革和加强农村医疗卫生工作的请示》,分析了农村合作医疗出现严重萎缩的主要原因,建议"把加强农村医疗卫生工

---

[1] 卫生部基层卫生与妇幼保健司编.农村卫生文件汇编(1951—2000).2001(12):84-85.

作作为战略重点,提高到各级政府的议事日程上来",要求各级领导"从卫生事业发展的长远战略着眼,从当前农村卫生事业投入严重不足、城乡之间医疗卫生资源分布极不合理的实际情况出发,通过治理整顿和深化改革,将农村卫生事业振兴起来,并把'二〇〇〇年人人享有卫生保健'作为农村卫生工作的目标"。1991年1月17日,国务院批转了该文件,并要求各地参照执行。

1993年,国务院政策研究室和卫生部通过广泛的调查研究,提出了《加快农村合作医疗保健制度的改革和建设》研究报告。同年,中共中央在《关于建立社会主义市场经济体制若干问题的决定》中又提出要"发展和完善不同形式的农村合作医疗制度"。1994年,卫生部与世界卫生组织在上海召开国际会议,正式启动"中国农村合作医疗保健制度改革研究"项目,国务院研究室、卫生部、农业部与世界卫生组织合作,在全国7个省(自治区、直辖市)14个县(市)开展了"中国农村合作医疗制度改革"试点及跟踪研究工作,旨在为合作医疗立法提供理论依据[①]。1996年国家提出重建和恢复农村合作医疗。同年7月,国务院研究室、卫生部等在河南召开了合作医疗经验交流会,会议分析了合作医疗的产生、发展与作用,明确了发展与完善合作医疗的目标和原则,提出了发展与完善合作医疗的具体措施。12月,中共中央、国务院召开了新中国成立以来的第一次全国卫生工作会议,会上再次强调了合作医疗对于提高农民健康、发展农村经济的重要性。会后,全国有19个省、直辖市、自治区共选择了183个县(市、区)作为省级合作医疗的试点,多数地、市也选定了一批试点县。

1997年,中央政府在各地实验的基础上,开始对农村开展合作医疗进行了再鼓励、再规范。同年1月,中共中央、国务院在《关于卫生改革与发展的决定》中,更加完整地提出要"积极稳妥地发展和完善合作医疗制度。合作医疗对于保证农民获得基本医疗服务、落实预防保健任务、防止因病致贫具有重要作用。举办合作医疗,要在政府的组织和领导下,坚持民办

---

① 陈志宏.中国农村医疗保障分析[D].北京:中央民族大学,2012.

公助和自愿参加的原则。筹资以个人投入为主,集体扶持,政府适当支持。要通过宣传教育,提高农民自我保健和互助共济意识,动员农民积极参加。要因地制宜地确定合作方式、筹资标准、报销比例,逐步提高保障水平。预防保健保偿制度作为一种合作形式应继续实行。要加强合作医疗的科学管理和民主监督,使农民真正受益。力争到二〇〇〇年在农村多数地区建立起各种形式的合作医疗制度,并逐步提高社会化程度,有条件的地方可以逐步向社会医疗保险过渡"。卫生部等部门于同年3月向国务院提交了《关于发展和完善农村合作医疗若干意见》,国务院于当年5月批转了该意见,其对农村合作医疗的性质、组织机构、队伍建设、医疗资金使用和管理监督等有关事项做出了政策性规定[①]。卫生部于当年11月发出《关于进一步推动合作医疗工作的通知》,要求各地做好合作医疗的宣传动员、管理培训、引导等工作。该通知对于推动合作医疗在农村的恢复和发展,起了积极作用。

中共中央和国务院所采取的各项措施,不仅要在一定程度上促进农村合作医疗的恢复,还要进一步建立和完善农村合作医疗制度,使之适应社会主义市场经济体制的要求和农村经济社会的发展状况。经过前几年的试点、恢复与重建,1997年农村合作医疗有了一定程度的好转,但覆盖率也仅占全国行政村的17.6%,农村居民参加合作医疗的仅占9.6%[②]。该制度在具体实践中还遇到了费用筹集、保障水平确定和管理体制等诸多难点,大部分试点相继失败。同时这项工作开展后不久,中央为减轻农民负担,出台了《关于切实做好当前减轻农民负担工作的通知》,其中明令要求取消各种达标活动,包括合作医疗在内的收费也相继暂停。据卫生部1998年"第二次国家卫生服务调查"统计,全国农村合作医疗的比重由80年代末的5%提高到了6.5%,在比较落后的地区,村庄和村民覆盖率分别只有1.1%和0.5%。1997年合作医疗覆盖了17.6%的农村人口,

---

① 中国农村卫生服务筹资和农村医生报酬机制研究课题组.中国农村卫生服务筹资和农村医生报酬机制研究[J].中国初级卫生保健,2000(7):37-39.
② 赖洁莲.农村医疗保险制度存在的问题及对策探讨[J].经济师,2003(10):178,226.

1999年又下滑到6.5%,虽经过几年努力,但覆盖率仍不足10%。而且地区之间极不平衡,合作医疗的实行主要集中在上海、江苏、广东、浙江、山东等经济比较发达的东部沿海省份,其覆盖率达到20%。相比之下,中西部地区特别是贫困地区多数在3%以下,基本上没有恢复。

2001年5月24日,国务院办公厅转发了由国务院体改办、农业部、卫生部等联合提出的《关于农村卫生改革与发展的指导意见》,意见要求地方各级人民政府要加强对合作医疗的组织领导。至此,各地在恢复和发展农村合作医疗制度的同时,开始积极探索新型农村合作医疗制度。

五、新型农村合作医疗的建设时期(21世纪初至今)

鉴于农村医疗卫生形势的日趋严峻,2002年10月,中共中央、国务院颁布了《关于进一步加强农村卫生工作的决定》,指出要在我国农村地区逐步建立和完善新型农村合作医疗制度。文件规定:到2010年,在全国农村基本建立起适应社会主义市场经济体制要求和农村经济社会发展水平的农村卫生服务体系和农村合作医疗制度;建立以大病统筹为主的新型农村合作医疗制度和医疗救助制度。2002年12月通过的《中华人民共和国农业法(修订草案)》也明确规定:"国家鼓励、支持农民巩固和发展农村合作医疗和其他医疗保障形式,提高农民健康水平。"

2003年1月23日,国务院办公厅转发了卫生部、财政部和农业部《关于建立新型农村合作医疗制度的意见》,明确要求:从2003年起,各省、自治区、直辖市至少要选择2~3个县(市)先行试点,取得经验后逐步推开;到2010年,在全国建立基本覆盖农村居民的新型农村合作医疗制度,减轻农民因疾病带来的经济负担;农民个人每年的缴费标准不应低于10元,地方财政对参加新型农村合作医疗农民的资助不低于人均10元,中央财政对中西部参加新型农村合作医疗的农民每人每年资助10元;有条件的乡村集体经济组织应对本地新型农村合作医疗制度给予适当扶持,但集体出资部分不得向农民摊派。同时,鼓励社会团体和个人资助新型农村合作医疗制度。在管理机构上,由省、地级人民政府成立农村合作医疗协调小组和农村合作医疗管理委员会,卫生行政部门设立农村合作医疗管理机构并在乡镇设立派出机构,在组织机构上保证新型农村合作医疗各项政策的落实。2003年下半年,新型农村合作医疗的试点工作陆续展开。2004年4月,国务院批转了卫生部等部门《关于进一步做好新型农村合作医疗试点工作的指导意见》,标志着全国范围内新型农村合作医疗制度试点的全面展开①。

2005年8月,国务院召开了"加快建立新型农村合作医疗制度"的常务会议。会议决定将新型农村合作医疗制度基本覆盖农村居民的时间表从2010年提前到2008年②。2016年5月,国家卫生计生委会同财政部联合印发了《关于做好2016年新型农村合作医疗工作的通知》(以下简称《通知》),部署2016年新农合重点工作。《通知》提出,2016年,各级财政对新农合的人均补助标准在2015年的基础上提高40元,达到420元,农民个人缴费标准在2015年的基础上提高30元,全国平均达到150元左右。巩固提高新农合保障水平,将政策范围内门诊和住院费用报销比例分别稳定在50%和75%左右。严格控制目录外费用占比,缩小政策报销比和实际报销比之间的差距。《通知》还要求完善大病保险机制,助力健康扶贫;改革支付方式,控制医疗费用不合理增长;稳步推进城乡居民基本医疗保险制度整合工作;加强监管,保障基金安全。2015年2月,为加快推进基本医保全国联网和异地就医结算工作,国家卫生计生委、财政部发布《关于做好新型农村合作医疗跨省就医费用核查和结报工作的指导意见》,全面推进新型农村合作医疗(包括卫生计生部门负责的城乡居民基本医疗保险)异地就医联网结报工作,并且制定了《全国新型农村合作医疗异地就医联网结报实施方案》。该方案要求将新农合异地就医结算

---

① 乔益洁.中国农村合作医疗制度的历史变迁[J].青海社会科学,2004(3):65-67.
② 汪柱旺.加快新型农村合作医疗制度建设[J].宏观经济管理,2005(9):20-22.

资金纳入财政专户管理;做好异地就医结算资金的归集;规范异地就医结算资金支付流程;规范异地就医结算财务管理。

第二节 新型农村医疗保障的现状及特点

新型农村合作医疗制度是由政府组织、引导、支持,农民自愿参加,个人、集体和政府多方筹资,以大病统筹为主的农民医疗互助共济制度。

一、新型农村医疗保障的现状

1. 覆盖面不断扩大

自从新型农村合作医疗制度实施以来,参加新型农村合作医疗的农村人口逐年增加,农民参加新型农村合作医疗的积极性逐步提高,对新农合的了解和接受程度日益增强。在2005年,全国开展新农合的县(市、区)共有678个,参加新农合人数达到1.79亿人,参合率高达75.66%。参合率自2008年以来显著上升,如图3-1所示。到了2012年时,全国已有2566个县(市、区)建立了新型农村合作医疗制度,覆盖了全国所有含农业人口的县(市、区)。参加新农合人数达到8.05亿人,参合率高达98.26%。随着新农合覆盖全部农村地区,这项制度将为我国8亿多农村居民提供基本医疗保障。

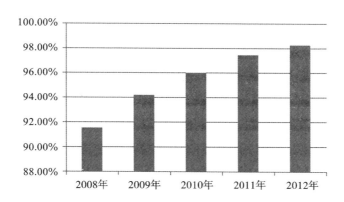

图 3-1　新型农村合作医疗参合率 2008—2012 年走势

2. 保障能力逐步增强

2003 年,全国筹集的新农合基金只有 40 多亿元。此后,新农合基金总量逐年增加。2005 年人均筹资 42.10 元,当年基金支出达到 61.75 亿元,补偿收益人次为 1.22 亿人次。到 2008 年,全国新农合基金达到 785 亿元,其中中央财政投入 247 亿元,占筹资总额的 31%,全国人均筹资达到 96.3 元。从 2003 年到 2008 年,全国累计有 15 亿人次从新农合补偿中受益,获得补偿资金 1253 亿元。到 2012 年,农村人均筹资 308.50 元,当年基金支出达到 2408.00 亿元,补偿收益人次为 17.45 亿人次。当年基金筹资总额为 2484.70 亿元,基金使用率为 96.9%。这极大减轻了农民患病的经济负担,"因病致贫,因病返贫"的情况得到有效缓解。

3. 贫困人口看病就医问题得到一定缓解

新型农村合作医疗制度和同步建立的农村医疗救助制度使贫困人口看病就医问题得到改善。截止到 2008 年,全国有农业人口的县(市、区)都已建立农村医疗救助制度,中央财政补助 21.2 亿元,地方财政预算安排农村医疗救助资金 19.8 亿元,在一定程度上解决了贫困农民无力参合和无力支付大额医疗费用的问题。如图 3-2 所示的是我国 2003 年至

2012年政府卫生支出的变化。

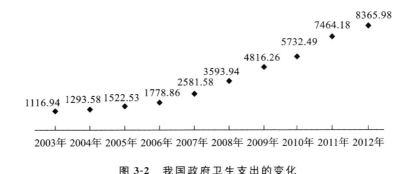

图 3-2　我国政府卫生支出的变化

二、新型农村医疗保障的特点

1. 筹资原则、筹资机制与标准

新型农村合作医疗的筹资原则有两个方面：一是公平原则，主要是政府的作用，国家主导农村健康保障制度，将建立和完善农村健康保障制度纳入各级政府的重要工作日程和社会发展规划，明确各级政府的职责，尤其要建立一个稳定的筹资机制，更多地承担贫困人口的医疗救助责任；二是自由自愿原则。在建立新型农村合作医疗制度过程中，农民按照自由自愿原则决定参加与否，充分考虑到现阶段农业发展水平较低，农民收入增长较慢的实际情况，尊重农民意愿。

在筹资机制上，新型农村合作医疗构建了个人缴费、集体扶持、政府资助相结合的共同筹资机制，形成由政府引导、集体资助、居民自愿参加的多元化筹资制度框架。个人缴费的资金来源于个人及家庭收入；集体扶持资金来源于村集体收入，出资标准由县级人民政府确定。个人、集体和政府三方面实行合理分担费用的原则。强调合作医疗基金应由个人、集体、政府三方共同筹资,改变传统合作医疗经费个人承担为主、集体补助为辅,甚至完全由个人负担的局面。

新型农村合作医疗制度规定农民个人每年的缴费标准不低于10元,经济条件好的地区可相应提高缴费标准;乡镇企业职工(不含以农民家庭为单位参加新型农村合作医疗的人员)是否参加新型农村合作医疗由县人民政府确定。要求有条件的乡村集体经济组织对本地新型农村合作医疗制度给予适当扶持,扶持新型农村合作医疗制度的乡村集体经济组织的类型、出资标准由县人民政府确定。但集体出资部分不得向农民摊派,鼓励社会团体和个人资助新型农村合作医疗制度。地方财政每年对参加新型农村合作医疗的农民的资助人均不低于10元,具体补助标准和分级负担比例由省级人民政府确定;经济较发达的东部地区,地方各级财政可适当增加投入。从2003年起,中央财政每年通过专项转移支付对参加新型农村合作医疗制度的农民按人均10元安排补助资金。2005年8月10日,国务院常务会议研究决定加快新型农村合作医疗制度的建设,进一步加大中央和地方财政支持力度,中央财政对参加新型农村合作医疗农民的补助标准在原有每人每年10元的基础上再增加10元,同时将中西部地区农业人口占多数的市辖区和东部地区部分参加试点的困难县(市)纳入中央财政补贴范围。地方财政要相应增加补助,不提高农民的缴费标准,不增加农民负担。从2008年开始,各级政府对参加新型农村合作医疗的农民的补助标准再次提高,达到年人均80元。这样,新型农村合作医疗制度构建了个人缴费、集体扶持、政府资助相结合的具有现代社会保险意义的筹资机制,体现了政府在促进社会公平中的实际作用,提高了农民获得医疗服务的机会和抵御疾病风险的能力。

2. 实施机制与补偿标准

在实施机制上,确立了新型农村合作医疗基金主要补助参合农民的大额医疗费用或住院医疗费用原则。新型农村合作医疗制度规定合作医疗基金主要补助参合农民的大额医疗费用或住院医疗费用,有条件的地方,可实行大额医疗费用补助与小额医疗费用补助相结合的办法,既提高抗风险能力又兼顾农民的受益面。对参加新型农村合作医疗的农民,如果年内没有动用农村合作医疗基金的,就要安排一次常规性体检。各省、自治区、直辖市要制定农村合作医疗报销基本药物目录。各县(市)要根据筹资总额,结合当地实际,科学合理地确定农村合作医疗基金的支付范围、支付标准和额度,确定常规性体检的具体检查项目和方式,防止农村合作医疗基金超支或过多结余。

随着其发展,相当部分有条件的地区都实行了大额医疗费用补助与小额医疗费用补助结合的办法。例如,有开展住院统筹加门诊统筹的地区,有开展大病统筹加门诊家庭账户的地区等。慢性病等特殊病种大额门诊医药费用也逐渐被纳入统筹基金进行补偿的病种范围。目前,不少地区正结合门诊补偿政策,合理调整住院补偿起付线,适当提高补偿比例和封顶线,扩大补偿范围。全国有三分之一的地区开展了门诊统筹工作,陕西、安徽、云南等地开展支付方式改革试点,浙江、广西等地启动地市级统筹试点,目前各项试点工作进展顺利。据卫生部统计,2009年全国参合农民受益7.59亿人次,其中包括住院补偿0.62亿人次,门诊补偿6.7亿人次等。统筹基金最高支付限额提高到当地农民人均纯收入的6倍左右,初步统计政策范围内住院费用报销比例已达到55%。新型农村合作医疗基金支出总额为922.92亿元,基金使用率为97.73%。其中,住院补偿支出762.47亿元,门诊补偿支出121.81亿元,特殊病种大额门诊补偿支出11.90亿元。2012年,全国参加新型农村合作医疗的人数为80530.9万人,人均筹资308.5元,年度筹资总额达到2484.70亿元,补偿收益人次多达174507.3万人次。

3. 管理体制

在管理体制上,新型农村合作医疗构建了从中央到地方规范的管理体系和工作体系。

新型农村合作医疗制度中规定一般采取以县(市)为单位进行统筹的方式。条件不具备的地区在起步阶段可以暂时采取以乡(镇)为单位统筹,但要逐步向县(市)统筹过渡。新型农村合作医疗制度要求按照精简、效能的原则,建立新型农村合作医疗制度管理体系。省(市)、市(地)两级人民政府成立由卫生、财政、农业、民政、审计、扶贫等部门组成的农村合作医疗小组。各级卫生行政部门内部设立专门的农村合作医疗管理机构,原则上不增加编制。县级农村合作医疗管理委员会必须有农民代表参加,使得农民有参与权、知情权和监督权。

4. 监督机制

在监督机制上,新型农村合作医疗构建了由政府、协调机构和监督机构构成的监督体系。

监督体系是由政府负责和指导,建立组织协调机构、经办机构和监督机构,并定期检查、监督合作医疗基金的使用情况和管理情况。监督体系要定期向同级人民代表大会汇报。农村合作医疗经办机构必须定期向合作医疗管理委员会汇报农村合作医疗基金的收支、使用情况,要采取张榜公布等措施,定期向社会公布合作医疗资金的收支、使用情况,保证参加合作医疗的农民的参与、知情和监督的权利。县级人民政府可以根据本地实际,成立由政府相关部门和参加合作医疗的农民代表共同组成的农村合作医疗监督委员会定期检查、监督农村合作医疗资金的使用情况和管理情况。农村合作医疗管理委员会要定期向监督委员会和同级人民代表大会汇报工作,主动接受监督,审计部门要定期对农村合作医疗资金的收支和管理情况进行审计。

5. 保障体系

新型农村合作医疗制度创新了保障体系,推出了医疗救助、药品监督管理制度的配套改革。

为了顺利推行新型农村合作医疗制度,我国政府推出了一系列配套改革。2003年11月,民政部、卫生部、财政部联合发布《关于实施农村医疗救助的意见》(以下简称《救助意见》),指出"农村医疗救助制度是政府拨款和社会各界自愿捐助等多渠道筹资、对患大病农村五保户和贫困农民家庭实行医疗救助的制度。""力争到2005年,在全国基本建立起规范、完善的农村医疗救助制度。"通过医疗救助与扶贫工作的有机结合,建立医疗救助基金,通过民政部扶贫部门的资助,让农村五保户家庭和困难家庭参加新型农村合作医疗,将更多的农民群众纳入新型农村合作医疗的覆盖面。2004年3月,国家食品药品监督管理局、国家发展和改革委员会、卫生部、工商总局、国家中医药管理局拟定下发了《关于加强农村药品监督和管理工作的意见》(以下简称《药管意见》),指出要从依法做好农村药品的监督、多种形式建设农村药品供应网络、进一步规范农村用药、规范农村药品市场秩序等方面加强对药品的管理。《药管意见》中强调指出:"加强农村药品监督,规范农村药品供应,保证农村药品质量,是建立新型农村合作医疗制度的重要基础。""在认真做好试点工作的过程中,进一步加强农村药品质量的监督,规范农村药品供应网络的管理,采取多种形式保证农民用药安全、有效、经济和方便。"《救助意见》和《药管意见》等文件,为全国各地进一步做好新型农村合作医疗工作提供了配套的制度支持,为顺利开展这项工作奠定了重要的基础。

第三节 农村医疗保障存在的问题

我国的农村医疗保障制度虽然在一定程度上解决了农民"有病看不起"的难题,给许多有病的农民提供了真正的实惠和保障,减轻了农民的疾病经济负担,缓解了农民看病难、看病贵的困境,提高了农民的医疗保障水平,但是在制度的运行过程中也暴露出一系列问题,影响了农村医疗保障制度的可持续发展。

一、医疗卫生财政投入不足，城乡医疗卫生资源分配不均衡

公共卫生这类公共产品，具有明显的溢出效应，其支出责任是由中央政府和省级政府共同提供资金支持的。但随着1994年分税制改革的实施，中国将公共卫生等财政筹集责任转移到地方政府，县乡的支出责任尤其沉重。由此产生的结果是，自20世纪80年代以来，中国经济迅速增长，但经济增长并没有使全体国民的医疗卫生保障水平得到相应提高。根据世界卫生组织《2000年世界卫生报告》，对191个国家的医疗卫生体系绩效进行排名，中国的医疗卫生体系在整体表现上排名第144位，在按美元计算的人均医疗保健支出上排名第139位。从国际水平看，中国的卫生保障筹资规模尚处于世界的较低水平，OECD（经济合作与发展组织）国家的卫生保障支出在国民经济中所占比重平均为10%左右，而2004年中国卫生事业费仅占国家财政支出的1.66%，2005年为1.75%。

由于我国长期存在着城乡二元经济社会结构，城乡居民的收入、卫生资源配置及社会保障水平等各方面都存在着很大的差距。全国的医疗、卫生资源都向城市地区倾斜。由于城乡之间和地区之间的发展存在较大差距，农村人口占有的卫生资源要远远低于全国平均水平。1998年政府在卫生事业上投入587亿元，其中只有92.5亿元投向农村，仅占政府投入的16%。同年，全国卫生总费用为3776亿元，占总人口70%的农村人口使用的份额不到25%，而且绝大部分由农户家庭支出。在《2000年世界卫生报告》对191个成员国的医疗制度所作的分指标评价中，中国在医疗费用负担的公平性方面排在倒数第4位。除此之外，发达地区的农村与欠发达地区的农村之间存在的差距也很大。

据卫生经济研究所统计，1991年至2000年，占中国总人口60%~70%的农村人口，每年只使用了32%~37%的卫生总费用。2000年，农

村居民人均卫生费用为188.60元,城市居民人均卫生费用为710.20元,城市居民人均卫生费用是农村居民人均卫生费用的四倍左右。到2012年,城市卫生总费用21065.69亿元,人均卫生费用2969.0元;农村卫生总费用6781.15亿元,人均卫生费用1055.9元,城市居民人均卫生费用是农村居民人均卫生费用的不到三倍。虽然城市居民和农村居民人均卫生费用的差距在缩小,但是差距依然非常显著。

二、筹资机制尚需改进,筹资难度较大

新型农村合作医疗制度实行个人缴费、集体扶持和政府资助相结合的筹资机制,筹资不但是关系到新型农村合作医疗能否可持续发展的一个关键点,也是新型农村合作医疗制度建立的根本。但是新型农村合作医疗制度的筹资机制还存在明显的缺陷和不足。

一方面,中央政府出资明显偏少,地方政府出资不明确,不少县级政府难以落实财政补助资金,财力出现困难。县级财政的这笔支出,加上县乡两级合作医疗工作机构运转的支出,使县级财政多了一项巨大的支出项目,而且这项支出是刚性的。特别是国家级贫困县,面临的压力更大,而且随着新型农村合作医疗的推行,县级财政的压力将越来越大。另一方面是农民筹资方面,由于农民对新型农村合作医疗制度不信任,对政策的稳定性持有怀疑态度,因此筹资工作难度大。同时当前合作医疗补偿、管理、服务与农民的愿望存在一定差距,影响了农民参合的积极性[1]。各地目前主要采取的筹资方式是政府宣传发动、乡村干部逐户上门收取。但在自愿的前提下,受农民认知程度和干群关系的影响,逐门逐户做工作难度很大,投入的人力多、时间长、成本高、效率低。

---

[1] 孟翠莲.我国新型农村合作医疗制度的可持续发展研究[M].北京:中国财政经济出版社,2008:148-149.

三、新型农村合作医疗制度设计不完善

第一是"大病统筹"模式下,农民受益面窄。目前新型农村合作医疗制度选择"大病统筹"的医疗保障模式,根据当地实际情况对特定范围的大病、重病住院医药费按规定予以报销,补偿水平较高,一般医疗费用自付。但是真正影响农村居民整体健康水平的是慢性病或常见病,如胃溃疡、心脏病、高血压、糖尿病等,这些疾病需要经常服药治疗,开销大,却未被划入救助病种之内。"保大病"的定位容易导致"重医疗,轻预防"的结果,许多农村具名的大病也是因为"小病无钱治而扛成大病"[1]。《新型农村合作医疗报销基本药物目录》以外的医药费用不予报销,但一些医院给参合农民患者开的药,很多都是那些费用较高的药,恰恰不在报销范围之内,造成参合农民患者报销所得偏低。"保大病"的定位也容易产生逆向选择,已经患大病、重病的只是少数人,会有居民产生侥幸心理,长期不受益势必会影响继续参保的积极性[2]。

第二是补助标准低,补偿门槛高,农民受益程度低。各地在实施新型农村合作医疗的过程中,纷纷对起付线、封顶线、报销范围等做出规定,就是在新型农村合作医疗的制度设计中,一般都固定参合农民医疗费用超过一定水平才给予补偿,而且各地在进行医疗补偿时一般实行分段补偿的办法以控制病人流向和医疗费用[3]。农民在就医过程中应根据病情需要用药,相当一部分处方药物不在基本用药目录之列,不能进入报销补偿范畴,降低了农民的医药费用报销比例。而面对大额医疗费用,新型农村合作医疗的补偿只是杯水车薪。补偿门槛高使得部分农民无力支付起付

---

[1] 刘峰.新时期农村社会保障改革研究[M].长沙:湖南人民出版社,2011:125-126.
[2] 姜丽美.发展型社会政策视域下农村医疗保障制度的修正[J].中国卫生经济,2010(11):27-29.
[3] 欧俊,李松柏.农村医疗保障问题研究[J].安徽农业科学,2009(20):9678-9680,9688.

线下的医疗费用,依然对医院治疗望而却步,有病得不到医治,无法真正从合作医疗中受益。

第三是部分人群参合难。存在五保户、特困户无钱缴纳的情况,对贫困人口的救助申请审批和身份认定,医疗救助与新农合没有统一。一些因建设征地转为非农业户口的农民和部分买户口而农转非的人员,现在既没有资格参加城镇医保,又不属于农村合作医疗的范围。

四、农村医疗卫生服务水平低

由于农村医疗卫生服务水平低,乡村卫生院条件差,难以承担起在新型合作医疗中的重要作用,所以县医院、乡镇卫生院和村卫生所是农村的三级卫生服务网络。乡镇卫生院是新型合作医疗中的一级医院,参保农民必须首先到乡镇卫生院就诊,然后才能逐级转诊到上级医院。但是近年来国家在医疗卫生方面的投入主要用于大城市医院的建设和医疗设备投资,对农村卫生院的投入很少,所以多数乡镇卫生院资金不足,医疗卫生资源严重缺乏,乡镇卫生院和村卫生所的医疗服务基础设施条件普遍比较差,村卫生所停留在初级卫生保健和治疗小病小伤的层次上,无法对急症、危症进行有效救治。由于基层卫生技术人员长期缺乏培训,乡村医生、医护人员专业素质不高,诊疗技术落后,所以不能满足农民的医疗需求,造成乡镇医疗卫生资源不能充分利用,医疗服务利用率低。少数基层医生甚至诱导患者消费,给患者开大处方、开贵药赚取药品价差,造成医疗费用偏高。这些因素直接削弱了群众参加农村合作医疗的积极性。

五、政策环境和法理基础制约

农村合作医疗中的立法滞后、管理不善、政策间的不协调带来了一系列问题。首先,目前农村合作医疗保健方面的法规还很不完善,农村合作医疗制度的改革和建设缺乏有效的农村合作医疗法规来指导,合作医疗参加者的权利和义务、卫生服务提供者的行文规范及农村合作医疗的实施办法等内容还没有相应的法规给予清楚界定,从而难以避免社会因素、主观因素对合作医疗制度发展的影响,农村医疗保健建设无法可依,其连续性得不到保证。其次,在管理上,新型农村合作医疗制度的组织、管理和监督不够透明,责任界定不清楚,从而无法落实,其制度化、规范化、科学化建设滞后。最后,在政策协调上,各部门对农村合作医疗制度建设的相关政策还不够统一协调,制度实施、政策环境还有待改善。

第四节 国外农村医疗保障的经验借鉴

建立新型农村合作医疗是新时代农村卫生的重要内容。借鉴一些其他发展中国家的农村医疗的经验有利于完善我国的新型农村合作医疗制度,为农民增加福祉。

一、墨西哥的农村医疗保险制度

墨西哥医疗保险制度的特点就是各级政府均参与其中,医疗保险组织开办医院,医疗保险的覆盖人数约占总人口的65%,在城市地区达90%以上。涉及农村人口的医疗保障制度有两个,第一个是全国职工社会保险协会,主要针对企业工人和农业工人;第二个是专门为城市和偏僻地区的穷人设立的免费医疗救济。

全国职工社会保险协会成立于1944年,最初只为城市企业工人提供医疗保险,到1954年的时候扩大到农业工人。农业工人和企业工人都属于雇员,经济收入有保障,所以两者在医疗保险基金的筹集及支付方式上是一样的。因此全国职工社会保险协会的保险基金来自雇主和雇员交纳的资金和政府的少量补贴。医疗保险基金主要用于医疗保险机构的管理费用、所属医疗机构的建设和设备更新、所属医疗机构医务人员的工资及投保者的医药费用。

而农村贫困居民的医疗服务由全国职工社会保险协会的农村事务部总协调员负责管理,由政府和协会签订协议,利用协会的人才和物力为没有能力支付医疗费用的贫困农民提供免费医疗救济,费用全部由政府负担。在医疗服务的提供方面,农业工人的医疗保健服务由保险协会下属的医院提供,全国各级社会保险协会下设医疗机构1500多所,为参加保险协会的农业工人及其家属提供免费医疗。贫困农民则到由政府开办的医院就医,也可到政府与协会签订合同的诊所和医院医治。

二、巴西的全民医疗保险制度

巴西实行城乡居民全民医疗保险,每个人不论贫富都享有医疗保障的权利,医疗保险覆盖面广,发展速度快,待遇水平较高,处于发展中国家的前列。

巴西的医疗保险制度建立于20世纪20年代,由社会福利部管理,下设国家医疗保险协会,该协会自办保险医疗机构,保险医院分为高级、中级和初级三个层次。

巴西农民医疗保险费用是以税收附加的形式交纳保险金,再加上国家财政的适当补贴。企业雇员的医疗保险费由本人交纳工资的8.5%～10%,雇主交纳相当于雇员工资的17.5%。国家税收和财政补助约占保险基金总数的22%。医疗保险基金采取集中收缴、分散包干使用的办法,即中央社会福利部通过银行和财政筹资,根据各州和地区按照接诊人次上报的实际需要,经社会福利部审查和综合平衡,把经费下拨到各州,各州再根据预算和实际情况,下拨经费。

除了实行全民统一的医疗健康制度外,巴西政府于1994年还专门设立了一种针对农村家庭和社区的初级卫生保健制度——"家庭健康计划",计划所需资金来自联邦和各州的专项资金支持。"家庭健康计划"实施后,巴西农民在医疗服务方面的可及性明显提高,几乎达到90%以上。巴西农村医疗保健计划的特点是:首先,政府重视农村卫生服务体系建设,设立专项经费资助农村医疗保健计划;其次,在制度设计上,注重对医疗服务者的激励,巴西联邦政府为确保上述计划的顺利实施,在设立专项经费为从事农村卫生保健的服务者提供启动资金及生活补助的同时,还按服务量进行奖励。联邦政府确保农村医务工作者可获得不低于城市同类人员2倍的工资,这在相当程度上激发了他们在农村开展医疗服务的积极性。

三、泰国农村的医疗保障制度——"30铢计划"

泰国的"30铢计划"是一项针对农民及流动人口所推行的一项全民医疗服务计划。它由中央政府按照一定标准(2002年为人均1202铢)将资金预拨到省,省卫生管理部门按人力工资、预防保健和医疗等几个部分分配给相应的医疗卫生机构。参与本计划的农民到定点医疗机构就诊无论是门诊还是住院,每诊次只需支付30铢的挂号费(约6元人民币,对收入低于280铢的农民可予免缴),就可得到预防保健、门诊和住院服务、不多于2次的分娩、正常住院食宿、口腔疾病治疗等医疗服务。泰国"30铢计划"是依据2002年泰国颁布的《国民健康保险法》来实施的,在计划的管理上成立了以卫生部部长为首的国家卫生委员会来制定相关政策,同时,建立国家健康保险办公室负责卫生经费的分配预算和使用监管;在省一级则成立地方卫生委员会,作为医疗服务购买方与医疗机构签订合同,为该计划的参与人购买医疗服务。在筹资机制上,政府出资是该计划的主要运行基金。

泰国很重视农村医疗保障的权威性,通过颁布法律来保障制度顺利实施。政府是该项制度的主要出资者,参保人出资较少。虽然该项制度在保障人人享有基本医疗卫生服务方面发挥了重要作用,但是仍然有一些问题,比如医疗卫生资源和服务分布不均衡,服务效率低等。

四、印度农村的医疗保障机制

印度的宪法明确规定了所有国民都享受免费医疗。该项制度主要由公共医疗体系和农村医疗网提供。公共医疗服务体系包括五个层次,分别是国家级医院、邦(州)级医院、地区级医院、县级医院和乡级医院。印度的农业人口很多,占全国总人口的72%左右,因此保证农村人口的基本医疗需求对于印度政府来说是一项很大的挑战。

印度的公共医疗体系由保健站、初级保健中心和社区保健中心三级组成。保健站是提供基本医疗的机构,一个保健站提供医疗服务的范围是3000至5000村民,印度的家庭福利部从2002年开始对各地的保健站提供大力支持。初级保健中心由邦政府负责建立和维护,一个初级保健中心负责2万至3万农民的保健医疗。它包含6个保健站的转诊单元,主要职责是提供治疗性、预防性、促进性和家庭福利性服务,同时负责对6个保健站的监督工作。社区保健中心也是由联邦政府建立和维护,每10万农村居民配备一个社区保健中心,中心一般配备优良的医疗设备和充足的医务人员,同时还是4个初级保健中心的上级转诊医院,社区保健中心无法处理的病人再送往地区医院。印度的农村医疗架构设计照顾到了各个层面,减轻了农村家庭的经济负担。另外,对于比较富裕的农民,还提供私人保健制度。由于提供免费医疗服务,政府和公立医院的负担较重,政府也鼓励发展私立医院,作为公立医院的一个有机补充。

近年来,为进一步保障广大农村人口的健康安全,印度一些地区的行业联合组织和非政府组织开始行动起来,积极介入农村医保,牵头帮助农民投保医疗,在解决农民的大病医治方面发挥了重要作用,形成了一种"非正式医疗保障机制",有效化解了大病可能给农民患者带来的风险。其主要有以下几种形式:(1)农产品加工企业组织其合同农户向保险公司集体投保。(2)一些非正规经济产业工会或联合会设立的健康福利项目。会员在满足规定的基金交纳年限或金额后,有权享受医疗、养老、伤残、生育等补助。(3)工会等非政府组织为成员设计保险项目,集体向保险公司投保。实践表明,以往大型保险公司不接纳农户的一个重要原因是,农户居住分散,获得收入的时间和金额都极不确定,而且投保数额较小,导致保险公司成本提高。而由行业组织出面,带领农民集体投保,可有效避免上述风险,降低保险公司的交易成本,确保农户能获得正规的医保服务,有利于农民这个弱势群体的健康安全,同时增强了行业组织的凝聚力。

印度的农村医疗保障制度的一个优点是医疗卫生公平性相对较好,在发展中国家位居前列。根据 WTO 对其成员国卫生状况评估结果,就卫生筹资与分配的公平性而言,印度排第 43 位。其次,印度的医疗制度比较重视农村贫困人口和弱势群体。为了加强农村地区的医疗体系建设,政府出台了 2005—2012 年的"全国农村健康计划"。该计划在提高医疗卫生财政预算的同时,还提出了一系列旨在加强现有农村基层医疗机构的措施。

印度的医疗保障制度在现实中也面临着一些问题。首先是保健站和初级保健中心覆盖面不足。根据印度的人口普查情况,保健站和保健中心的数量是远远不够的,因此农村人口的医疗卫生服务情况很不尽如人意。其次就是基础设备落后,医疗卫生设备落后,医疗住房面积严重不够,水电供应系统、转诊的交通设施、工具等基础设施十分落后,医务人员的缺乏、素质不高等问题十分突出。在初级保健中心,虽然获得资格的医生数量超过了所要求的数量,但是由于分配不当、基本医疗设施的缺乏、州政府管理的变动、政治干预以及缺乏在贫困地区或农村工作的动机等,导致目前700多个初级保健中心缺乏医生。而社区保健中心则严重缺乏专科医生、麻醉师,在许多州都缺乏骨干的专门医生、质量控制和转诊政策等。

五、典型国家农村医疗保障制度对我国的启示

通过对以上四个国家的医疗保障制度的研究和分析,可以发现发展中国家的农村医疗保障制度良莠不齐。整体来看,发展中国家的医疗卫生体制常处于发展和不断完善的阶段,大多数发展中国家的农村医疗保障制度还停留在基本的医疗保障水平。但是不同国家的有益经验仍然值得我们借鉴和学习。

第一,要加强政府在新型农村医疗保障制度中的作用。医疗保障是典型的社会公共产品,上述四个国家的做法均是如此。农村的经济条件和发展态势也决定了政府应对农村医疗保障承担更大的责任,逐步增加政府财政支持,给予农民更多的支持和保护。同时还要积极引导社会各界对新型农村合作医疗的支持,广泛吸纳各种社会资源,进一步提高农民的医疗保障水平。此外,还要出台相关法律法规,对新型农村合作医疗提供有力的政策支持,使新型农村合作医疗得到法律上的保护和监督,保证这一制度的稳定运行和持续发展。

第二,丰富农村医疗保障体系的层次。墨西哥、巴西和印度等国的农村医疗保障体系并非只有一种模式,都是多种形式、多个层次的,这样可以满足农村人口的不同需求,也能充分利用医疗保障的筹集资金。我国幅员辽阔,各个地区的经济水平、农村人口情况不尽相同,应建立多层次的医疗保障体系,其中应该包括基本医疗保障和补充医疗保障。

第三,重视初级卫生保健。初级卫生保健具有投入小、回报高的特点。许多疾病可以通过预防来避免,有的疾病在初期如果得到重视会有

良好的治疗效果。发展中国家有必要调整初级卫生保健机构与二、三级医疗机构的资源配置,将更多的财力和人力转入初级卫生保健机构。泰国的农村社区卫生服务为我们提供了一个很好的例子。泰国政府认识到加强基层卫生保健的重要性,在发展初级卫生保健方面做了大量的工作。泰国由上到下、由省至村各级卫生机构,虽然职能不同,但都承担初级卫生保健的职能,这种形式对我国有重要的借鉴意义。

第五节 农村医疗保障的发展趋势

由于新型农村合作医疗制度在实际的运行过程中依然存在着问题和不足,因此未来新型农村合作医疗制度的发展应当在这些方面进行调整。

农村的医疗保障问题事关社会经济协调发展的大局,政府应该予以高度重视。从人道主义角度来看,保障社会成员,特别是贫困人口的身体健康,减轻他们的疾病痛苦是政府义不容辞的责任。从经济发展的角度来看,2000年以后,我国的农村扶贫工作进入了一个新阶段,重点是巩固已取得的扶贫成果。但是农村因病致贫、因病返贫的情况非常严重,对20多年来的扶贫成果构成了极大威胁。"投资以减少穷人的健康风险,并对灾难性的医疗费用提供保险,是减轻贫困战略的重要组成部分",因为卫生开支也是一种"增加收入的生产性投资","良好的卫生条件就意味着一个较快的经济增长"。因此政府要重视农村的医疗保障问题,否则,是不利于农村的稳定和发展的。

农村医疗保障的发展不但要立足国情,因地制宜,还要建立多元化、多层次的农村医疗保障体系,切忌"一刀切"。如前所述,医疗保障形式是与经济发展水平相适应的。在我国农村地区实行全民医疗保险或全面恢复合作医疗制度都是不现实的,这样做在公平和效率之间难免有失偏颇。而政府的医疗卫生政策应该是在公平和效率之间寻找平衡点。因此,明智之举是建立符合各地实际情况的混合型的医疗保障体系。当然,这会增加政府的管理成本,而且,在确定各地的医疗保障形式时,要有科学的依据和切实可行的卫生计划。

从新型农村合作医疗制度的具体实施情况来看,农村医疗保障体系的重构体现在五个要素的优化配置上:设施、人员、资金、制度和计划。在这其中,设施、人员、资金是基本要素,制度是纽带和保证,计划是必要的补充。政府应该以制度为基础,将各个要素按成本效益原则,有机地结合起来,并使之符合中国农村的实际情况,这就是制度创新。

具体分为以下四点:

一、设施完善

设施包括农村的卫生基础设施和医疗服务网络,这一方面要靠政府资助,另一方面要整合农村已有的卫生资源。政府增加这方面的投资是值得的。这样做的好处是:既可解决农村医疗服务的可及性问题,又可改善城乡之间医疗卫生服务使用不公的状况,具有良好的社会效益。在资源整合方面,乡村卫生服务一体化管理已在全国许多地区启动,从目前的效果来看,村级的卫生服务正在向安全性、有效性、综合性、可及性、持续性和非营利性的方向发展,尽管仍有待完善,但资源整合的优势已显露出来,乡村卫生机构的综合服务能力正逐渐加强。

二、人员培养

农村地区医护人员素质低下是导致医疗服务质量低下的重要原因。

农村医疗机构提供的是基本的卫生保健服务,所以,无论是收入还是事业上的成就都赶不上城市中的大医院,这样就造成了农村卫生技术人员的恶性循环:一方面,高素质的人才不愿到农村工作;另一方面,农村现有的高素质人才不断流失,留下来的工作热情也不高。政府应该从激励机制方面进行干预,在工资、福利、职称、进修等方面向农村倾斜,稳定农村医疗队伍,鼓励医学院校的毕业生到农村发展。同时,在医学院校的培养方案中,增加农村医疗卫生服务的内容,加大农村医务人员的培养力度。此外,值得注意的是,目前活跃在农村医疗服务第一线的是大量的个体医生,他们开设的医疗点占村级医疗点的35.4%。尽管他们大多学历不高,而且几乎都以营利为目的,但他们对于缓解农村地区医疗人员的紧缺状况,保障农村居民的身体健康,起到了一定作用,也是农村重要的卫生资源,政府应该加以保护和利用,经过筛选和培训后,让其持证上岗,将其纳入公共网络中来。

三、资金投入

从全球的角度来看,对医疗卫生服务的补偿来自四个渠道,即自费、自愿性医疗保险、强制性医疗保险和政府的财政投入。前两个渠道来自私人,后两个渠道来自政府。资金来源渠道不同,体现的权利、义务和经济关系也不一样,它们分别对应不同的医疗保障形式。其中,自费对应的是自费医疗,但它并不是纯粹地由患者或家庭出资,还应包括某些个人或组织的捐助;自愿性医疗保险主要包括商业医疗保险和我国的合作医疗两种形式;强制性医疗保险指的是社会医疗保险;而由政府的财政收入支付的医疗保障形式则是全民医疗保险和社会医疗救助。当前,自费医疗是我国农村地区主要的医疗保障形式。在发展中国家,通过适当收费来补充基本医疗资金是比较可行的,但是在低收入人群中普遍采取收费的方式是不可取的。农村医疗保障改革的方向是要建立多元化的、多层次的医疗保障体系,从资金筹集的角度来看,就是要实现资金来源渠道的多样化,从而维护农村医疗保障体系的财政稳定和健康发展。当然,我们上面提到的各种医疗保障形式并不一定都适合我国国情。在资金筹措方面,政府要做的工作是开源节流。所谓开源,就是扩大资金来源,提高资金总量,要利用一切可以利用的资源。所谓节流,就是提高存量资金和增量资金的使用效率。一般来讲,政府在医疗保障体系中是起兜底作用的,是最后的安全网。从这种意义上说,政府的职责主要是资助公共卫生和最基本的医疗服务,它们也是成本效益较高的两个项目。这就要求政府调整和改善自己的投资方向和投资结构,将资金集中用于贫困人口需求量大的服务上,减少对富裕地区和富裕人口的补贴,这样做,既满足了贫困人口的医疗需求,又将富裕人口挤出了基本医疗服务领域,因为政府资助的基本医疗服务不能满足他们的需求,从而实现医疗卫生资金在地区和人口之间的再分配,提高资金的使用效率。另外,还要提高基本医疗服务的效率,以控制费用、提高质量。在成本总量控制的前提下,可以引入市场竞争,让质优价廉的私营医疗机构进入基本医疗服务领域。同时,对公共网络的药品实行统一招标采购,以控制费用,保证质量。

四、制度建设

制度的含义就比较宽泛了,它是政府干预的工具,通过它可以知道政府的政策取向。在农村医疗保障体系重构的过程中,制度建设至关重要。农村医疗保障方面的制度大致可分为两部分:一是与医疗保障形式有关的制度;二是规范和监督方面的制度。这两者不是分割开来的,而是紧密联系的。国际上流行的医疗保障模式很多,即使同为发展中国家,其医疗保障模式也是各不相同的。制度创新的核心就是要建立适合中国国情的医疗保障制度。农村的医疗保障体系应是多种保障形式的结合,它应包括家庭保障、合作医疗、社会医疗保险、商业医疗保险和社会医疗救助等。

采取什么样的组合必须依照各地的实际情况而定。为了减少医疗保障形式选择中的盲目性和随意性,政府应制定标准,做出相应的制度安排。当然,这并不是说在医疗保障的选择方面完全是政府说了算,消费者的选择也是很重要的,特别是一些富裕地区和富裕起来的农民,他们并不满足于政府的制度安排,希望从市场上购买他们所需要的医疗保险,这就要求政府建立相应的信息披露制度,以满足农村消费者的需求,并保护他们的权益。也就是说,政府的制度安排要有一定的弹性,并有相应的配套措施。制度的另一个重要方面就是规范和监管医、患、保各方的行为,保证医疗卫生事业的健康发展。所谓计划是指有预定目标和特定的服务对象,并有专项资金注入的重大的医疗卫生服务项目。医疗计划既可以是政府组织的,也可以是非政府组织的,但不论是哪一种,它们都有一个共同的特点,那就是经过反复论证,并有专项资金支撑,能取得良好的社会效益。特别是一些非政府组织,它们对社会需求的反应比政府组织更灵敏,计划的制定更及时,目标更集中,工作更有效率,因此,政府可以通过补贴的方式支持和利用非政府组织来开展工作。当然,适当的规范是必要的。还应注意政策的一致性和连续性。农村工作,政出多门,难免有冲突的地方,这会给农村医疗卫生政策的制定和实施造成一定困难。20 世纪 90 年代以来,中央有关部门提出,按"民办公助和自愿参加原则",发展和完善合作医疗,但农业部等五部委颁布的《减轻农民负担条例》却把"合作医疗"项目视为"交费"项目,认为它增加了农民负担,不允许征收。两种政策的冲突导致了一些试点地区放弃恢复合作医疗制度。另外,集体经济和基层组织的弱化对合作医疗的恢复和稳定发展有一定影响,政府在决策时应予以充分考虑。

第四章

农村社会救助制度

贫困问题是当今世界面临的严峻挑战之一,更是阻碍发展中国家经济和社会发展的主要障碍。我国作为发展中国家中的大国,贫困问题一直以来都是我国经济社会转型和构建和谐社会进程中,不容忽视的重要问题。改革开放以来,我国国民收入快速增长,人民生活水平显著提高,但仍有相当一部分人生活在贫困状态。对于像我国这样90%以上的贫困人口聚集在农村的农业人口大国而言,对农村社会的贫困救助工作任重而道远。农村社会救助作为农村社会保障体系的基础,对保障农村贫困居民的基本生存和发展起着至关重要和不可替代的作用。十九大报告指出,要统筹城乡社会救助体系,完善最低生活保障制度,使其真正发挥社会保障的作用,更好地解决我国农村长久以来的贫困问题,从而有助于社会主义新农村建设,有助于"两个一百年"目标的尽快实现,有助于社会主义和谐社会的快速发展。

我国农村贫困救助制度历史悠久,早在数千年前就初见雏形,积累了丰富的实践经验,但多年来仍然缺乏深入的探索和挖掘。本章将从历史和现实的角度出发,梳理改革开放四十年以来,各个历史时期我国农村社会救助制度的演变过程,分析当前我国农村社会救助制度的现状,进而探究我国农村社会救助制度未来的发展趋势。

第一节　农村社会救助制度演变:改革开放后

十一届三中全会的召开,标志着我国进入了改革开放的历史新时期。改革开放的全方位推进与不断深化,标志着我国进入了一个新的社会转型期。改革开放之初,我国在经济快速增长的同时,经济和社会呈现协调发展、良性循环的态势,社会环境比较安定,譬如传统二元社会结构下的城乡差距有所缓解、贫富差距维持在一个合理的范围之内。然而,随着改革开放的不断深入,我国社会运行形势发生了变化:在我国经济高速发展的同时,社会矛盾和社会问题也日渐凸显,其中一个重要的方面就是两极分化严重、贫富差距悬殊、城乡差距越来越大。社会问题需要相应的社会政策加以解决,为了适应新的社会发展形势,我国提出了建立和谐社会的发展战略。在原有社会保障制度的基础上,着手探索建立适应新的时代需求的社会保障制度。经过四十多年的探索、规范与发展,我国已经构建了比较成熟和完善的城市社会保障体系。然而,受制于我国传统的城乡二元化的社会结构,农村地区的社会保障制度建设明显滞后,这显然与我国城乡一体化发展战略不相符,也不利于社会的和谐。因此,近年来我国政府加强了对农村社会保障制度的构建。社会救助是社会保障体系的基本组成部分,是专门针对弱势群体而设定的一套制度,在社会中起到"保底"的重要作用。在现实社会中最需要进行救助的人群,就是那些最弱势的群体,而这些群体中的大多数来自农村。从这一意义上来说,农村社会救助作为农村社会保障体系中最重要的部分,应该最先建立起来。本节对改革开放四十年以来的农村社会救助制度变迁的过程进行回顾,主要分为以下四个阶段。

一、改革阶段(1978—1992 年)

十一届三中全会召开之后,延续了近三十年的计划经济体制开始逐步转型,我国农村社会开始进行家庭联产承包责任制改革,从此,我国经济体制改革拉开了序幕。传统的集体经济以及建立在这种经济基础之上的某些政治制度逐渐被取代,市场经济开始活跃在历史舞台上。在市场经济的挤压下,传统的农村社会救助工作面临着许多新的矛盾和问题:一方面,实行了家庭联产承包责任制后,放宽了各项经济政策,允许农民从事农业、工商业等多种经营,调动了农民的积极性,促使许多农民逐步摆脱了贫困,减少了救助工作的开支;另一方面,集体经济实力减弱,部分集体已经无力再对贫困户进行救助,那些曾经的五保人员以及能力差、劳动力少、思想观念跟不上的家庭,明显地处在了相对贫困的状态。为了适应新形势下的新情况,农村社会救助制度急需进行改革,建立一种新的、适应性更强的农村社会救助制度迫在眉睫。

1. 实行开发式扶贫

1978年,按照国家确定的贫困标准统计,我国农村贫困人口约为2.5亿人,占农村总人口的30.7%,导致这一现象的原因主要是现有农业经营体制已经不能满足生产力发展的需要,造成农民生产积极性下降。[①] 因此,制度改革成为缓解贫困、改善经济的重要途径。从1978年开始,以人民公社为主体的集体经营制度逐渐被取消,取而代之的是家庭联产承包经营制度,之后乡镇企业也进行了改革。这次制度改革,解除了经济发展的制约枷锁,极大地发展了生产力,提高了人们的生产积极性,很大程度上缓解了农村的贫困现象。

由于改革开放政策的实施,20世纪80年代后,绝大多数农村的温饱问题得到改善,但也有少数地区受到各种因素的制约,陷于温饱问题的"泥潭"。在经济方面,贫困地区与其他地区特别是沿海发达地区的差距日益增大,农村发展不平衡的问题日渐凸显。为进一步加大扶贫力度,我国从1986年起,开始实施一系列重大举措,如成立国务院贫困地区经济开发领导小组,制定一系列贫困地区优惠政策等。经过8年的不懈努力,国家重点支持的贫困县经济得到了一定程度的改善,1993年农民人均纯收入比1986年增加277.7元;农村贫困人口每年递减大于6%;贫困人口占农村总人口的比重下降了6%。

2. 农村救灾体制

基于传统救灾体制的缺陷和我国农村社会经济的新变化,我国于

---

① 赵立雄.农村扶贫开发新探[M].北京:人民出版社,2008.

1983年制定了新的救灾工作方针。与此同时,国家对传统救灾体系也进行了局部试点改革,主要改革内容如下:一是探索分级管理的救灾款制度,对一些省、区的救灾经费实行包干;二是在救灾款的使用上,实行无偿救济与有偿使用相结合,变单纯生活救济为保障受灾群众基本生活与扶持贫困户生产自救相结合;三是在探索新救灾体制的道路上,引入保险机制,实行救灾与保险相结合(截至1989年底,全国28个省、自治区、直辖市的102个试点县共筹集保险资金1.38亿元,向灾民支付理赔款4595万元[1]);四是在发动群众互助互济上,国家积极组织募捐,倡导互助(截至1991年底,全国建立互助储金会17.2万个、互助储粮会8300多个,入会农户4965万户,积累资金近11.3亿元,储粮6000多万公斤[2])。

3. 农村五保制度的发展

在农村普遍实行生产责任制的形势下,农村五保制度得到国家的大力支持。1982年1月1日,中共中央批转《全国农村工作会议纪要》,该纪要提出要对五保对象的生活进行统一安排,要有一定的公共提留为五保对象生活提供资金保障。1985年发布的《中共中央、国务院关于制止向农民乱派款、乱收费的通知》又对五保对象的供养经费来源进行明确界定,实行收取公共事业统筹费的办法。1991年国务院发布的《农民承担费用和劳务管理条例》对五保对象供养的经费问题再一次进行了详细的规定。以上的各政策规定,明确了五保工作的立法方向,并为五保工作的立法奠定了基础。

二、发展阶段(1992—2002年)

以中共十四大为分界线,我国改革开放与社会主义现代化建设事业

---

[1] 李本公,姜力.救灾救济[M].北京:中国社会出版社,1996:54.
[2] 郑功成.中国救灾保险通论[M].长沙:湖南出版社,1994:263.

都迈入了一个新的时期。在这一大的时代背景下,农村社会救助制度进入了新的发展阶段。

1. 农村扶贫开发

随着我国农村社会改革的不断深入,国家对农村地区扶贫开发的力度也不断加大,贫困人口数逐年下降。以1994年3月国务院公布实施的《国家八七扶贫攻坚计划》为标志,我国社会救济制度进入了扶贫开发的攻坚阶段。该计划明确指出,农村贫困人口的温饱问题到2000年年末要得到基本解决。经过7年的努力,截至2000年年底,扶贫开发取得了显著成效,见表4-1。还未解决温饱问题的贫困人口大大减少,人均纯收入增加了689元,年均增长近13%,贫困地区生活条件大大改善,贫困地区经济发展速度加快。

表 4-1　1994—2000 年扶贫开发取得的成绩[①]

项　目	增加值增长率/(%)	年均增长率/(%)
地方财政收入	117.6	12.9
农业	54	7.5
工业	99.3	12.2
粮食产量	113.9	12.8

2. 农村救灾体制

1994年5月,第十次全国民政会议从救灾管理和救灾资金的承担等方面创新了救灾管理体制。1998年国务院办公厅印发的《民政部职能配置、内设机构和人员编制规定》中明确规定:"将国家经济贸易委员会承担的组织协调抗灾救灾的职能交给民政部。"这一规定使我国的救灾工作逐步向专业化和规范化转变。1998年我国建立了救灾物资储备制度。据统计,1996年至2001年,各级民政部门共接收救灾捐赠款物折合人民币

---

① 宋士云.中国农村社会保障制度结构与变迁(1949—2002)[M].北京:人民出版社,2006:182.

116.38亿元,这些款物为帮助灾区群众解决实际困难发挥了巨大作用。[①]

3. 农村最低生活保障制度

1994年,山西省阳泉市发布的《阳泉市农村社会保障试行办法》规定:县、乡、村根据其经济发展状况的不同,确定基本保障线,实行规范动态的救济,对贫困户收入低于基本保障线的,要建档并且每年加以核定。这一规定,是对农村最低生活保障制度的最初探索。之后,山西省在全省范围内推广了该项法案。1996年,民政部制定了《农村社会保障制度建设指导方案》,指出:各地要积极试点,因地制宜,实事求是,稳步推进。凡是开展农村社会保障体系建设的地方,都应该把建立最低生活保障制度作为重点,即使标准低一点,也要把制度建起来。

4. 农村五保制度

1994年国务院颁布的《农村五保供养工作条例》和1997年民政部颁布的《农村敬老院管理暂行办法》,分别对农村五保供养的性质、原则、条件和内容以及农村敬老院的建设、管理和供养服务做出规定。二者的制定与实施标志着我国农村五保供养制度开始走上规范化、法制化的轨道。表4-2列出了这一时期我国农村五保制度的情况。

表4-2　1992—2002年五保供养人数及其占农村和贫困人口的比重[②]

年　份	五保供养人数/万人	占农村人口比重/(%)	占农村贫困人口比重/(%)
1992	154.3	0.18	1.93
1993	202.5	0.24	—
1994	206.3	0.24	2.95
1995	209.5	0.24	3.2
1996	213	0.25	—

---

① 李学举.跨世纪的中国民政事业·总卷(1994—2002)[M].北京:中国社会出版社,2002:62-63.
② 顾昕,降薀.税费改革与农村五保户供养融资体系的制度化[J].江苏社会科学,2004(3):224-230.

续表

年　份	五保供养人数/万人	占农村人口比重/(%)	占农村贫困人口比重/(%)
1997	200.3	0.24	4.04
1998	200.9	0.24	4.77
1999	195.4	0.24	5.73
2000	208.1	0.26	6.48
2001	213.3	0.27	7.29
2002	296.8	0.39	10.52

三、完善阶段(2003年至今)

从2003年至今,我国农村社会救助工作成绩斐然,制度上日趋完善。这段时期,我国的农村社会救助工作除了帮助农村居民共同抵御自然灾害以及提供经济援助等之外,还在最低生活保障方面设立了相关的制度以及采取了专项救助措施等。这些举措的实施,意味着我国在农村社会救助方面正处于发展完善的阶段。

1. 农村五保制度

2005年,国务院印发《国务院关于2005年深化农村税费改革试点工作的通知》文件,其中明确提出要在五保供养方面多下功夫,使其更加完善,对于那些将被用于这方面补助的资金,国家必须要将其计入预算中,提前准备好足够的资金,避免出现五保户无法领到资金补助的现象,帮助农村五保户维持基本的生活状态。自2006年起,我国的所有地区都开始着手把用于五保户补助的资金计入财政预算中去,同年修订了《农村五保供养工作条例》,完成了五保供养的转型,从之前的农民互助共济转变为如今的国家财政保障。

2. 农村最低生活保障制度

国务院总理温家宝于 2007 年 3 月 5 日在政府工作报告中提出，2007 年要在全国范围建立农村最低生活保障制度。四个月后，国务院颁发《国务院关于在全国建立农村最低生活保障制度的通知》，其中规定了该制度在建立过程中需要注意的问题以及需要符合的标准。该通知实行后，我国各地开始重视农村低保问题，并逐步制定了一系列的规章制度，目前相关制度已在全国范围内普及。至此，我国农村社会救助不再只是关注人道，而是更重视人权，并且救助的性质也由慈善性过渡到了制度性，这对我国农村建设发挥了重要作用。

3. 其他救助制度

除了五保和低保两种最基础的救助形式外，各种专项救助也在不断发展和完善。从 2003 年开始推广的"新型农村合作医疗"（以下简称新农合）制度，以个人缴费、集体补助、政府资助相结合。目前我国基本实现了"新农合"的全覆盖，对农村居民的医疗救助提供了足够的保障。同时，政府还鼓励各类社会团体、基金组织参与农村社会救助，筹得的资金可用于教育、大病、特困帮扶等一系列农村社会救助项目。

第二节　农村社会救助制度现状

党的十七大提出的完善城乡社会救助体系的目标，标志着我国社会救助的发展进入了一个新的阶段。我国的新型社会救助体系内容目前已逐渐定型。"十一五"规划以来，我国建立了与自身经济发展水平相适应的、比较健全的、覆盖城乡的社会救助体系。该体系是包括基本生活救助、专项救助和临时救助在内,三位一体的社会救助体系,具体包括最低生活保障制度、医疗救助、教育救助、灾害救助和住房救助等多种救助项目。我国农村基本生活救助起步较早,目前农村最低生活保障和农村五保户供养等基本生活救助有了较大程度的发展,而农村的专项救助、临时救助项目则发展比较缓慢;农村医疗救助、教育救助落实不到位,住房救助、法律救助水平较低;另外,各种救助项目发展不平衡。

一、农村五保制度现状

改革开放以来,农村五保制度在资金来源、供养形式等方面发生了新的变化。为了规范农村五保制度,保障五保老人的基本生活,国务院1994年颁布了《农村五保供养工作条例》,并把它作为健全农村社会保障制度的一项重要内容,为农村五保工作提供了具体的法律依据。2002年我国扩大了农村税费改革的试点,2003年则全面推进农村税费改革,在税费改革政策中规定要提出一部分农业税附加用于五保户供养开支,此后五保供养实际上便进入了国家供养的阶段。但实际上原来的"三提五统"资金要比大部分地区农业税20%的附加税总量还多,因此虽然从理论上说五保供养的资金比以前更有保障了,但五保供养水平却并没有得到实质上的提升,甚至还产生了一些问题。

2006年1月1日我国废止了农业税条例。刚厘清的五保供养资金来源再次受到废除农业税政策的影响。2006年3月1日起,新修订的《农村五保供养工作条例》正式实施,及时地将五保供养政策调整为"县级以上地方各级人民政府民政部门主管本行政区域内的农村五保供养工作",这标志着我国农村五保供养工作最终实现了与国家财政供养的对接,据此,五保供养的资金来源不再只局限于乡镇范围。2011年1月1日起施行的《农村五保供养服务机构管理办法》对供养机构的内部管理、资金保障、规划建设等方面都作了系统全面的规定。

目前,我国农村五保制度的基本运行机制是"集体供养、群众帮助、国家救济"三种方式相结合。具体来说,五保经费和实物由农村集体经济组织提供,即从村提留或乡统筹费中列支,也可以从集体经营收入中列支。供养方式可以根据当地经济条件,实行集体供养或者分散供养。集体供养是由乡镇政府兴办农村敬老院、幸福院、养老院、福利中心等五保供养服务机构,集中供养五保对象。分散供养是由乡镇政府或者集体经济组织、受委托的抚养人和五保对象三方,签订五保协议书,建立承包供养关系或相关服务关系,具体分为村供村养、村供亲养、亲供亲养和临时救助四种形式。各地在实践中还探索出一种"统供分养"的形式,即由乡镇或村统一筹集五保户供养的款物,并由集体给予必要的照顾和护理,各户分散生活。从实际执行情况来看,分散供养的占大多数,集体供养的比重比较低。以安徽省合肥市三县五保供养的资金来源为例,对于分散供养五保对象,2007年的供养标准为1460元/(人·年),其中省财政补助850元/(人·年),市财政补助250元/(人·年),不足部分[360元/(人·年)]由县财政兜底承担;2009年将五保分散供养的标准提高了40元/(人·年),即三县供养标准提高到1500元/(人·年)。提标所需资金,市与县按7∶3比例分担,市与区按5∶5比例分担,即对三县分担供养的五保对象,省财政补助850元/(人·年),市财政补助278元/(人·年),县财政兜底372元/(人·年)。

截至2014年底,全国有农村五保供养对象529.1万人(具体如图4-1所示),比上年下降1.5%。全年各级财政共支出农村五保供养资金189.8亿元,比上年增长10.2%。其中:农村五保集中供养174.3万人,集中供养年平均标准为5371元/人,比上年增长14.6%;农村五保分散供养354.8万人,分散供养年平均标准为4006元/人,比上年增长14.5%。作为一项具有中国特色的传统社会救济制度,农村五保户政策在绝大多数地区得到了较好的落实。

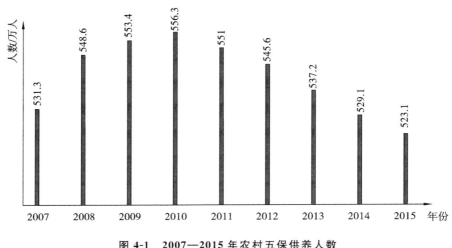

图 4-1　2007—2015 年农村五保供养人数

(数据来源：中华人民共和国民政部。)

二、农村救灾制度现状

改革开放以来，我国经济不断发展，但各种自然灾害也频繁发生。1998 年，长江流域、松花江流域发生了百年不遇的特大洪涝灾害。2008 年，我国多地发生特大暴雪灾害，造成全国 20 省区超 1 亿人受灾，倒塌房屋 48.5 万间，直接经济损失 1516.5 亿元。同年，四川省汶川县发生里氏 8 级特大地震，地震影响范围涉及 10 个省、自治区、直辖市，灾区总面积约 50 万平方千米、受灾总人口达 4625.6 万人，直接经济损失 8451.4 亿元。2016 年全国各类自然灾害共造成 1.9 亿人次不同程度受灾，因灾死亡失踪 1706 人，紧急转移安置 910.1 万人次；农作物受灾面积 2622.07 万公顷(1 公顷＝10000 平方米)，其中绝收面积 290.22 万公顷；倒塌房屋 52.1 万间，损坏房屋 334.0 万间；因灾直接经济损失 5032.9 亿元。具体因灾死亡(含失踪)人口数量如图 4-2 所示。

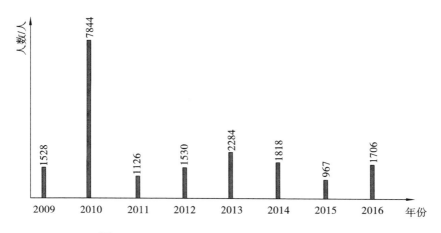

图 4-2 2009—2016 年因灾死亡(含失踪)人数

(数据来源:中华人民共和国民政部。)

不断发生的自然灾害给我国救灾救助工作造成了巨大的压力。国家财政加大了对救灾救助工作的投入,并积极动员民间力量和民间资金的支持。2016 年,国家减灾委、民政部共启动国家救灾应急响应 22 次,向各受灾省份累计下拨中央自然灾害生活补助资金 79.1 亿元(含中央冬春救灾资金 57.1 亿元),紧急调拨 4.1 万顶救灾帐篷、15 万床棉被、1.6 万件棉大衣、2.5 万个睡袋、2.3 万张折叠床等生活类中央救灾物资。

三、农村最低生活保障制度

在农村建立最低生活保障制度,是完善社会保障体系的需要,也是把针对某些特定对象(如五保户、灾民等)的传统社会救济制度改变为覆盖所有农村贫困人口的新救助制度的需要。其主要对象是那些达不到农村最低生活标准的农村贫困户,根据实际情况由政府出钱补足其达到农村生活最低标准的差额部分。从农村五保供养制度到最低生活保障制度的演变,代表了我国农村社会救助工作进入了新的时期,显示了我国农村社会救助政策的上升性与进步性,标志着我国农村社会救助政策开始转型。最低生活保障制度的覆盖面更宽了,不再局限于五保户,保障方式也与国际惯例接轨,但并没有取代农村五保供养制度。

农村最低生活保障制度是保障农村贫困人口基本生活的新型社会救助制度,与传统的农村社会救助制度相比,在管理上更具规范性。传统的农村社会救助制度没有相应的操作约束程序,工作人员在操作时主观意识较浓厚,自主裁量权较大;而最低生活保障制度则在严谨的家庭收入调查的基础上,对认定救助对象、审批救助申请、发放救助资金、动态管理以及申诉与核查等方面都做了严格的规定。

截至2016年底,全国有农村低保对象2635.3万户、4586.5万人(具体见图4-3)。全年各级财政共支出农村低保资金1014.5亿元。2016年全国农村低保平均标准为3744.0元/(人·年),比上年增长17.8%。[①]

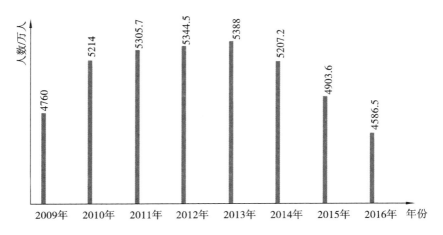

图4-3　2009—2016年农村低保人数

(数据来源:中华人民共和国民政部。)

---

① 中华人民共和国中央人民政府网.2016年社会服务发展统计公报.http://www.gov.cn/xinwen/2017-08/03/content_5215805.htm.

四、农村扶贫开发政策现状

改革开放以来,我国大力推进扶贫开发,特别是随着《国家八七扶贫攻坚计划》和《中国农村扶贫开发纲要(2001—2010年)》的实施,扶贫事业取得了巨大成就。农村贫困人口大幅减少,收入水平稳步提高,贫困地区基础设施明显改善,社会事业不断进步,最低生活保障制度全面建立,农村居民生存和温饱问题基本解决,探索出一条中国特色的扶贫开发道路,为促进我国经济发展、政治稳定、民族团结、边疆巩固、社会和谐发挥了重要作用,为推动全球减贫事业发展做出了重大贡献。

第一,农村贫困人口数量明显下降,农村居民的生存和温饱问题基本解决。国家根据经济社会发展水平的提高和物价指数的变化,将全国农村扶贫标准从2000年的865元人民币逐步提高到2010年的1274元人民币。以此标准衡量的农村贫困人口数量,从2000年底的9422万人减少到2010年底的2688万人;农村贫困人口占农村人口的比重从2000年的10.2%下降到2010年的2.8%。[①] 在我国成片的贫困区域,如闽西南地区、大别山区、井冈山区、沂蒙山区等地区,整体解决了贫困人口的温饱问题;素有"苦瘠甲天下"之称的宁夏西海固和甘肃定西,经过多年的建设发展,贫困状况大有好转。

第二,贫困地区生产生活条件明显改善。国家不断加大贫困地区基础设施建设投入,全面改善这些地方的生产生活条件。截至2010年底,592个国家扶贫开发工作重点县新增基本农田5245.6万亩(1亩=666.67平方米),新建及改扩建公路里程95.2万千米,新增教育卫生用房3506.1万平方米,解决了5675.7万人、4999.3万头大牲畜的饮水困难;国家扶

[①] 中国新闻网.《中国农村扶贫开发的新进展》白皮书. https://www.chinanews.com.cn/gn/2011/11-16/3464433.shtml.

贫开发工作重点县农村饮用自来水、深水井农户达到 60.9%,自然村通公路比例为 88.1%、通电比例为 98%、通电话比例为 92.9%,农户人均住房面积 24.9 平方米,农户使用旱厕和水冲式厕所比重达 88.4%。贫困地区农村面貌发生明显变化。①

第三,贫困地区经济全面发展。贫困地区产业结构进一步优化,特色优势产业快速发展,县域经济综合实力不断增强。从 2001 年至 2010 年,592 个国家扶贫开发工作重点县人均地区生产总值从 2658 元人民币增加到 11170 元人民币,年均增长 17%;人均地方财政一般预算收入从 123 元人民币增加到 559 元人民币,年均增长 18.3%。农民人均纯收入从 2001 年的 1276 元人民币,增加到 2010 年的 3273 元人民币,年均增长 11%(未扣除物价因素)。上述数据的增幅,均高于全国平均水平。①

第四,贫困地区社会事业不断进步。农村义务教育得到加强,扫除青壮年文盲工作取得积极进展,到 2010 年底,国家扶贫开发工作重点县 7 至 15 岁学龄儿童入学率达到 97.7%,接近全国平均水平;青壮年文盲率为 7%,比 2002 年下降 5.4 个百分点,青壮年劳动力平均受教育年限达到 8 年。新型农村合作医疗实现全覆盖,基层医疗卫生服务体系建设不断加强,到 2010 年底,国家扶贫开发工作重点县参加新农合的农户比例达到 93.3%,有病能及时就医的比重达到 91.4%,乡乡建有卫生院,绝大多数行政村设有卫生室。贫困地区人口和计划生育工作、公共文化服务体系建设继续得到加强。①

第五,贫困地区生态恶化趋势初步得到遏制。从 2002 年至 2010 年,国家扶贫开发工作重点县实施退耕还林还草 14923.5 万亩,新增经济林 22643.4 万亩。国家扶贫开发工作重点县饮用水水源受污染的农户比例从 2002 年的 15.5% 下降到 2010 年的 5.1%,获取燃料困难的农户比例

---

① 中国新闻网.《中国农村扶贫开发的新进展》白皮书. https://www.chinanews.com.cn/gn/2011/11-16/3464433.shtml.

从 45% 下降到 31.4%。①

五、新型农村合作医疗制度现状

我国农村合作医疗制度是由政府组织、引导、支持,农民自愿参加,个人、集体和政府多方筹资,以大病统筹为主的农民医疗互助共济制度,②它是惠及我国亿万农民的一项新制度。它既是中国医疗保障制度中有特色的组成部分,也是中国农村社会保障体系中的重要内容。新型农村合作医疗工作不仅直接关系我国几亿农民的健康和利益,而且对于统筹城乡发展、全面建设小康社会也具有重要意义。

2002年10月,中共中央、国务院下发《关于进一步加强农村卫生工作的决定》,首次明确提出要在全国农村逐步建立起新型农村合作医疗制度;③2003年1月,国务院办公厅又转发了由卫生部等部门制定的《关于建立新型农村合作医疗制度的意见》,该意见对建立新型农村合作医疗制度的目标与原则、筹资标准、资金管理、组织实施等事项做了具体规定,要求各省、自治区、直辖市至少选择2到3个县(市)先行试点,在取得经验后进行推广。④ 从此,全国各地陆续开展试点工作。试点之初,中央财政对中西部地区除市区以外的参合农民每年按人均10元的标准进行补助,地方财政亦以人均年补助不低于10元为标准,农民个人再缴10元,共30元。从2006年起,中央财政和地方财政补助标准提高到每人每年20元,农民个人每年10元的标准不变,这样筹资标准达到每人每年50元,同时将东

---

① 中国新闻网.《中国农村扶贫开发的新进展》白皮书. https://www.chinanews.com.cn/gn/2011/11-16/3464433.shtml.
② 柴志凯,孙淑云.新旧农村合作医疗制度比较新论[J].中国农村卫生事业管理,2007,27(10):726-729.
③ 乔益洁.中国农村合作医疗制度的历史变迁[J].青海社会科学,2004(3):65-67,40.
④ 刘雅静,张荣林.我国农村合作医疗制度60年的变革及启示[J].山东大学学报(哲学社会科学版),2010(3):144-151.

部地区中经济发展水平和农民收入水平较低的县市也纳入中央补助的范围。2003年至2006年,各级财政累计为新型农村合作医疗投入资金189亿元。其中:2006年为150亿元,包括中央财政补助42.7亿元,地方财政补助107.8亿元,中央和地方财政补助资金占合作医疗筹资总额的70%。

在此基础上,2006年中央一号文件提出2008年新型农村合作医疗制度(简称新农合)基本覆盖全国县市区的目标,比原来规划的时间2010年提早两年。进入2007年,中央决定将新农合从试点转入全面推进,在政府工作报告中,温家宝同志提出积极推行新型农村合作医疗制度,试点范围扩大到全国80%以上的县、市、区,有条件的地方还可以搞得更快一些。2007年是新农合从试点转入全面推进阶段的关键一年,中央财政安排补助资金101亿元,比2006年增加了58.3亿元。为了加强对新农合资金的监督管理,省及省以下的政府部门都设立了管理机构或经办机构,而县市和乡镇也成立了专门的督办机构。2003年我国新型农村合作医疗制度开始试点,2010年末全国农村参合率已达到95%,到2014年已基本实现全面覆盖。新型农村合作医疗制度不断发展完善,取得了骄人的成绩,具体来讲:第一,新型农村合作医疗制度几乎覆盖全国范围,参合率在高位上保持稳定;第二,在经历试点探索、制度建立、多数覆盖三个时段后,新农合基本建立;第三,新农合财政补助水平由最初的每人每年10元提升至每人每年320元,补偿水平大幅提高;第四,农民就医状况有所改善,医药费用负担有所减轻,"因病致贫、因病返贫"状况有所缓解;第五,农村医疗机构服务条件有所改善,医护人员队伍建设有所加强,农村医疗机构服务条件和服务质量有所提高;第六,新农合与我国目前的生产力相适应,时代性特征明显,更加适应现代化发展的要求,同时可以更好地为现有农村医疗模式提供服务,从而促进生产力的发展。

六、教育救助制度现状

教育救助是与经济社会发展密切相关的一项社会事业,是有效缓解社会贫困和促进经济发展的核心要素。作为农村社会救助制度的重要组成部分,农村教育救助制度是指为保障农村适龄人口获得接受教育的机会,国家和社会从资金、物质、人才等方面对农村贫困地区和贫困家庭学生提供援助和支持的制度。[1]

20世纪80年代初,国家开始对教育体制进行探索式改革。在1995年之前,所有适龄儿童和少年仍需交纳一定的费用才能获得接受义务教育的机会,这对一些农村家庭来说,仍然存在"上学难、上学贵"的问题;1995年7月,国家教育委员会、财政部发布《关于健全中小学学生助学金制度的通知》,开始实行助学金制度,从此,我国教育救助制度迈出了实质性的步伐;2001年5月,国务院颁发《关于基础教育改革与发展的决定》,"两免一补"政策开始实施,基本框架逐步形成;2006年12月31日,中共中央、国务院在《关于积极发展现代农业扎实推进社会主义新农村建设的若干意见》中提出,2007年全部免除农村义务教育阶段学生的学杂费,对家庭经济困难学生要免费提供教科书并且补助寄宿生活费,在有条件的地方可扩大免费和补助的实施范围。至此,中小学义务教育阶段的教育救助制度从中西部贫困地区逐步推广到了全国广大农村地区。[2]

针对贫困家庭子女上学难的问题,在国家实施助学贷款和奖学金政策的同时,其他单位和社会团体也相继开展了多种助学计划,如共青团中央、中国青少年发展基金会以救助贫困少年儿童完成义务教育为目的的"希望工程",截至2016年,全国希望工程累计接受捐款达129.5亿元人民币,资助学生553万余名,援建希望小学19388所,援建希望工程图书室14753个;[3]全国妇联领导的,由中国儿童少年基金会发起并组织实施的救助贫困地区失学女童重返校园的"春蕾计划",截至2016年底,捐建

---

[1] 任洁琼,陈阳.教育救助(上)[J].社会福利,2002(11):58-62.
[2] 李文静.结合国外教育救助制度论我国教育救助制度的发展[J].科学之友,2011(3):136-137.
[3] 中国青少年发展基金会网站. 2016年年报. https://www.cydf.org.cn/index.php?m=content&c=index&a=show&catid=265&id=197.

1489所春蕾学校,资助345万人次贫困女童重返校园,对52.3万人次女童进行实用技术培训,编写发放护蕾手册150万套。[①] 此外,还有"我要上学""安康图书馆""青春启航""西部开发助学工程""扶残助学活动""美丽中国"等社会公益项目。总的来说,近年来,我国教育救助制度有了很大的发展,但尚处于起步阶段,还不能完全满足社会经济发展要求,仍需进一步提高和改善。

第三节　农村社会救助制度现存的问题

社会救助是最古老的社会保障形式,也是社会保障体系中重要的组成部分。随着我国经济的飞速发展,社会救助的财政投入不断加大,总体发展水平不断提高,十九大指出,兜底民生保障工作取得历史性成就,救助制度不断完善,运行机制日益健全,社会救助安全网正在编密织牢。然而,这一制度体系的不平衡不充分发展格局仍未改变,我国城乡社会救助的二元结构明显,与城市相对健全的社会救助体系相比,农村的社会救助制度仍然存在很多问题,制度分割、权责不清、多层次缺失以及供给短板等问题依然直接制约着整个农村社会救助制度的健康发展,地区利益、群体利益格局甚至呈现出一定程度的固化现象。因此,党的十九大报告阐述的人民日益增长的美好生活需要和不平衡不充分的发展之间的矛盾在社会救助领域表现得十分明显。具体问题如下所述。

---

① 中国儿童少年基金会网站.中国儿童少年基金会2016年年度报告.https://www.cctf.org.cn/report/year/2017/12/08/4482.html.

一、农村社会救助水平偏低

我国农村社会救助水平整体偏低,与城市相比,范围相对较窄,覆盖面相对较小,救助标准相对较低。就我国城市而言,已经基本实现了应保尽保,但我国农村未达到相应水平。"十二五"规划中,我国已将贫困标准上调到每年2300元,但与国际通行的每天1.25美元的贫困标准相比仍有一定的差距,救助标准依然偏低,而且农村最低生活保障线还要低于贫困线,再加上地区名额的限制、资金的匮乏等问题,不得不将许多贫困农民划定在社会救助的门外。[①] 这些在贫困线上的农民,生活水平低于普通家庭,但经济收入略高于最低生活保障线,因此无法获得生活救助。可往往这类人的生活水平并不高,应当享受低保待遇。此外,农村医疗救助、教育救助、住房救助等项目在许多地方虽然制定了相应的制度,但由于这些救助叠加在了农村低保之上,因此,只有少数人才能获得,与农村低保制度相比,这些专项制度由于发展迟缓,覆盖面更窄,水平更低。

二、农村社会救助对象难界定

农村社会需要救助的人口众多,但享受救助的人数却十分有限,公正准确地界定救助对象比较困难。家庭收入是界定救助对象的主要依据,包括现金收入和财产收入。就家庭收入而言,存在动态隐秘性,与救助工作要求的公开公正就存在很大的矛盾。界定低保对象时,有入户调查、群众评议、张榜公示、定期核查等措施,但要真正做到精准无误,难度很大。

---

① 何平,张远凤.论我国的社会救助标准[J].中南财经政法大学学报,2009(6):25-28,113.

大部分隐性收入和家庭日常支出通过传统的调查方法难以清晰认定,如银行存款、房屋车辆、经商情况、水电费支出、电话手机费用等,这些信息分散在不同的职能部门,但由于涉及个人隐私,在调查时没有法律授权,部分信息无法核实,再加上个别对象不如实申报,实际收入难以准确核实。收入的确定没有形成一个明确的规定标准和计算方法,没有建立科学可靠的核查机制,严重影响了救助对象确认的准确性。比如困难家庭因超生罚款导致生活困难是否应该纳入救助标准,因建房、婚假等支出导致贫困是否应纳入救助标准,困难群众外出务工收入难以掌握等,都存在较大争议。因此,在界定是否真正贫困时,找不到统一的标准,使得农村社会救助不能有效地覆盖所有困难群众,从而无法做到应保尽保。

三、农村社会救助主体权责不明

农村社会救助主体权责不明,导致了主体各方责任边界模糊,进而造成责任失衡、结构失衡和受益主体权益失衡。主体各方合理分担责任是农村社会救助制度可持续发展的根本,一个成熟、优良的社会救助系统必定是主体各方责任边界清晰并能够有机协同的体系,但从我国现行救助制度实践出发,可以发现,作为救助制度责任主体的政府(含中央政府与地方各级政府)、企业、社会、市场、个人及家庭的责任边界是不清晰的,甚至还出现了相互错位、效果对冲的现象。具体来说,低保制度以中央财政为主要支撑,地方政府承担何种责任及多大责任并无明文规定;灾害救助更是缺乏公正的规章制度,形成了有灾找政府、下级找上级、全国找中央的政府救灾格局,虚报自然灾害灾情的情况时有发生。主体各方权责的界限模糊,带来的即是责任失衡、结构失衡与受益主体权益失衡,这种局面最终会损害整个农村社会保障制度的健康可持续发展。

四、农村社会救助资金存在缺陷

农村社会救助资金投入存在缺陷主要有以下两个方面。一是救助资金投入与实际需求存在一定的差距。在经济发达地区,贫困农民比例相对较低,财政实力相对较为雄厚,社会救助资金的投入压力较小;但是在经济落后的地区,贫困农民的比例较高,财政实力较为薄弱,社会救助资金的投入压力较大,资金缺口比较明显。同时,随着救助对象得到的救助内容越来越多,农民对政府救助的期望越来越高,但由于经济落后地区财政基础薄弱,救助资金主要靠上级提供,与实际需求之间还存在较大差距,导致农村低保不能实现"应保尽保",医疗救助不能实现"应救尽救",五保供养不能达到较高标准,一定程度上增加了农村社会救助的压力。二是救助资金投入责任不明确。我国目前救助资金投入由地方政府负责,并纳入政府财政预算,进行专项管理,但由于缺乏相关法律的严格约束,一些地方政府相关人员并未完全按照救助标准提供资金,同时少列应付、列而少支、拨付迟滞甚至列而不支、克扣、挤占、挪用救助资金的现象屡屡发生。同时,尽管近年来中央财政持续加大救助资金的投入力度,但由于中央财政与地方财政在资金投入上的责任不够明确,救助资金总量仍然不足。

五、农村社会救助法律体系不健全

社会救助政策的建立与发展,通常要以立法机关制定或修订的相关法律法规为先导,以管理部门制定相应的实施细则为条件,然后才是具体组织实施社会救助项目[①]。目前,我国社会救助范围越来越广,需求越来

---

① 蒋吉祥,郑慧.我国养老保险法律体系建设现状和存在的问题[J].人大研究,2006(7):43-44.

越大,但与之配套的法律法规却一直处于半缺失状态,主要依靠政府制定的政策文件来推动社会救助的实施与发展,缺乏规范的救助程序和必要的监督体系。这种状况导致新的救助政策无法走向定型化发展,也往往由于政策的多变性和过度灵活性而损害了新政策应有的稳定性。目前,我国农村社会救助在立法层面仅有《农村五保供养工作条例》一部法律规定,其余各项救助均停留在政策层面,尚未制定明确的法律法规。制度的不健全,一方面导致现阶段我国农村社会救助制度的法制化、规范化水平较低,严重阻碍了农村社会的发展进步,另一方面导致本应享受社会救助的人群没有得到及时的救助,致使财政资金浪费,社会公平受到破坏,社会保障机制和效率优先机制也没有得到充分发挥。

六、农村社会救助管理体系不完善

救助管理体系不健全严重影响了农村社会救助工作的全面统筹。第一,目前我国实施的农村社会救助包括最低生活保障、扶贫开发、五保供养、医疗救助、教育救助等多项制度,项目繁多、任务繁重,单凭政府一方努力是很难实现的,需要多方统筹。当前,各地尽管成立了各种关于社会救助工作的委员会,对农村社会救助工作进行了统一领导,但"多头管理、条块分割"的现象依然存在[①]。县、市一级的各部门往往根据各自的职能独立承担农村社会救助工作,各自为政,无法形成合力,增加了相互协调的任务与难度,导致工作成本升高,人力、物力、财力等各种资源重复投入与浪费,各部门现有的工作保障机制与承担的工作任务严重不适应,各部门由于存在地位差异和利益关系极易产生冲突。第二,"多龙治水、多家分割"的管理体制,在降低了救助工作效率与成效的同时,客观上也削弱了救助对象的自强意识与自立能力。目前的救助工作主要由民政部门牵

---

① 姚晓荣,井文豪.完善社会救助制度 促进和谐社会建设[J].社会科学家,2007(3):125-127.

头实施,主要为满足贫困农民的吃、穿、住等基本生活需求,表现为生存型救助多、发展型救助少,"输血"型救助多、"造血"型救助少,从而导致贫困农民无法通过专业技术培训或接受教育来实现根本上的脱贫致富。第三,一些地方没有建立统一的工作平台,缺少必要的工作经费和人员,特别是乡镇民政和劳动社会保障部门的工作人员一般只有1~2人,身兼数职;村委会没有固定工作人员,且人员轮换频繁,难以进行岗前培训,业务素质参差不齐,极大地阻碍了社会救助工作在基层的规范实施。第四,目前很多地方没有专门的城乡低保等社会救助信息管理系统,没有建立专门的城乡低保等社会救助工作数据库,乡镇(街道)、村(社区)一级办公条件差,一些村(社区)还无专门办公场所,这些都严重影响了农村社会救助管理的效率。

第四节 国外农村社会救助制度的经验借鉴

一、发达国家农村社会救助——比较完善的安全网

在发达国家,农村人口数量大多不到总人口的10%,农业采取集中化经营模式,实现了现代化、规模化、专业化的水平,农业生产效率较高,因此,西方许多发达国家建立了城乡统一、体系完备、福利水平高的社会救助制度。下面以英国、美国为例来简单介绍。

1. 英国农村社会救助制度

在英国,社会救助制度是社会福利的核心部分。作为世界上第一个

工业化国家,英国也是最早实行社会福利制度的国家。之所以称为"社会福利制度",是因为英国的社会救助制度是以社会福利为基础建立起来的。英国社会救助制度历史悠久,现行的社会救助制度主要有以下几个特点:首先,救助的覆盖范围很广,只要是英国公民,所获收入不满足政府规定的最低生活标准,均可以申请救助;其次,救助项目众多,如针对低收入贫困家庭的生活救助、针对老龄化人口的生活救助、针对失业者的专项生活救助、针对残疾人的专项救助等;再次,救助标准多样化,按照不同救助对象分类,给予不同标准的救助,如针对不同年龄、不同家庭成员等都有所差异,同时最低的贫困线由英国国会来制定,并且每年也会根据当年国家的工资和物价水平做出相应调整;最后,救助管理呈现动态化特征,在收到社会救助申请时,将救助人申请和调查结果相结合,由"补充津贴委员会"派遣专业的调查人员来实时调查被救助者的生活状况,根据各项救助标准的变动情况调整救助金额。

现在,英国的农村社会救助体系也在不断改革和完善,其重点在于从福利转为工作。其主要目的就是减轻就业压力和政府的财政压力,同时也使困难群众能够更有就业和工作的积极性,从而从根本上摆脱贫困。其改革特点主要有以下几个方面:第一,要转变救助思想,即将以前强调的设置救助项目和确立救助标准转变为以经济支持为主,根据每一个被救助个体的实际需求进行有针对性的救助;第二,要转变管理方法,即更加准确定位被救助对象,大部分被救助者都是失业青年、单亲父母、长期没有工作者和身体有残疾者等;第三,要严格控制救助的申请,大力构建一些促进公民就业的政策和法律法规,当然,在制定新政策时,要注重相关政策的创新,比如针对长期失业的农民实施促进其就业的政策,还创建了为工作付钱的计划,该计划对农民给出了一系列的优惠政策,如引进国家最低工资标准,将农民所得税起征点下调,降低农民的国家保险费用缴纳标准等。

2. 美国农村社会救助制度

在美国,社会救助又称为公共救助或福利补助,是一种帮助贫困群众维持最低生活标准并使其享有某些相应权益的社会保障项目。美国社会救助制度的完善之处在于：建立了完善的法律法规，涵盖了广泛的救助项目，形成了完备的救助措施，达到了较高的救助标准。美国社会救助以失业救助、免费医疗救助、家庭津贴等制度为主，以收入补充保障、安居计划、抚养儿童补助、房租补贴以及儿童营养补助、就业培训援助、教育救助等制度作为辅助。

根据美国农村社会救助制度，在申请救助流程上，需事先展开经济调查，主要包括劳动收入调查和资产调查。美国规定，将所有家庭支出的1/3花费在食物上的，例如贫穷家庭，政府会给予救助。联邦政府和州政府共同承担救助的资金，但州政府对补助金额有较大的自主权。20世纪90年代后，由于政府的财政压力越来越大，美国开始对补救性社会保障制度进行改革。1996年"抚养未成年子女家庭援助计划"项目废止，开始实行"困难家庭临时援助"项目。该项目对领取津贴资格的规定更加严格，同时对申请者的"个人行为"也进行了规定，主要包括对就业行为、生育行为以及子女养育行为等进行调查，只有所有方面全部表现良好的家庭，才能获得补助资格[①]。

美国农村社会救助具有明显的福利性质。为避免高福利带来的负面影响，美国政府采取增加供给与限制需求双管齐下的政策，对社会救助项目进行严格的审查，最大限度采用非现金支付的形式，以避免资金和资源的浪费。同时，美国对救助对象的分类具有针对性，主要针对那些需要被救助的低收入群体，以满足贫穷阶层人们最基本的生活需求。美国社会救助努力做到公平与效率兼顾，救助的项目多为低水平的短时期的救助，在达到效果的同时强调主观能动性（即就业），充分体现了美国社会救助制度的价值理念。

二、发展中国家农村社会救助——各具特色的安全网

随着世界经济的融通与发展，大部分发展中国家也认识到建立社会

---

① 林闽钢,刘喜堂.当代中国社会救助制度:完善与创新[M].北京:人民出版社,2012:68-72.

安全网的重要性,开始关注本国的弱势群体,开展不同程度的社会救助。发展中国家的特殊形式社会救助制度主要体现为两种:一是非缴费社会救助年金制度;二是社会救助基金制度。

1. 社会救助年金——以巴西为例

社会救助年金计划首先在巴西出现,之后被许多拉丁美洲国家借鉴采用。1996年巴西正式实施社会救助年金计划,规定救助资金由中央政府提供,国家社会保障协会负责运作。无法独立生活或工作的残疾人以及67岁以上的农村老年人的救助年金都由联邦政府支付,在收入调查的前提下,方可实施救助年金计划。家庭人均收入在最低收入(即法定最低工资)水平以下,才可以获得救助。

从1995年到2001年,巴西的社会救助年金计划取得了很大的发展,救助年金计划支出占社会救助总支出的比例大幅提高,2000年在整体社会救助开支中,社会救助年金所占比例高达75%。社会救助年金计划的实施提高了国民生活的保障水平,推进了经济发展,同时也很大程度上降低了贫困率。在卢拉执政后,开始实行家庭补助金计划,对月人均收入低于120雷亚尔的家庭进行补助;对月人均收入低于60雷亚尔的极度贫困家庭,每月向其提供95雷亚尔的救助;家庭月人均收入为61~120雷亚尔的,可以得到政府每月45雷亚尔的救助。在市政府和州联邦政府签订的"零饥饿计划伙伴协议"的支持下,纳入这个计划的家庭还可以再从市政府、州联邦政府处获得额外的补贴。迄今为止,家庭补助金计划已投入约180亿美元,使1110万家庭受益,一定程度上缓解了巴西贫富悬殊的问题。

社会救助年金在减轻农村贫困、缩小城乡差距、促进农业发展等方面起到了重要作用,但也存在一些问题:农村救助年金计划的资金来源广泛,但很难有效运转;救助年金利用率不高;救助年金与社会养老保险之间缺乏合理定位等。

2. 社会救助基金

社会救助基金是在20世纪80年代后兴起的一种社会救助形式,最初目的是为需要的人提供临时性的就业机会并在发生危机时提供临时性的救助,但随着其不断地发展和改进,现已成为大多数发展中国家社会发展政策的重要组成部分。自1987年在玻利维亚建立第一个社会救助基金项目以来,现今世界银行资助的社会救助基金项目共有70多个,在亚、非、欧等几大洲都建立了各种类型的社会救助基金项目。现在的社会救助基金项目大多是应当地政府的要求而建,旨在为援助贫困者和弱势群体的小型项目提供资金支持,并对由当地政府、非政府组织、地方部门以及社会团体参与实施的社会公益投资项目进行评估、筹资以及监督等。社会救助基金一般采用私营公司的形式运行,雇员少、薪酬高、绩效标准也高;由于是自主经营,所以大多数基金在运作时需要通过独立审计和外部公共准则等来严格执行会计准则和披露规定。

与其他社会救助项目相比,社会救助基金具有明显的优势。第一,反应迅速,是世界银行所有计划项目中最迅速的分配方式,在其参与融资的一些小项目中也以及时迅速著称;第二,操作灵活,尤其是对环境应变迅速,能够根据不同环境而做出相应的调整;第三,目标定位准确,通常计划的覆盖人群都是那些最贫困的家庭或边缘群体等,从而使得受救助者都是急需得到救助的人;第四,成本低廉,尤其是管理成本极低,在提供基础设施方面比公共部门的成本要低很多,这与其采取私人部门的管理模式有很大关系;第五,具有良好的可计量性,由于其严格遵守各项会计准则,因此无论是在财务还是公共领域的可计量性方面,它都要比其他发展计划好得多;第六,增加了公众信任感,社会救助基金计划表现出色,增加了公众对公共部门的信任程度,从而积累了更多的社会资本。

在实际操作中,社会救助基金依然存在一些不足,主要表现在以下几个方面。其一,覆盖面不全。社会救助基金受当地政府主动性影响,如果当地政府并没有提出要求,就不会建立社会救助基金,就会导致一些贫困群体无法被覆盖到。其二,社会救助基金项目在和其他公共部门的融合上也存在一些问题。社会救助基金和其他公共部门之间缺乏了解,并且大多数社会救助基金项目还只是一些临时性的计划,这样就很难将社会救助基金项目取得的经验传授下去。其三,社会救助基金项目在和一些相关政策协调方面存在问题。社会救助基金项目在运作时有较大的自主性,因此会跟一些政策产生摩擦,有一些社会救助基金项目就是因为利益纠葛而结束了运营。其四,社会救助基金项目在提供大规模援助方面仍存在不足。社会救助基金项目的资金规模有限,很多时候都是临时性的应急计划,比如在促进就业时社会救助基金项目能提供的就业机会也都是临时性的,而且数量也有限。其五,投资方式有待商榷。现行的计划还不足以使社会救助基金投资效率达到最大化,因此思考采用何种投资方式十分必要。

三、国外农村社会救助成功的经验启示

通过总结和分析国外典型的农村社会救助体系,我们发现有很多先进经验是可以借鉴的。

(一)完善相关法律建设

当今社会,任何制度的实施都要通过法律的形式进行规范和调整。许多发达国家和地区已经形成了比较完善的社会救助法律,一些发展中国家也已经形成了相对完善的、综合的、全面的社会救助法律,这些国家的成功经验表明,社会救助越完善的国家,关于社会救助的法律也更加完善,二者相辅相成。巴西农村社会救助计划的顺利实施,就是因为已经有了相关的法律法规作为指导。我国还没有专门的社会救助法,尽管出台了类似的《社会救助暂行办法》等国务院文件,但其内容远远达不到明确的法律规范的标准。所以,将我国农村社会救助体系相关内容尽快完善

并立法,对于促进我国农村社会救助法治化和制度化具有重大意义。

(二) 扩大相关参与主体

根据国外成功的社会救助经验,国家与地方政府和一些非政府组织相比,拥有更大的资金优势和人才优势,尤其是进行大规模的社会救助活动时,无论是救助的策划和实施,还是组织协调方面,都有明显的优势。因此,国家应当承担起农村社会救助的第一责任,地方政府及民间非政府组织需要共同参与其中,并且,国家有责任以第一责任人的身份强调地方政府的参与,也有责任吸引民间非政府组织自发、积极投身社会救助事业。

在许多国家,社会救助事业社会化程度很高,不仅国家与地方政府积极参与,社会慈善事业、针对弱者的社会服务也广泛开展,已经形成了从政府机构到社区志愿组织的社会服务网络。就社会救助基金计划而言,其获得成功的很大一个原因就是采取了私营机构的经营方式,管理成本比一般公共事业单位更低,促进了其效率的提高,事实上,许多社会救助工作由社会组织去做,效果比政府做要好得多。我国社会救助工作就应该重视和支持社会各个主体的参与,鼓励民间慈善事业发展,充分调动各方力量,采取多种形式开展社会服务,共同做好社会救助工作。

(三) 拓宽资金来源渠道

我国社会救助资金来源比较单一,主要依靠中央政府、地方政府及少数非政府组织提供,这远远不能满足贫困群体越来越大的需求。美国、加拿大等发达国家实行救助资金多层次投入体制,通过社会救助立法,形成综合投入机制。我国可以学习和借鉴这种体制,在加大各级政府对社会救助投入力度的同时,运用法律的手段,对我国现行投入体制进行改革和调整,可以在中央、省、市(地)三级建立社会救助专项调剂资金,用于补助贫困地区和县级财政困难的地方,以缩小因地区经济发展的不平衡而导致的社会救助差距,以及缓解救助经费来源单一的问题,进而逐步建立中央、省、市(地)、县多层次的救助资金综合投入机制,切实保障社会救助资金的投入和使用。

(四)重视非政府组织作用

非政府组织在许多社会救助体制较好的国家发挥了重要的作用。比如,在智利的社会救助体系中,教会和民间组织、社会团体、私人机构等非政府组织扮演着重要的角色,一方面,它们积极参与政府的社会计划,与负责社会救助工作的机构和部门建立合作关系;另一方面,他们可以制订和实施自己的救助计划,可以为穷人和需要特殊帮助的人提供各种切实的帮助与支持。非政府组织的救助计划与政府的救助计划相辅相成,互相补充。在政府救助没有关注到的地方,或者新需求还没有被政府发现的领域,非政府组织的救助就起到了补充的作用,政府一旦介入,非政府组织就可以退出,这样可以保证社会最底层的困难群众都能得到相应的关注。

(五)配套相关救助标准

很多国家非常重视相关救助标准的规范化,主要体现在以下两个方面:第一,管理机构明确,例如,巴西社会救助最高管理机构为社会保障部,地方设其分支机构,丹麦地方政府机构管理救助计划,芬兰社会救助的管理和监督由中央的管理部门、社会事务和卫生部共同承担责任,德国联邦社会援助法的实施由市政府及乡村区域管理机构负责,我国的救助工作主要由各级民政部门负责,但随着救助的变化,民政部门已经开始有些力不从心了;第二,资金来源明确,如香港各项社会救助项目都有其明确资金来源,除交通意外伤亡赔偿险来源于政府税收和保费外,其他几个救助项目均来源于政府税收①,而我国内地的最低生活保障条例规定低保金由地方各级政府负责,遵循保障居民基本生活的原则。

(六) 强调实现自我脱贫

农村社会救助始终无法赶上城市的一个重要原因就是农民自身的思想觉悟不够高,文化水平低,工作能力不强。根据国外的农村社会救助经验,救助的最终目的往往是在充分调动受助者的工作积极性和工作能力的基础上实现脱贫,也就是说,除非完全丧失劳动能力,在政策导向上应让受助者趋于努力工作,实现自我脱贫。这对我国制定农村社会救助制度具有重要的借鉴意义。

第五节　农村社会救助制度的发展趋势

众所周知,社会保障制度的基本目标是保障与改善民生,而社会救助是社会保障的最基础部分。民生是伴随着国家发展进步而不断升级的,解决了低层次的民生诉求如温饱等问题后,必然产生更高层次的民生需求。习近平在党的十九大报告中提出的幼有所育、学有所教、劳有所得、病有所医、老有所养、住有所居、弱有所扶等民生"七有",构成了人民群众的基本民生诉求,也构成了社会保障体系建设的基本方向;而党的十九大报告提出的城乡居民在就业、教育、医疗、居住、养老等方面遭遇的民生"五难",则是政府必须妥善应对的现实挑战,也是社会保障体系建设的重

---

① 李光勇.东亚社会保障制度的制度主义分析[D].成都:西南财经大学,2002.

要着力点,解决好"一老一幼"的基本公共服务不足与不公问题更具有紧迫性。不仅如此,还必须看到人民的美好生活需要是日益广泛的,既包括物质文化方面的需求持续升级,也包括对社会公平、安全预期、体面尊严以及民主政治、司法正义等方面的需求日益高涨。因此,新时代社会基本矛盾的转化,客观上决定了社会保障体系建设的发展方向,就是要在切实解除人民生活后顾之忧的基础上,顺应人民对美好生活的需要,全面建成中国特色的社会保障体系,同时努力促使整个制度走向公平并在人人参与、共同建设的条件下不断提升保障水平,以为全体人民提供稳定的安全预期为基本目标,最终成为不断促进人的全面发展和实现全民共享国家发展成果的基本途径与制度保障。社会救助制度的实施有赖于社会保障制度的完善,有赖于社会经济的发展。改革开放四十年,快速增强的经济实力和综合国力为我国实施更加完善的社会救助制度创造了必要的条件。当前,社会救助制度建设正在一个新起点上,结合我国农村实际情况,借鉴国外的成功经验,未来我国农村社会救助制度应朝以下几个方向发展。

一、实现城乡一体化救助

城乡区别化救助已经越来越显现出其历史和现实的局限性,城乡不公是当今中国最大的社会歧视性政策,严重背离了科学发展观和构建社会主义和谐社会的治国理念。因此,我国未来城乡救助必须要改革城乡分治的二元管理,实现由城乡一体低标准普惠制与市场化相结合的社会保障救助机制向全民共享高标准普惠制与市场化相结合的社会保障救助机制的转变。作为社会保障制度的最后一道安全网,社会救助制度关系到城乡居民的生存问题,无疑应当率先实现一体化建设。

我国长期以来的城乡二元结构导致城乡之间差距悬殊。虽然近年来政府加大了对农村社会救助体系的建设与投入力度,但与城市相比,农村仍然存在救助项目不均衡、救助标准水平低等弊端。因此,实施城乡一体化救助体系是未来救助制度的必经之路。这一过程是十分复杂的,就我国目前的情况来看,需要分两步走:第一步,完善现有的农村社会救助体系,扩大农村社会救助的覆盖面,提高农村社会救助水平,缩小其与城市之间的差距;第二步,在第一步完成的基础上,将救助体系覆盖所有城乡居民,建立统一的救助标准,实现一体化建设。值得一提的是,不同时期的保障形式和保障项目等需要根据当时的生产力水平和社会经济状况来制定。由于目前我国农村经济水平整体偏低,各地区经济发展极不平衡,因此,应当根据实际情况来推进农村社会救助体系的建设和城乡一体化救助体系的发展。救助形式、救助项目和救助标准等在全国范围内实现集中统一是不现实的,必须尽量避免脱离实际、农村向城市攀比、不发达地区向发达地区攀比的做法,从维持最低生活需求出发,循序渐进,量力而行,一步步缩小城乡差距的做法才是切实可行的。从长期来看,社会救助作为政府应当提供的重要基本公共服务之一,理应在全国范围内实现城乡均等供给。随着经济的发展和国家实力的提高,建立统一的社会救助体系必然是大势所趋。

二、明确各级主体职责

社会救助具有清晰的公共产品属性,属于政府应当承担供给责任的公共产品。社会救助保障的是公民最基本的生存权利,中央政府负有不可推卸的责任,地方政府在管理本地区社会救助事务方面则具有一定的优势。因此,在社会救助的主体职责划分上,中央政府主要负责确定救助标准、尽心对社会救助进行宏观管理和监督,地方政府则一般负责具体管理事务,中央政府和地方政府需共同分担经费。具体来说:首先,合理划分中央、省、市、县等各级政府的权责,明确中央与地方的责任分担和各级政府的筹资结构,确保资金来源;其次,加大中央财政的转移支付力度,尤其是对经济欠发达地区,提高保障水平,同时,公共财政社会保障支出要向农村倾斜,向弱势群体倾斜;最后,鼓励民间组织参与社会救助及配套资金的筹集,采取"谁负担、谁监管"的模式,进一步提高社会救助资金的使用水平。

国内外成功经验表明,社会救助要在解决贫困的问题上有所作为,离不开中央政府的资金支持和政策领导,必须明确其在社会救助支出中承担主要责任,并以法律的形式定下来。就我国目前的情况来看,短期可以建立中央调剂金制度,确保能够给予需要的地方适当的中央财政补助;长期则可以考虑由中央政府集中统一供给社会救助服务。同时,也要注意提高地方政府的参与积极性,加强其社会救助管理职能,建立科学的社会救助运行机制。

三、建立财政长效投入机制

完善社会救助体系的一大要点就是要稳定救助资金的来源,实现资金的长效投入。具体来说,第一,中央政府与地方政府应分担农村社会救助责任,中央政府主要负责确定救助标准、进行社会救助的宏观管理和监督,地方政府主要负责具体的管理事宜,在此基础上,为社会救助制度的顺利进行提供良好的政策支持;第二,中央政府和地方政府需要共同分担经费,财政性资金投入应当根据各地财政水平,实现中央财政与地方财政的有机结合,如东部地区经济发展水平较高,财政实力较强,那么地方财政负担比例就稍大一些,中、西部地区经济发展水平低,财政基础薄弱,那么中央财政负担的比例就大一些;第三,通过中央财政对经济欠发达地区的转移支付,补充其所需救助资金的缺口,保障其社会救助水平,同时,社会救助公共财政支出要向农村弱势群体倾斜,并不断提高农村社会救助支出比例;第四,充分调动社会各界力量,开展捐赠活动,与慈善组织合作,发挥各种民间组织的作用,鼓励民间组织参与社会救助及其资金的筹集,尽快建立以政府财政资金为主、各种民间社会组织资金为辅的多元化筹资机制显得尤为重要。

四、加强救助法律建设

加强社会救助的法律建设,提高社会救助的科学性和政策执行的透明度都依赖于社会救助法律的完善。根本改变社会救助中存在的人为主观随意性,某些欺骗行为,以及部分地区因财政支出困难而停发、减发低保资金等违规操作的现象,需要依靠法律法规的强制手段进行支撑。进一步抓好救助体系的政策法规建设,逐步建立起我国农村社会救助法律法规,确保农村社会救助的长效性和权威性。这一点对于在法制建设相对薄弱的农村地区推进农村社会救助制度建设具有特别重要的意义。具体来说,第一,完善中国社会保障的基本法,建立城乡一体化的社会保障体系,为农村居民最低生活保障制度的实施提供法律依据;第二,制定有关农村农民的最低生活保障制度的法律法规,形成农村低保制度的法制体系,并对农村最低生活保障制度的实施主体的责任与权力做出明确的规定,配以相应的具体实施办法,增强其可操作性;第三,完善医疗救助制度的法律体系建设,对农村医疗救助的对象、主体、范围、标准等做出明确规定,实现农村医疗救助的规范化;第四,健全农村灾害救助的法律体系建设,明确灾害救助的原则、内容、程序、标准和组织管理办法等,是实现农村灾害救助法制化、合理化、规范化的重要手段。①

五、提高救助标准与水平

农村社会救助是对农民基本生存问题的救助,随着近年来我国经济的不断发展,不仅要解决农民最基本的温饱问题,还要解决其他方面的基

---

① 孙建娥,黄锦鹏.我国农村灾害救助制度发展与完善研究[J].湖南行政学院学报,2010(3):25-28.

本生活需要。当前,我国已具备建立健全现代农村社会救助制度的财力基础,具备投入更多资金用于社会保障事业,并提高农村居民基础生活保障水平的条件,关键是如何调整支出结构的问题。通过多渠道筹集经费,增加保障资金,逐步提高补助额度,缩小城乡保障差距,是今后农村社会救助的一大发展趋势。具体来说,首先,中央财政应加大对农村社会救助的投入,加大对财政困难地区的转移支付力度,适当对农村地区倾斜,提高农村地区的社会救助标准,同时,在实施有效救助的同时,鼓励其通过自身努力摆脱贫困;其次,在设定社会救助标准时,要根据经济发展情况、公共财政承受能力以及居民消费水平,综合考虑利用GDP增长率、财政收入、社会平均工资水平等指标,同时,除了物质救助外,适当增加精神上的援助;最后,政府还应当建立城乡社会救助标准的自然增长机制,实现救助标准与经济社会发展水平同步增长。

六、转变单一的救助形式

我国农村社会救助以现金支付和实物发放为主要形式,基本保障了贫困农民的生存需求。但随着农村经济和救助理念的发展,农村社会救助需求发生了很大的变化,迫切需要转变救助形式,而对贫困的认识与理解直接影响到社会救助形式的选择。由于农村贫困问题已经从单纯的"收入贫困"转为"社会排斥",所以必须关注农村贫困呈现多元化和代际传递的新趋势,从更宽泛的角度来理解贫困现象。因此,有必要根据农村贫困及其性质的变化,在社会救助制度设计时积极进行"上游干预",通过消除贫困生长的条件,加强社会救助预防贫困的功能,综合运用现金支付、实物发放、心理救助、权力救助等多元化救助方式,打破贫困的代际传递和循环。① 具体来说,第一,在现金与实物救助的同时,应当加入心理救

---

① 张浩淼.中国社会救助制度改革的新思考——基于发展型模式的视角[J].黑龙江社会科学,2011(4):134-138.

助,通过心理救助,可以帮助受助者树立克服困难的信心,增强贫困人口之间的人际互动与自主能力;第二,选择使用资产建设等救助方式实现发展型救助,资产建设是一种"内发型"和"造血型"的新型社会救助方式,强调对穷人的社会转移支付不应通过加大或维持立即提高生活消费标准的直接现金支付,而需要寻求以政府转移支付的部分资源来刺激穷人乐意对未来资产进行积累,包括个人发展账户、家庭发展账户、小额信贷等,如许多发达国家,主张帮助穷人进行资产的积累与投资,而非简单地直接增加其收入与消费。

七、完善救助监管体制

建立一个廉洁高效的行政管理体系对制度的成功至关重要。完善农村社会救助制度的监管体制,有助于农村社会救助的良好实施与发展。建立中央集权的社会救助管理体制,理顺中央政府与地方政府间行政管理与业务管理的关系十分必要。具体来说,第一,正确处理政府与市场的关系,明确政府的社会救助职能地位。在农村社会救助管理职能的划分上,要合理界定政府、企业与个人的责任,政府主要负担财政投入并履行基本救助项目的各种管理职能,企业应当在社会慈善事业中承担一定的责任和义务,而个人主要在农村家庭救助中承担相应的责任和义务。第二,解决农村社会救助多头管理、政出多门的问题,加大各职能部门间的协调力度,整合社会资源,巩固并完善"政府领导、民政主管、部门协作、社会参与"的社会救助管理体制,真正实现公开、公正、公平的社会救助工作。第三,加强对社会救助基金的监管,实现社会救助基金的安全保值。社会救助基金运行中的征收征缴、入库管理、发放运营、社会监督等基本环节应当由不同的部门来负责,建立健全内部控制制度、稽核制度、信息披露制度等,避免机构重叠、责任不明的局面出现。第四,建立全国联网的信息管理系统,充分发挥信息资源的整体效益,实现资源共享,同时,培养专业的社会保障信息技术人才,加强专业业务培训,不断适应社会救助的发展需求。

八、动员社会力量参与救助

发展社会救助事业、完善社会救助体系建设是一项庞大的工程,因此,在强化政府主导、增加财政投入的同时,需要充分调动社会各界的力量共同参与,形成政府主导、社会参与的社会救助新机制。非政府组织作为政府社会救助的补充力量扮演着重要的角色,它的参与不仅扩大了社会救助的覆盖面,减轻了政府的扶贫负担,还弥补了政府救助财力的不足,改善了社会弱势群体的生活状况。具体来说,目前,改革创新社会救助体系,发挥非政府组织的作用需做到以下几点。第一,提高社会救助服务的专业化水平,打破现有的论资排辈、低工资、高贡献的传统公益事业观念,树立"以薪养廉"、"以薪养德"的观念,在尽可能的范围内提高非政府组织专职人员的报酬水平,借此吸收优秀人才进入非政府组织并形成良性的流动机制。社会服务式救助是对物质救助必不可少的补充,表现在心理疏导、资源争取、关系协调、社会支持网络构建、调动和动员社会力量解决具体困难等。第二,扩大社会捐赠来源。非政府组织应该树立"品牌化"意识,通过形成核心竞争优势和竞争动力来实现社会救助的目标。非政府组织当前一项非常重要的工作就是社会推广工作,靠自身的努力提高知名度,公信度越高,影响公众捐赠的能力就越强。第三,加强非政府组织的外部监督。对中国非政府组织有关税收、财务、会计、票据、工资、人事管理和员工社会保障等政策进行调研,制定政策法规,尽快将非政府组织的日常管理工作全面纳入法制轨道。[1]

---

[1] 赖志杰,傅联英.我国新型社会救助体系构建原则与途径探析[J].社会保障研究,2009(6):64-68.

第五章

农村社会福利制度

第一节 引　　言

社会福利与社会保障的定义及二者的关系见表 5-1。

表 5-1　社会福利与社会保障的定义及二者的关系

社会福利定义	主 要 观 点	社会保障定义	二 者 关 系
剩余性狭义社会福利观	社会福利是疗救社会病态、预防或矫正社会问题的一种制度或手段	①广义的社会保障是指各种具有经济福利性的、社会化的国民生活保障系统的总称 ②狭义的社会保障是指国家和社会为满足社会成员的基本生活需要而提供的一系列物质帮助或制度保障	①社会福利∈社会保障 ②社会福利＝低层次社会保障
制度性狭义社会福利观	社会福利仅限于保障社会成员的基本生活	^	社会福利＝狭义社会保障
发展性狭义社会福利观	社会福利是社会保障的最高层次	^	①社会福利∈广义社会保障 ②社会福利＝高层次社会保障
广义社会福利观	社会福利泛指一切为了满足人们日益增长的物质生活与精神生活需要而提供的社会服务与社会措施	^	①狭义社会保障∈社会福利 ②狭义社会保障＝低层次社会福利 ③社会福利＝广义社会保障

构建社会主义和谐社会是党和国家着力推进和力求实现的重大目标,根据我国第六次全国人口普查数据,居住在农村的人口为 67415 万人,占 50.32%,即农村人口占了我国人口的一半左右,可见广大农村和农民的和谐发展是这个目标不可或缺的重要组成部分。同时,只有增加农民的幸福感,搞好社会主义新农村建设,才能实现构建和谐社会、全面建设小康社会的宏伟目标。社会福利是衡量国民幸福水平的重要标尺,它也是社会保障的一个重要组成部分,所以农村社会福利在我国社会福利体系中具有举足轻重的地位。广义的农村社会福利是指由国家和社会向全体农村人口提供物质生活或精神生活的保障制度,以此来提高他们的生活质量。狭义的农村社会福利专指由国家和社会向一部分需要特殊照顾的农村人口提供物质帮助或服务的制度,比如老年人福利、残疾人福利等。受城乡二元经济的影响,我国城乡发展严重不平衡,城镇社会福利基本完善的同时,农村社会福利水平低、覆盖面窄等问题依旧存在,因此,发展农村社会福利有利于维持社会稳定,实现社会公平,是构建社会主义和谐社会的重要内容。同时重视农村社会福利也是实现我国第一个百年奋斗目标(全面建成小康社会)的重要一步。

第二节　改革开放以来农村社会福利变迁

一、传统社会福利制度时期

1978 年,我国开始由计划经济体制向市场经济体制转变,这一年是中国社会发展的重要年份,同时1978年也是包括社会福利在内的中国社会保障制度变迁的重要一年。在这一时期,我国由集权化保障阶段向分权化转变。改革开放前的中国,绝大部分社会福利资源是由国家集中控制的,而经济体制改革的结果之一,就是加强了市场的调节力度,这就使得一部分社会福利资源从国家的集中控制中游离出来,进入社会的不同场所,为不同的主体所占有,这种中央的"放权让利",让地方政府、集体和家庭更多地分享了社会财富的增长。

1978年,第五届全国人民代表大会第一次会议通过决议,成立了中华人民共和国民政部,结束了全国经济救助、社会福利、优抚安置事务无主管部门的局面。1978年颁布的《中华人民共和国宪法》也明确规定:"扩大集体福利,以保证公民享受这种权利。"民政部于1984年提出了社会福利事业三个转变发展战略和改革方向,即进一步由供养型向供养康复型转变,由救济型向福利型转变,由封闭型向开放型转变。同年11月,民政部在福建漳州召开了全国城市社会福利事业单位改革整顿工作会议,提出了国家力量和社会力量相结合,采用多种形式举办社会福利事业的新思路。社会福利事业开始从单一的、封闭的、由国家包办的体制向国家、集体、个人一起举办的体制转变。国家开始面向社会,多渠道、多层次、多种形式地举办各种社会福利事业。这次会议明确了社会福利指导思想,为建设中国特色的社会福利事业指明了方向。

我国经济体制改革和民政部主导的对我国社会福利事业的调整,这些都为农村福利制度的变革奠定了基础。在这一时期,农村社会福利的变革主要体现在以下三个方面。

第一,家庭联产承包责任制的实施,导致了集体经济的瓦解。大部分地区农村集体经济组织已不再对农业生产进行集中化生产,农民家庭已成为自主的生产经营单位,农民不仅有对土地的生产经营权,也有权控制和支配他们自己的劳动成果。家庭联产承包责任制将土地的经营、转让与收益权重新赋予了农民个体,实践了土地集体所有、家庭承包经营的新模式,建立了统分结合的双层经营体制,为农民家庭经济的勃兴奠定了基础。家庭联产承包责任制的实施使得农民家庭的经济功能恢复,保障功能增强,也动摇了工农业产品交换剪刀差的组织基础。国家连续提高农产品收购价格,允许农民从事多种经营和非农产业,促进了农业生产的发展和农民收入的提高,从某种意义上来说也为农民构筑起了家庭保障与集体保障的双重保障模式。

第二,国家农村政策的调整,改变了农村的经济结构。原有的单一的集体经济形式呈现出多元化的特征,除了农业外,工业和商业也普遍发展起来。乡镇企业、私营经济、个体经济在农村迅速发展壮大,农民不再是传统意义上的靠种地为生的人群,农民所扮演的角色和家庭的收入渠道也愈发丰富。

第三,城市经济结构转型,大大增加了对劳动力的需求。城市的发展为大量农村外出务工人员创造了就业机会,同时外来务工人员也对发展城市经济提供了劳动力供给,非农产业收入所占农民收入的比例也相应提高。农民不仅有了追求收入和报酬的多种机会,农民个人独立的经济利益也得到承认和保护。农民作为独立经济实体的经济效益、社会效益在每个农民追求收入最大化的过程中得以实现。平均主义被打破,"交足国家的,留够集体的,剩下的都是自己的"这种新型的国家与农民的分配格局使农民的劳动热情空前高涨,原来集体经济中消极怠工的现象基本上消失。

1978—1988年间,我国农村居民人均家庭财富从233元上升到756元,其中人均年纯收入从160元增加到560元,人均住房面积也从1978年的8.1平方米提高到1987年的16平方米。这些数据充分表明农村经济体制的改革使农民真正分享了农业经济的剩余,而农民家庭积累的持续增加,意味着农村社会福利保障能力的自我提升。

在农村社会福利中,五保制度极为重要。十一届三中全会召开以后,以农村合作社为基本单位的生产形式在全国大部分地区瓦解,代之以家庭联产承包责任制,五保户赖以生存的集体经济不复存在。在这种情况下,中共中央、国务院多次开会强调,农村仍然要有一定的提留以继续为五保户提供生活保障。例如,在 1979 年 9 月,十一届四中全会通过的《中共中央关于加快农业发展若干问题的决定》指出:随着集体经济的发展,要逐步办好集体福利事业,使老弱、孤寡、残疾社员、残疾军人和烈军属的生活得到更好的保障。

但是,长期以来,政府的文件中仅泛泛地将五保户规定为缺乏劳动能力、鳏寡孤独残疾的社员,并没有对五保户的概念和范围进行明确界定,导致供养中要么负担沉重难以承担,要么无法实现应保尽保。为了彻底了解农村五保户的情况,1982 年,民政部发布了《关于开展农村五保户普查工作的通知》,通知中非常明确地规定了五保对象的范围,即后来我们所说的三无人员——无劳动能力、无依无靠、无生活来源,人群范围界定在老人、残疾人和孤儿。同年底,为了摸清五保对象供养的基本情况,总结过去五保供养工作的经验与教训,民政部组织开展了全国第一次五保普查,这次普查一直持续到了 1984 年初。通过普查,一方面比较准确地摸清了五保对象的底数、供养形式、供养标准等基本情况。另一方面也发现了不少问题,如供养落实差、供养标准偏低、一些地方的五保对象生活得不到应有的保障、群众负担畸轻畸重。这次普查得到的客观数据对集体化时期农村五保供养模式进行了科学的评价,对于推动五保政策的进一步落实、规章制度的建立健全起到了很好的作用。从 1985 年起,民政部提倡从农村各家各户筹集资金来支持农村的五保户,并且规定五保户的照顾应该依赖于亲属、邻居和村庄的支持。

二、探索新型社会福利制度时期

20 世纪 70 年代中后期,国家改革的重心放在了农村,然而到了 20 世纪 80 年代的中后期,中央将改革重心转移到了城市改革和社会主义经济体制构建上,农村改革处于调整阶段。1989 年以后,中国又开始了建立新型农村社会福利保障体制的探索之路,并在这一过程中逐步推进着农村社会福利保障体制的法制化、制度化与人性化。所谓"新型的社会福利制度"是指适应市场经济和社会发展的要求,在对传统福利制度进行重大改革的基础上逐步建立起来的一整套社会福利制度,它的特征是社会化。

1993年中央在确立社会主义市场经济体制的文件中提出"效率优先,兼顾公平"的分配原则。在这种原则的指导下,政府在社会政策的制定和社会福利发展中对"社会关照""社会保护"等体现社会公平的原则有所忽略。党的十四届三中全会以后,中国的农村社会福利开始进入制度化阶段。在保障性福利中,全国已经建立以一院(敬老院)、一厂(社会福利工厂)、一会(社会保障基金会)以及群众优待(针对优抚对象)和五保(针对五保对象)统筹为主干的农村基层社会保障网络的乡镇达1.45万个,约占全国乡镇总数的30%,17.4万个村民委员会建立了救灾扶贫互助基金会,储备资金达16亿元,政府投入的救灾扶贫周转资金近17亿元。

随着中国社会由传统农业社会向现代工业社会的转型,农村传统的家庭保障和土地保障模式已经不能适应农村社会的现实需求。首先,随着计划生育制度的推行以及外界社会经济环境的变化,农村社会已经日益呈现出少子化、老龄化的迹象,家庭的老年人口赡养系数逐渐提高,许多农村家庭甚至难以承受日益加重的养老负担;其次,家庭联产承包责任制的土地承包模式的弊端逐渐暴露出来,农民人均占有的土地面积较少,种地成本逐年上升,农业生产呈现"内卷化"趋势,农民难以通过土地生产获得更多的收入,土地原有的保障功能正在弱化。同时,农民自我保障能力的增强归根结底是以脆弱的家庭经济为依托的,因而,家庭保障所具有的难以抵抗重大风险以及非制度性的特点,决定了广大农村居民无法获得完整的制度形态意义上的社会福利保障。在新旧保障体制的过渡时期,如果说家庭保障还能够发挥一定作用的话,那么,在农村经济体制改革不断深化的情况下,尤其是在人口老龄化社会即将来临之际,一个全新的农村社会福利保障机制的建立与完善就不仅仅是农民的企盼,更是时代的要求了。

另外,在这一时期五保制度又向前有了进一步的发展。

1994年1月,为了加强农村五保制度的建设,保障农村五保对象的基本生活,国务院颁布了《农村五保供养工作条例》(以下简称《五保条例》),并把它作为健全农村社会福利制度的一项重要内容,为农村五保工作提供了具体的法律依据。随着市场经济体制的建立和发展,五保的内容和标准、五保对象的条件、资金来源、供养形式等出现了一些变化。《五保条例》对五保对象进行了清晰、明确的界定。条例指出,无法定扶养义务人,或者虽有法定扶养义务人,但是扶养义务人无扶养能力的;无劳动能力的;无生活来源的老年人、残疾人和未成年人为五保对象。也就是说,只有同时具备上述三个条件的老年人、残疾人和未成年人才有资格成为五保对象,三个条件缺一不可。确定五保对象的程序是:由村民向村委会提出书面申请或由村民小组向村委会提名;村委会审核申请人是否符合五保条件,并经村民代表大会通过后,上报乡镇人民政府;乡镇人民政府根据村上报的情况予以审批,并对增加五保对象所需粮款做出预算,列入下一年度统筹规划。根据民政部《2000年民政事业发展统计报告》公布的资料可以看出:2000年,农村五保户政策得到了较好的落实,由集体供给的五保户总共有208.1万人,比上年增长6.5%,集体供给金共有20.5亿元,比上年增长1.5%。

三、新型社会福利制度时期

20世纪80—90年代的社会福利改革和社会福利思想变化客观上适应了当时的经济体制改革的需要,对配合经济体制改革、促进经济发展和维护社会稳定都起到了重要的作用。但是另一方面,当时的社会福利思想及社会福利制度实践也导致了社会福利水平的相对低下,政府对民生保障的重视程度相对不足。在进入21世纪以后,随着经济的持续发展,收入差距扩大和民生保障不足的问题日趋突出,引起了全社会的严重关切。在这一背景下,党和政府提出了构建社会主义和谐社会的重大战略发展思路,同时逐步完善我国社会福利体制。

2000年2月,民政部、国家计委等11部门联合颁布的《关于加快实现社会福利社会化的意见》建立在充分分析我国国情深刻变化的基础上,揭示了我国社会福利社会化的必要性和可能性,并提出了我国社会福利事业发展的指导思想和总体目标、思路,它是我国加快推进社会福利社会化进程的行动纲领和政策保证。紧接着,2000年4月民政部在广东召开了全国社会福利社会化工作会议,把《关于加快实现社会福利社会化的意见》精神转变为具体的发展战略、政策措施,第一次掀起了全面改革推进社会福利事业发展的高潮。2006年,民政部副部长窦玉沛在第二届社会保障国际论坛上的讲话提出:积极推动社会福利事业由补缺型向适度普惠型的转变。这是我国第一次提出适度普惠社会福利概念。这里的适度普惠是基于政府部门分工的普惠型社会福利的表述。适度普惠的社会福利是以公平正义为原则,由政府和社会提供的惠及更多人群的共享性社会福利,它不是对公众所有需要的满足,而是有差别、多层次的基本满足。2007年民政部制定的"十一五"发展规划思路,明确提出当前要适应经济社会发展水平,切实加大政府对社会福利事业的支持力度,同时,积极引导和鼓励社会力量参与社会福利事业,完善各类所有制福利机构在各方面享受的优惠政策,实行民办福利企业享受政府资金和彩票公益金资助的"民办公助"政策。

首先,自2000年以来,中央政府财政收入平均每年以大于10%的速度增长,2006年财政总收入达39373.2亿元。这表明我国已经完全有能力将相当一部分财政预算用于补贴农村尤其是西部农村的新型社会保障体系的构建。其次,我国取消农业税,农产品价格提高,农民收入相对提高。至2006年,我国已经在全国范围内彻底取消农业税,标志着在我国实行了长达2600年的这个古老税种从此退出历史舞台，"以农养政"的时代即将结束。相反，我国对农业生产进行了一定的补贴，同时随着宏观经济形势的转变，农产品价格提高，农民收入有了一定的提高，因此农民有能力也愿意拿出少部分存款用于参加社会保障。再次，社会主义新农村建设的逐步推广，使社会各界对农业、农村、农民的关注增加，农村的各项制度有了政策保障。

随着经济发展水平的提高，农民对生活质量的要求不断上升，政府也具有了一定的财政基础，因此政府需要建立相应的社会福利制度，以提高农民的生活质量，如建设农村公共基础设施、娱乐设施等。同时，政府需要针对老年人、妇女儿童等人群建立一定的福利制度，如建设、改进农村养老院，定期为农村特殊人群进行体检等。对于计划生育家庭，政府可以拿出一部分财政预算，用于补贴农村计划生育家庭，使计划生育制度由以前的"以罚为主"转变为"以奖为主"，使农村计划生育制度更为有序地运行。可见，政府在农村社会福利制度建设方面还有很大的发展空间。

在对过去的发展做出反思和总结的基础上，十七大报告指出，解决好农业、农村、农民问题，事关全面建设小康社会大局，必须始终作为全党工作的重中之重。其中，连续五个中央一号文件的议题都集中在"三农"问题上。党的十八大报告提出"必须坚持维护社会公平正义"，在经济与社会政策的制定中将公平正义放在优先的原则上。通过更加公平的社会政策和社会福利制度来提高民生保障水平和调节收入分配，使发展成果更多更公平惠及全体人民，朝着共同富裕的方向稳步前进。

目前，我国经济已经由高速增长阶段转向高质量发展阶段，经济发展的目的就是要改善民生，而GDP增长只是经济发展的目标之一，建立与社会主义市场经济体制相适应、与经济社会发展水平相适应的适度普惠型社会福利制度，已经成为我国社会福利发展乃至社会民生建设的重要任务。在全面改善民生的新时期，建立适度普惠型社会福利制度大有可为，它适应了中国福利现代化发展的方向。从必要性看，这是经济发展的必然结果,社会公平的现实需求,民生建设的重要任务,也是全面建设小康社会的应有之义。

在新型社会福利制度时期,五保制度随着适度普惠型社会福利的提出也相应做出了新的调整。

2006年,我国在农村全面取消农业税,公共财政开始对农民进行补偿,意味着国家和农村的分配关系进入了新的发展时期,由此导致国家化的五保供养制度逐渐失去了经济基础和正当性来源。在中央做出减免农业税的决定后,旧体系中农业税附加中支付的五保供养支出,将列入县乡级地方财政预算,即将原有的、传统的五保供养支出逐步调整为以地方各级财政支付为主和以上级财政支付为辅的方式。2006年国务院颁布了新的《农村五保供养工作条例》,同时废止了1994年国务院发布的《农村五保供养工作条例》。新条例中农村五保制度的供养对象和供养内容变化不大,最大的变化在于对有关农村五保供养资金渠道的规定进行了修改,其中明确了今后五保供养资金在地方人民政府预算中安排,中央财政对财政困难地区的农村五保供养给予补助。这一规定将农村最困难的群众纳入了公共财政的保障范围,实现了五保供养从农民集体内部的互助共济体制,向国家财政供养为主的现代社会保障体制的历史性转变。此外,其他修改的内容还包括改革农村五保供养的审批管理程序,强化监督管理,建立五保供养标准自然增长机制,加强五保供养服务机构建设与管理,保障五保供养对象的合法财产权利等。同年,民政部出台了《民政部关于农村五保供养服务机构建设的指导意见》,文件要求"在我国农村基本建成以县、乡人民政府兴办的五保供养服务机构为骨干,社会力量举办的五保供养服务机构为补充,布局合理、设施配套、功能完善、管理规范的五保供养服务机构网络,初步满足农村五保供养对象的供养需要,并逐步开展对农村其他老年人、残疾人和未成年人的供养服务"。在加强农村五保供养服务组织建设的同时,还提出要引导社会力量加入农村五保供养,并指出以"增加福利彩票公益金投入"方式提高五保供养的稳定性。

第三节 农村社会福利的现状及特点

按照农村社会福利保障对象或享受对象来分,社会福利可以分为农村老年人社会福利、农村儿童社会福利、农村残疾人社会福利等。根据这样的分类标准,本节将从以下三个方面对农村社会福利的现状、特点及存在问题进行介绍。

一、农村老年人社会福利

随着经济的快速发展,我国的老龄化现象越来越严重。针对老年人经济需求、医疗保健需求、生活护理需求和心理需求而组织实施的社会援助制度——老年人社会福利制度应运而生。其中,农村老年人社会福利制度是根据农村老年人的特殊需求和自身特点,以改善农村老年人物质生活和精神生活为目的,而制定的与福利项目、设施和服务相关的制度的总称。

截至 2016 年底,全国 60 岁及以上老年人口 23086 万人,占总人口的 16.7%,其中 65 岁及以上人口 15003 万人,占总人口的 10.8%,见图 5-1 和表 5-2。

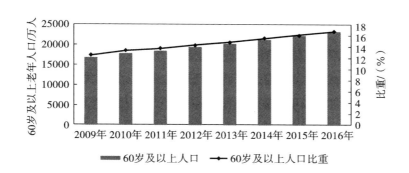

图 5-1　60 岁及以上老年人口占全国总人口比重

表 5-2　2015—2050 年全国农村人口中 60 岁及以上预测人口数①

年　份	60 岁及以上男性人口数	60 岁及以上女性人口数	60 岁及以上总人口数
2015	70 730 673	75 708 580	146 439 253
2020	79 279 505	86 585 938	165 865 443
2025	92 153 344	101 285 791	193 439 135
2030	108 331 450	119 913 061	228 244 511
2035	115 130 024	128 383 032	243 513 056
2040	116 408 225	130 838 930	247 247 155
2045	116 607 116	132 845 739	249 452 855
2050	125 120 164	141 883 648	267 003 811

当前我国农村老年人社会福利主要有以下三个特点。

第一,社会福利服务的惠及对象范围逐步扩大。为顺应农村经济社会的发展要求,我国农村老年人社会福利的服务对象范围逐步扩大,由最初的农村五保老人逐步扩展到社会上有需要的老年人,具体包括:一是对于五保老人,以集中供养或分散供养的方式实现了由国家供养;二是对于

---

① 米红,项洁雯.中国新型农村养老保险制度发展的敏感性分析暨有限财政投入仿真研究[J].社会保障研究,2008(1):127-144.

农村高龄老人,多省市出台了标准不同的高龄津贴制度;三是对于农村低收入老人,多地建立了生活困难老人养老服务补贴制度,部分省市出台了护理补贴制度。

第二,福利供给主体从传统家庭供给为主逐步向家庭和社会供给相结合转变。从新中国成立到改革开放之前,在农村老年人社会福利供给方面,我国政府仅处于"拾遗补阙"的地位,占据主导地位的则是家庭福利和集体福利,政府只需承担农村弱势老年群体的最基本生活保障。改革开放之后,我国的农村老年人社会福利从以往的家庭供给为主开始向供给主体多样化的方向发展,社会主体开始参与到农村老年人社会福利发展中来。社会福利的社会化和多元化是一个国家社会化程度日益提高的体现,是社会发展落实于民生的成果。由于农村老年人社会福利的目标是最大限度地满足老年群体的福利,因此它就必然要调动政府、市场和社会因素各自的优势,通过广泛的社会公共组织网络来具体实施,以促进这一福利事业得到全面的发展。

第三,福利体系由救助型向基本生活保障型发展。新中国成立之初,我国的农村老年人社会福利体系以救助型为主,通常只有弱势老年人群体的救助项目,保障程度低、水平非常有限,仅能维持他们的最基本生活需求。在集体福利阶段,虽然在原有的救灾救济的基础上,农村社会救助制度初步建立,农村老年人社会福利中增加了农村五保制度和农村合作医疗制度等内容,并逐步向潜在的、低水平的、适度普惠型福利发展,但这一时期的福利体系仍以救助型为主,辅之以基本的生活保障。改革开放后特别是21世纪以来,农村老年人福利体系开始逐步面向全体农村老年人,这种福利体系涵盖了农村老年人基本生活的主要方面,如贫困救助、养老保险、医疗保险等,这也意味着福利体系开始由救助型向基本生活保障型发展。之所以要加上"基本"二字,是因为这种福利体系的构建是为满足农村老年人的基本生活需要,而不是满足他们的高级需要。

农村老年人社会福利发展的同时也存在以下几个方面的问题。

第一,农村老年人社会福利的供给主体单一,社会化程度较低。政府几乎是农村老年人社会福利的单一供给主体。这种传统的农村老年人社会福利的供给模式已滞后于农村经济社会的发展和农村社会福利制度变迁的进程，不仅使政府在人力、物力、财力上不堪重负，而且供给的效率和质量也难以提高，导致快速增长的农村老年人的社会福利需求与传统的社会福利供给之间的矛盾日益凸显。一方面，政府在农村老年人社会福利领域的垄断以及严格规制的供给准入机制，导致民间组织等尽管拥有资本、技术、信息等优势资源，却受政府政策和产权界定的影响难以进入社会福利供给领域。另一方面，政府作为单一的供给主体，利用垄断的权力在供给过程中容易产生"寻租"和"异化"行为，造成农村老年人社会福利供给总量不足和结构失衡的现象并存。

鉴于政府是单一的供给主体，与政府自上而下的行政管理体制相对应，农村老年人社会福利的决策运行机制必然也是自上而下的。这种通过自上而下行政命令方式推动并运行的农村老年人社会福利的机制和过程不可避免地存在缺陷。在中国传统的行政管理体制下，政府部门直接干预或提供农村老年人社会福利。这种自上而下的供给决策机制决定了福利供给的强制性和统一性。由于自上而下的决策和运行机制存在缺陷，农村老年人社会福利的生产不是由老年农民这一消费群体决定的，而是由政府生产者决定的，这就难免造成供给的不足或结构失衡，难以实现供给结构和需求结构的协同匹配。

第二，农村老年人社会福利制度在相关法规方面建设不足。老年人社会福利总体上缺少法律层面的根本保障，相关法律仅有一部《中华人民共和国老年人权益保障法》。随着市场经济体制的建立和完善，这部法律很多地方已经与市场经济的要求不相适应了，与老年人的发展趋势和老年人的服务需求不相适应了。除此之外，我国至今还没有制定老年人社会福利的专项法律法规。这一点与国际社会相比，我们还是非常滞后的。我国老年服务政策更多更久地还停留在政策文件的层面上，因此执行起来其强迫性、刚性和时效性都要大打折扣。

我国老年人福利的政策法规体系建设，总体上来说还严重滞后于经济和社会发展的总体水平。我国老年人社会福利保障和服务水平总体来说还是比较低的。这在经济不发达、欠发达地区和广大农村表现得尤为突出。农村老年人的生活困难、缺医少药的现象非常普遍。当然这种现象和我国的公共财政政策、社会政策,以及老年福利政策建设的严重滞后是紧密联系在一起的。

老年人福利政策法规体系的建设缺少配套和衔接。这不仅体现在老年人福利政策法规体系本身的各个方面、各个环节、各个层面都缺少配套和衔接,也体现在老年人福利政策和其他经济社会发展政策发生矛盾、不协调甚至相悖的现象。例如,院舍服务中政府包办导致资源分配不公和效率低下,这种体制性的障碍与国家改革大政方针相矛盾。

另外,有些老年人福利政策虽已提出,但在执行过程当中落实不到位或者根本不落实的问题依然存在。

第三,农村老年人福利需求表达机制和渠道缺失。在农村老年人社会福利的实施过程中,由于缺乏完善、健全的自下而上的社会福利需求表达机制,而未根据农村老年人的需求偏好决定社会福利的供给,农村社会福利的供给亦难以体现广大老年农民对社会福利的真实需求。鉴于这种自上而下供给决策机制的惯性作用,通常以各种政策规定、下达指令和数量指标等形式决定供给的规模和结构,而不是追求农村老年人的效用最大化和福利状况的改善。造成这一问题的根源就在于农村基层民主制度的缺失,农民缺乏参与集体决策过程的机制,农村老年人社会福利供给决策机制缺乏规范的协商民主过程。

除了以上三个方面的问题,随着农村经济的发展,特别是乡镇企业的崛起,在部分富裕起来的农村地区出现了兴办福利事业的现象。但是,这种情况尚属少数,农村社会化养老还没形成规模和制度。目前我国对于农村老年人社会福利方面的建设是仅能满足农村老年人的基本生活需要,不能解决农村老年人精神层面和文化娱乐方面的需求。传统农业经济条件的限制和城乡二元体制管理使农村社会化养老大多为贫困救济和养老保险计划,农村家庭老人的支出来源一般以老人自己的储蓄(如果有储蓄的话)、子女的给予、养老保险金和子女支付为主。就目前而言,有养老保险金的农村老人很少,由于农村的收入主要来源于农业,农业收入又少,老人们的储蓄金对农村老人的养老几乎是杯水车薪。子女们,尤其是独生子女们,既要赡养两方老人,又要抚养自己的子女,还要生活,负担沉重。农村家庭没有单位福利,城市家庭大多数是有单位福利的。其他措施如社会福利和社会服务照料在大部分农村地区几乎不存在。

二、农村儿童社会福利

儿童是国家的未来,梁启超在《少年中国说》中讲到,"少年智则国智……少年强则国强",儿童的健康成长是国家发展必然要密切关注的问题。我国经济的快速发展使得各地区间的发展不平衡,贫富差距较大,农村儿童的成长处境较为窘迫。

2015年10月16日,民政部召开视频工作会议,全面部署"百县千村"基层儿童福利服务体系建设试点工作,让农村儿童福利体系日趋完善。民政部副部长邹铭强调,该工作旨在解决基层"最后一公里"福利服务递送问题,也是当前做好困境儿童福利保障和农村留守儿童关爱服务工作的有效途径,有利于全面推进适度普惠型儿童福利制度和服务体系建设。农村儿童社会福利的服务对象目前主要有留守儿童和孤儿。

1. 留守儿童

党的十八届三中、五中全会明确提出要建立健全农村留守儿童关爱服务体系。《中华人民共和国国民经济和社会发展第十三个五年规划纲要》将农村留守儿童关爱保护列为基本公共服务内容。为着力改善儿童发展条件,"十三五"期间国家发展和改革委员会着力推动教育、卫生、社会服务等方面的儿童服务设施建设。教育方面,安排中央投资,重点对乡镇中心幼儿园和人口较多行政村幼儿园建设予以支持,着力保障农村儿童特别是留守儿童和农村低收入家庭幼儿园入园需求;加强农村初中学生食堂、宿舍、厕所等学生生活设施建设,改善农村寄宿制学校办学条件,优先保障农村留守儿童生活学习等需求。卫生方面,安排中央投资支持妇幼保健机构建设,重点改善儿童早期综合发展和生长发育监测、新生儿疾病筛查、妇幼营养指导等功能用房条件,为儿童成长提供更好的预防保健服务;支持医院儿科(儿童医院)建设,积极改善儿童医疗服务条件,进一步提升基层儿科医疗服务能力。

2016年2月4日,国务院颁布了《国务院关于加强农村留守儿童关爱保护工作的意见》(国发〔2016〕13号,下称《意见》),这是国务院发布的第一份系统性地明确留守儿童保护政策措施和工作机制的文件。《意见》抓住了农村留守儿童关爱保护工作中的突出问题和薄弱环节,针对完善关爱服务体系和健全救助保护机制这两个重点环节,提出了有针对性的政策安排和系统性的顶层制度设计,主要有以下突破性内容:一是强化家庭监护主体责任,依法提出加强家庭监护监督指导的政策措施,对于厘清家庭和政府的责任,督促外出务工父母依法履行监护职责,具有强烈的现实针对性;二是依法设计了包括强制报告、应急处置、评估帮扶、监护干预等环节在内的救助保护机制,弥补了农村留守儿童关爱服务工作的政策短板,有助于遏制侵害留守儿童权益、冲击社会心理底线的极端事件发生;三是依次明确家庭、政府、学校和社会责任,构建家庭、政府、学校、社会齐抓共管的关爱服务体系。《意见》既强调了现行有效政策,又有新的措施安排,部门职责任务明确,组织保障措施有力,内容全面、重点突出、操作性较强。

根据2016年11月民政部发布的农村留守儿童摸底数据显示,目前我国不满16周岁的农村留守儿童数量达902万人,90%在中西部。庞大的留守儿童数据的背后是儿童监护人缺位等原因造成的诸多问题。比如,心理问题是农村留守儿童最值得关注的问题。长期的单亲监护或隔代监护,甚至是他人监护、无人监护,使留守儿童无法像其他孩子那样得到父母的关爱,造成其性格柔弱内向、有自卑心理障碍等。同时教育问题也较为重要,包括家庭教育和学校教育。家长常年外出打工不能随时了解、把握孩子的心理、思想变化,使得留守儿童缺乏父母的监督和沟通教育。另外留守儿童在学校期间容易出现厌学、辍学的问题。

2016年11月10日,民政部、中央综治办、最高人民法院、最高人民检察院、教育部、公安部、财政部、国家卫生计生委联合发布通知:从现在起至2017年底,在全国联合开展农村留守儿童"合力监护、相伴成长"关爱保护专项行动。这一行动将及时响应并解决当前部分农村留守儿童面临的无人监护、父母一方外出另一方无监护能力、失学辍学、无户籍等现实问题,确保留守儿童得到妥善监护照料。通过开展专项行动,力争到2017年底将所有农村留守儿童纳入有效监护范围,杜绝农村留守儿童无人监护现象,有效遏制监护人侵害农村留守儿童权益行为,切实兜住农村留守儿童人身安全底线。

2. 孤儿

在儿童群体中有一个最弱小的群体就是孤儿。农村孤儿数量远远高于城镇,农村孤儿大都由父辈家族抚养。

截至2016年底,全国共有孤儿46.0万人,其中集中供养孤儿8.8万人,社会散居孤儿37.3万人。2016年全国办理家庭收养登记1.9万件,其中:内地居民收养登记1.6万件,港澳台华侨收养登记131件,外国人收养登记2771件,如图5-2所示。农村散居孤儿基本需求在于健康成长和得到良好教育,国家为其制定最低养育标准,提供教育保障、医疗康复

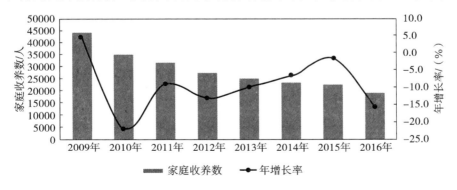

图 5-2 孤儿的家庭收养

保障、就业扶持、住房保障和法律援助等。

2010年国务院出台《国务院办公厅关于加强孤儿保障工作的意见》(国办发〔2010〕54号)(以下简称国务院《意见》),明确要求各省(区、市)在国家最低养育指导标准基础上按照不低于当地平均生活水平的原则,合理确定孤儿基本生活最低养育标准。各地积极贯彻落实国务院意见,基本按照集中养育孤儿不低于每人每月1000元、分散养育孤儿不低于每人每月600元标准,建立了我国第一个面向儿童的现金补贴制度——孤儿基本生活费制度。国务院《意见》还要求"建立孤儿基本生活最低养育标准自然增长机制"。为推动地方落实此项工作要求,中央财政在下拨当年的孤儿基本生活费补助资金时,提高了对各地的补助标准。

2017年中央财政孤儿基本生活保障补助预算指标总计补助资金135748万元。截至2017年11月,全国17个省市集中养育标准超过每人每月1000元,北京市最高,达2000元。其次为上海(1900元)、浙江(1754元)、云南(1521元),其他如江苏、广东、天津、辽宁、海南、四川、内蒙古、山东、重庆、河北、黑龙江、江西、河南等13个省市标准均高于1000元。吉林、新疆两个省份集中养育标准略低,分别为970元和900元;吉林省将于2018年提高标准。截至2017年11月,全国21个省市分散养育孤儿基本生活费标准超过600元,天津市最高,达2580元。其次为北京(1800元)、上海(1700元)、浙江(1052.38元)、内蒙古(1008元)、重庆(1000元),其他如云南、海南、广东、江苏、四川、辽宁、陕西、山东、宁夏、河南、江西、黑龙江、河北、吉林、甘肃等15个省份均超过600元。

三、农村残疾人社会福利

2016年,全国困难残疾人生活补贴人数521.3万人,重度残疾人护理补贴人数500.1万人。截至2016年底,民政部门直属康复辅具机构25

个,固定资产原价4.5亿元。农村人口文化素质低直接导致了学习能力较差,难以通过再学习掌握社会福利服务的专业知识,不能适应农村福利工作发展的要求,经常出现心有余而力不足情况,工作质量难以保证。与此同时,因为农村远离城市,交通不便,经济条件差,工资待遇低且难保证,很难吸引康复训练、心理治疗和社工人员等专业福利服务人员。

农村残疾人问题是一个很难解决的问题,政府需要做好顶层的制度设计,尤其是目前将残疾人视为一个整体,而忽视残疾人内部之间的异质性的情况,如农村残疾人便是一个被忽视的群体。我们应当相信这个群体关系社会稳定,可采用改良的方法进行制度设计,但是必须一步步、循序渐进地进行制度的设计和实行,且应当是从低层福利到高层福利的制度设计。我们要特别注意残疾人社会福利体系的各个项目不是相互独立的,而是一个统一的整体,对农村残疾人的社会福利体系实际上是一个完整的社会网络服务体系。在这里我们更要强调组合政府的战略,应当进行组织联手,加入公共部门和商业部门的参与渠道,通过各项目的功能整合而提高其福利水平,尤其是在农村,采取由社区和集体组织成的网络给农村残疾人强有力的支持。

我们对农村残疾人福利不仅仅要给予最基本的物质方面服务,更要给予精神上的归属和自尊,应倡导形成资源公平平等的有效机制,但是对农村残疾人更要有资源的倚重和支持,形成政府主导、社区及福利组织的引入、社会力量进行补充的格局。从社会救助到社会融入,这才是新时期社会主义的农村残疾人社会福利体系。

农村是残疾发生的重灾区,呈现出量大面广之势。大批农村青壮年劳动力进入城市就业,导致农村出现大量的孤老残幼群体。他们自我保护能力弱,缺乏安全感,各类需求难以得到满足,生活质量较为低下。加之农村基层党组织软弱涣散、人力资源大量流失、集体经费严重不足,使农村区域内开展公共服务的自组织明显不足甚或处于零状态。这些问题集中表现在以下几个方面。

第一,老年残疾人护理服务普遍缺失。身体器官不可逆转的老化导致残疾且康复率低,使得老年残疾人兼有老年人和残疾人的双重特征。老年残疾人具有身体功能障碍多、生活自理能力障碍的比例高、丧偶比例高、心理异常脆弱、对家庭依赖强以及医疗需求大等特点,生活照料或长期护理已成为老年残疾人的最大需求。

第二,医疗康复亟待普及。康复是残疾人改善功能、参与社会生活的基础,是残疾人事业永恒的主题。根据调查得知,各个年龄段的残疾人都有康复训练与服务的需求和配制残疾辅助器具的需求,尤其是那些身体处于生长发育阶段的青少年和18~60岁的就业年龄段的残疾人需求更为迫切。尽管康复工作已取得了很大成绩,但真正能够享受到有效康复服务的残疾人还仅仅来自少数经济条件较为宽裕的家庭,大多数家庭仍然没有能力、没有机会、没有途径为残疾的家庭成员获取康复服务,尤其是农村残疾人家庭在这方面更是资源匮乏。有相当一部分残疾人虽有康复需求,但是因为收费高,很多家庭担负不起,致使他们错过了最佳康复时机,对康复缺乏信心,对生活失去希望。

第三,就业状况有所改善,就业歧视依然存在。中国残疾人事业"十二五"规划要求:加强对农村贫困残疾人的培训,为100万农村贫困残疾人开展实用技术培训,合理设置适合不同类别残疾人的培训项目,使经过培训的残疾人至少掌握1~2门实用增收技术;政府举办或补助的面向"三农"的培训机构和项目免费培训残疾人;加强农村残疾人扶贫开发,扶持1000万农村贫困残疾人改善生活状况、增加收入、提高发展能力等,确保稳定就业成为广大残疾人群体实现增收的重要途径。随着《残疾人保障法》《就业促进法》《残疾人就业条例》等相关法律法规的陆续出台,再加上残疾人整体素质正发生变化,残疾人就业状况明显改观,就业质量有所提高。

第四,社会支持及权益维护状况有待改进。残疾人作为社会中的弱势群体,他们不仅需要正式的社会网络提供的支持,同时也需要非正式的社会网络的支持,但残疾人实际获得的支持是很有限的。主观上,残疾人本身无论心理上还是生理上均处于劣势,处处感觉低人一等,不愿意与人交往,更多的时候处于一种自闭状态;客观上,残疾人面临环境的疏离和排斥,社会提供的机遇更多的是面向健全人的,同等情况下残疾人只能退避三舍。主客观因素叠加在一起,造成残疾人的现实状况不容乐观。

第四节 农村社会福利存在的问题

虽然当前我国的农村社会福利在不断地完善,但由于我国农村人口众多,其中仍存在一些不足之处,其具体表现在如下几个方面。

一、城乡差距大、发展不平衡

由于历史原因,城乡二元经济结构长期存在,慢慢地形成一种优先发展城市和工业的倾向性发展战略和政策,这使得我国城乡差距逐渐拉大。城乡差距的拉大同样也体现在了社会福利方面。

从城乡居民社会福利机构服务项目来看,农村的基础设施建设明显落后于城市,农村居民的养老、医疗效果得不到保障。在发达地区,不仅有敬老院、光荣院、老人公寓等养老服务机构,乡镇和集体经济还建立了社区老年人活动中心、茶社、活动站等,满足了养老、康复、医疗保健和精神生活等各个方面的需要。而在欠发达的地区,仅有敬老院来满足部分五保户的基本生存问题。另外,政府的扶贫开发以及我国经济的快速发展,使得农村的贫困人口大幅减少,农民获得了新中国成立以来最大程度的自由(如自由耕种、自由流动等),但这种自由只是形式福利或者说只是福利的前提,并不必然带来生活的保障和生活水平的提高。

从城乡居民社会福利利益表达渠道来看,利益的表达能够有效地增强政策制定的有效性,缓解社会矛盾,维持社会稳定,在这方面农村居民明显处于弱势地位,不平等的户籍制度、土地制度等使他们不能有效地将自己的诉求表达给国家或者政府。城市居民则可以凭借政治上的优势获得更多的公共服务资源,拥有更为充分的利益表达渠道。

二、各项福利制度发展不平衡

虽然农村的社会福利项目比较齐全,但是各个项目之间的发展并不平衡。从目前各个社会福利项目实施的广度来看,教育福利实施的最为彻底,农民子弟真正享受到了教育平等,但是仍然存在教育资源分配不公的问题,农村教育资源的匮乏制约了农村的发展;同时,农村的儿童福利、妇女福利及残疾人福利没有得到相关部门应有的重视。在我国农村,以县为单位,大多数没有专门的儿童社会福利院。部分孤残儿童能获得农村敬老院的照顾,部分由亲戚或朋友代养,部分被人领养,大部分与年迈的长辈或年幼的亲人相依为命,有的甚至成为流浪儿等。因而,孤残儿童大多生活贫困,受教育状况普遍不佳。孤残儿童当中的残疾儿童缺乏必要的康复治疗,不仅集中居住在农村敬老院的残疾儿童常常因敬老院经费的短缺或乡镇卫生院缺少相应的医疗设备而不能接受康复医疗,分散居住的残疾儿童更常常因家庭困难而未能获得医治。农村妇女从事劳动工作的时间比城市妇女的长,同时,农村习俗等外因的干扰,使得保护妇女成为一种困难;另外,农村残疾人生活困难,他们缺乏经济保障,90%以上的残疾人都是靠自己或家庭成员和亲戚的帮助维持低水准的生活状态。

三、农村社会福利管理机制缺失

由于农村社会保障体制尚未理顺,农村社会保障尚未单独立法,更没有形成法律体系,使农村社会福利工作无法可依、无章可循。近些年,虽然国家加大了对"三农"的投入力度,但提出的计划等还没有形成长效机制,也没有为此建立完善的农村社会保障、社会福利相关法律法规。目前,我国农村的各项社会福利事业的开展主要以民政部为主,其他部门协同民政部开展工作,下面的乡镇对农村社会福利工作的重视程度不一。

在农村社会福利实践中,存在城乡分割、条块分割、多头管理、各自为政等问题。各块之间既缺乏统一的协调综合管理机构,也无统一的管理立法。从管理机构上看,农村养老和优抚救济归民政部门管理,医疗卫生福利由卫生行政部门负责,未成年人教育福利由教育行政部门管理,独生子女福利由计划生育行政部门主管,形成了"多龙治水"的管理格局。这些部门所处的地位和利益关系不同,不仅在社会福利管理和决策上经常发生矛盾,对社会福利也缺乏总体研究,更无法确定其增长速度与经济发展的关系;同时,由于多家分割、条块分割,政事不分、缺乏监督,使本来已经比较复杂的管理体制更加混乱。

另外,由于没有统一的制度标准,农村社会福利的供给制度存在以下三个方面的缺陷。

第一,供给总量不足,城市的社会福利、公共服务等由国家统一负担,农村在这方面更多地靠制度外供给,有时还要靠农民自己来承担。但农民收入增长缓慢,难以支撑巨大的社会福利项目的消费,也难以及时享受到经济快速发展带来的众多成果。在具体制度上,农村公共产品的投入缺乏硬性约束。例如,农村税费改革虽然使农民的负担得到了缓解,但也造成了农村基层财政收入的不足,而通过上级财政转移支付仅能勉强填补这样的缺口,因此县乡一级的财政一般无力承担农村社会福利的重任,落后地区的社会福利供给就更加得不到有效保障。

第二,供给结构不合理,农村社会福利主要是为了提高农民的生活质量,但有些地方政府出于功利的动机,会将资金投到一些见效快、易出政绩的短期社会福利项目上,而忽视那些长期项目;热衷建立新项目,较少地维护旧项目;建设的福利项目硬件多,软件少等。这些都影响了农村社会福利供给的效率,使乡镇的财力资源没有得到合理分配和利用。

第三,供给主体责任不明确,根据财政分权理论可知,全国社会福利主要由中央政府负责,地方性社会福利主要由各个地方政府负责。但实际操作中,中央政府和地方政府在农村社会福利供给主体责任划分上存在不合理,本该上级政府负责的却由下级政府负责,这导致了下级政府特别是乡镇政府的事权大于财权。例如,在农村义务教育上,2002年以来,我国虽把农村义务教育的直接责任由过去的乡镇为主提升到以县为主,但由于多方面原因,这部分投资并没有完全到位,存在各级政府投入责任不明确、总体保障水平低、农民教育负担重等问题。

四、社会福利队伍缺乏专业人才

农村社会福利工作的机构建设和队伍建设是一项基础性工作,是推动农村社会福利工作的组织保证,尤其是福利服务人员与福利管理人员的素质直接影响到工作水平与管理质量,是关系到农村社会福利事业兴旺发达的重要因素。农村人口文化素质低直接导致了学习能力较差,难以通过再学习掌握社会福利服务的专业知识,不能适应农村社会福利工作发展的要求,经常出现心有余而力不足情况,工作质量难以保证。与此同时,因为农村远离城市,交通不便,经济条件差,工资待遇低且难保证,很难吸引康复训练、心理治疗和社工人员等专业社会福利服务人员。

第五节 国外社会福利经验借鉴

一、发达国家社会福利

1. 法国的社会福利

法国的福利保障水平位居世界前列。法国的福利保障水平远远高于世界平均福利保障水平：从法国社会对工人的福利来看，到目前为止，法国政府制定的法国工人的最低工资标准是1405.4欧元/月，法国工人每周的工作时间不得超过35小时，法国工人每年还可以享受150天左右的带薪假期；从法国社会给予法国民众的医疗保障服务来看，法国居民可以享受政府70%的医疗费用报销，低收入者甚至可以全额免费接受治疗；从法国的养老保障体系来看，法国政府向法国工人支付接近其退休前工资的养老金；在法国政府的失业福利保障体系之中，法国政府会向失业者第一年发放接近其工资80%的福利；在法国政府的住房补助体系之中，法国兴建了几百万套廉租房供低收入者居住。

法国的福利保障项目全面覆盖全国各个阶层。到目前为止，法国的福利保障制度根据受众群体阶层的不同可以分成以下几种类别：第一种是针对社会上各个阶层的普遍性福利保障制度；第二种是针对从事农业生产人员的农业类福利保障制度；第三种是针对法国的公务员系统的特殊类福利保障制度；第四种是针对法国商人的非领薪类的福利保障制度。

在这样严密的福利保障体系之下,法国各个阶层都被纳入了福利保障体系之中,全部人民群众因此受惠。

2. 美国的社会福利

美国的社会福利体系的特点如下。

(1)社会福利保障对象突出重点群体,具有鲜明的选择性。与欧洲各国社会福利体系模式不同,美国的社会福利保障体系具有更鲜明的选择性,是选择一部分人实行保障的制度,强调社会福利保障实施于需要社会帮助的弱势群体。考察美国的社会福利体系,可以看出,在保障对象上实施重点保障,尤其在老年、遗属和残疾保险以及医疗照顾项目上表现得尤为明显。

(2)福利政策坚持效率优先、兼顾平等。如法定养老保险待遇、失业保险待遇和医疗保险待遇等,都同雇员在职期间的工资收入相挂钩,通常是在职期间工资收入平均水平的一定比例。尽管在养老保险待遇中,低收入者的替代率会高于高收入者的替代率,或者说在养老保险待遇的计算方法上有一定的重新分配功能,但从整体上来说,美国的各项社会保险待遇遵循的是效率优先原则。

(3)社会保障领域注重发挥私人组织、民营机构的作用。联邦政府承担公共福利的责任,但是无论是在医疗保险方面,还是在养老保险方面,私人保险在美国社会福利体系中都占据十分重要的地位。如在养老保险的三支柱中,雇主养老金计划和个人储蓄养老金计划都是私人保险运作的。在医疗保险中,在职员工的医疗保险业务全部是由私人保险公司承保的,可以说是私人保险承担主要责任。

(4)社会福利虽然种类齐全、覆盖面广,但保障程度低。美国的社会保障分为三大类,涉及生老病残、衣食住行、工作学习等方面,内容比较宽泛。但与北欧和西欧国家的保障程度相比,美国的社会保障水平不高,待遇标准偏低,很难实现"收入均等化",仅能满足劳动者的基本生活需要。如退休、伤残、医疗保障均有严格的条件,并且各种补贴标准较低,退休保险、失业保险等只相当于工资的一半左右,稍高于国家规定的贫困线。在未成年子女家庭援助计划和齐全的专项救助体系中,美国政府以有时间限制的"贫困家庭临时救助"计划取代"未成年儿童家庭援助"。美国的社会救助是以牺牲社会保险为代价的,这体现着美国社会救助具有补救性质。

从整体上来说,美国社会的贫富差距较大,与瑞典、英国等欧洲国家相比,美国的社会保障具有的国民收入重新分配功能比较弱。这种程度低的社会保障制度,在防止福利大锅饭平均主义方面发挥了很大的作用。正因为如此,美国国家财政用于社会保障的支出较少,应付社会保障资金只需要从社会保险税中支出。

3. 德国的社会福利

德国的社会福利制度中,重点强调的就是社会福利的公正分配。普遍的社会安全保障系统(如社会保险、社会救济等),使雇员享受到各种社会福利,使公平的原则不仅体现在就业人员的经济利益和经济权力的分配方面,而且还要让人们在失去劳动能力或遭受意外困难时生活仍有保障。二战结束后,德国社会保障所涵盖的内容日益增加,覆盖面日益扩大,德国逐步形成具有自身特色的"德国社会福利国家模式"。

在持续的高经济增长率和高就业率条件下,德国社会福利国家模式运作良好,雄厚的政府财政实力使各项福利项目有增无减,取得了许多积极的效果:社会福利保障政策是政府组织国民收入再分配的调节器,在一定程度上缩小了贫富差距,缓和了社会收入不均的矛盾。同时,因社会福利政策保障了大多数人的物质生活需要,也满足了其精神需要,有利于创造一个比较安定的社会环境,对促进经济稳定发展具有重要作用。

但也应该看到,德国的社会福利模式也导致社会福利开支占国民生产总值的比重逐年上升,政府财政赤字严重,经济发展缓慢,形成了"福利陷阱",造成了很多社会问题,具体如下。

一是社会福利的开销过大,导致政府背上沉重的债务包袱。庞大的社会福利开支使联邦政府背上了沉重的包袱,财政赤字问题越来越严重,社会福利制度的包袱使得德国经济丧失了活力,为弥补巨额财政赤字,德国不得不举债度日。

二是社会保险的"雪球"越滚越大,民众过分依赖社会福利。社会保险几乎覆盖了德国民众生活的各个领域,人们生活受生老病死以及失业等传统风险的影响已经降到了最小。这种覆盖范围广泛的社会福利制度,对于提高民众生活质量、保障民众生活水平来说是非常有效的制度,但是也不可避免地产生了一些消极的社会影响:一些德国民众由于长期受到社会福利保护,本身缺乏风险意识,从心理上产生了对社会福利的过分依赖,甚至对寻求新的就业机会缺乏足够的动力,失业后的劳动积极性不高。

三是覆盖广泛的社会保险项目导致了社会财富的过度消耗,导致经济增长比较缓慢。以法定的疾病保险为例,涵盖的范围广泛,患者就医无须结账,而只需由医院方面直接与保险机构结算,这种机制使得患者的治疗费用缺乏制约,不可避免地产生浪费。同时,社会保险管理机构和管理人员过多,在社会保障制度日益完备的同时,对社会保险基金的管理以及运作使得相应的管理机构日益庞大、人员过多、办事程序繁杂、行政管理费用日益增加、官僚主义泛滥。

四是过高税收加重企业负担,影响企业生产效率。政府扩大财政开支导致税负的加重。过高的税收不利于企业资本积累、技术进步和设备更新,直接影响到企业产品的竞争力。这种情况又反过来加重失业压力,导致社会保障开支上升,同时失业者的增加还减少了社会保障税的征收额,形成恶性循环。德国社会福利国家模式的缺陷在20世纪70年代已经暴露无遗,而更为遗憾的是,这些问题并没有引起德国政府决策者和企业界的重视,到了90年代,一系列外部因素的影响则进一步使这一模式走到了自身的发展极限。90年代以来,德国经济持续低迷,经济增长速度缓慢,失业率居高不下,财政入不敷出。

二、发展中国家社会福利

(一) 非洲

不少非洲国家实现了免费教育和免费医疗。肯尼亚等国还为所有中小学生免费提供营养午餐、住宿。南非政府规定,所有公立医院无偿为穷人、老人、孤儿、残弱人员提供医疗,由卫生部统一结算费用。埃及对没有医疗保险的人提供免费医疗,无业人员可到公立医院免费就诊,农村每三四个村庄设有一个医疗中心,农民在医疗中心可以免费看病。埃塞俄比亚是世界上最不发达的十个国家之一,但其已经实现了免费教育,从小学到大学均不收学费,且教材也由政府免费提供。大学生的食宿都由政府"垫资",其后毕业且工作一年半后开始偿还政府的"垫资"(4 年约合 8000 元人民币),十年内还清即可。如果毕业后找不到工作,国家不向学生索要这笔费用。

(二) 拉丁美洲

拉丁美洲国家的社会福利制度在 20 世纪 80 年代进行了较大的调整,使社会福利覆盖所有穷人。拉丁美洲国家的福利由三部分构成:工人和雇主共同支付的社会保险、政府负担穷人的社会救助、劳动保护法规规定的福利。拉丁美洲国家社会福利制度的特点是:有条件的货币转移支付,对需要救助的家庭直接给予现金;定位家庭户,在物价上涨期为使公民的生活水准不下降,对所有家庭户给予补贴;对极度贫穷的人给予一揽子全方位救济。

三、对我国社会福利政策的经验借鉴

1. 社会福利的推进要和经济社会发展水平相适应

改革开放以来我国经济增长速度虽然较快,但可用于发展社会福利事业的资金并不充足。而且由于福利刚性的作用,人们对社会福利的需求总是等于甚至大于经济增长的速度。因此,一旦经济增长速度放缓,在职劳动者收入减少,社会保障事业的税源就会减少,整个国家的福利事业将会面临危机,这就决定了我国不能像欧洲国家那样建立大而全的社会福利制度。此外,我国是一个老龄化形势非常严峻的人口大国,人口老龄化将使劳动人口减少,同时由于农村的各种现实情况,劳动人口的减少则会使税基缩小。同时我国城乡发展差距大,国外发达国家那种不分城市和农村的社会福利制度,可能不适用于我国当前发展状况。所以在构建我国农村社会福利制度时应从国情出发,构建基础性的社会福利制度,建设具有中国特色的农村社会福利体系,切不可像欧洲国家那样包办一切,覆盖所有福利方面,但我国也要朝着覆盖全民的方向努力。

2. 加强社会福利服务的多元化渠道供给

长期以来,我国在农村社会福利的资金保障方面倾注了大量的工作,也基本实现了覆盖对象扩大的目标。但是在社会福利服务保障方面,还远远不够,尤其在面对如今严重的人口老龄化势态时,人们对社会福利服务保障的需求更大。因此,目前应该重点发展社会福利服务事业,而社会福利服务事业的发展不能全靠政府,弱化政府在社会福利制度中的作用,让更多的私人部门参与到社会福利制度中来,这也是近年来西方社会福利制度改革的一个重要趋势。我国的社会福利事业在发展过程中出现了社会福利资金供给不足、财政支出压力过大等问题,所以在接下来的建设中,应汲取和借鉴欧洲国家的经验,发挥全社会的力量,建立健全多层次、多元化的社会福利体系,鼓励社会组织、社区、个人及私营单位等积极参与社会福利服务的提供,扩充社会福利的供给渠道,为广大社会成员提供方便、快捷和可及的社会福利服务。目前政府除做好基本的社会福利服务外,应加强培育和鼓励非政府组织及非营利组织成为社会福利服务提供的主体。

3. 渐进推进和稳步提高社会福利水平

与发达国家相反,我国社会福利服务水平整体较低。在汲取世界各国的经验和教训时,也要结合本国实际。我们不能一味降低福利水平,或者维持较低水平的福利供给现状,相反,我们要通过加强多主体供给、多层次服务提供等形式来满足广大社会成员日益增加的福利需求,要逐渐提高福利水平,让广大社会成员逐渐过上有质量的社会生活。提升整个国家的福利水平,也是全面建设小康社会和构建社会主义和谐社会的重要内容之一。

第六节　农村社会福利的发展方向

一、发挥多主体在农村社会福利发展中的作用

首先,积极发挥政府的主导作用。加强政府公共服务职能,加大政府对农村社会福利的资金投入和扶持力度。衡量政府是否履行职责和社会是否文明进步的重要标准之一是政府的社会福利项目支出是否能够随着政府财政实力的增强而不断增加。政府积极发挥其主导作用是我国农村社会福利事业发展的重要推动力。例如,应加大对民间社会福利机构的

扶持,出台有针对性的优惠政策并有效落实;做好社会福利部门与其他相关部门、相关单位的工作协调;争取全面落实《关于加快实现社会福利社会化的意见》和《关于支持社会力量兴办社会福利机构的意见》,在规划、建设、税费减免、用地、用水、用电等方面予以优惠,鼓励和支持社会力量兴办社会福利机构,加大监管力度,提升服务质量,尤其是要持续规范各类社会养老福利机构,不遗余力地创造公平竞争的环境。同时,也要积极预防侵害服务对象权益的现象发生,真正去维护广大老年人、残疾人和孤儿的合法权益;加强农村社会福利立法,使我国农村社会福利制度具有稳定性和可持续性,为农村社会福利发展提供强有力的法律支持。

其次,坚持家庭在农村社会福利供给中的基础地位。在传统的农村社会福利模式中,家庭联产承包责任制在社会福利发展过程中起到了关键作用,可见家庭在农村社会福利供给中的基础地位不可动摇。虽然农村家庭的核心化、空巢家庭增多的现象日益普遍,但在社会其他主体力量有限的情况下,家庭仍然是基础性的保障主体。由于社会福利主要是以服务方式提供,是服务保障与精神保障的有机结合,因此,它必然要与文化传统相适应。坚持农村社会福利供给中的家庭基础地位,既符合家庭伦理道德,又能够弥补传统家庭保障的不足;在社会福利事业的未来发展中,应当既有法律明确规范的制度化社会福利事业,也有立足于伦理道德与优良传统基础上的非制度化保障,每个社会成员不能只有非此即彼的福利选择,还应当有基于血缘、地缘、业缘关系的具有弹性的各种互助。以家庭为依托的非正式制度安排在现阶段还不能被制度化的福利安排所取代。作为非正式制度的传统家庭保障,因其所具有的有益特质,在促进家庭和谐方面继续发挥着不可替代的作用。

再次,探索推动社会工作专业力量参与到农村社会福利事业中。加大农村社会工作专业人才培养力度,支持农村基层组织、各个福利组织根据需要配备使用社会工作专业人才。发挥社会工作人文关怀、助人自助的专业优势,通过设立社会工作站点、政府购买服务等方式,及时为老年人、儿童和残疾人等特殊人群提供心理疏导、情绪疏解、精神慰藉、代际沟通、家庭关系调适、社会融入等服务。落实税费减免等优惠政策,加快孵化培育专业化社会服务机构,提升其开展对农村社会福利对象的安全防护、生活照料、紧急援助、康复护理等专业服务的能力。鼓励农村经济合作社、农村电商组织等其他社会力量参与其中。

最后,鼓励农村志愿服务队伍的建设。社会文明程度的重要标志之一就是志愿服务。社会各界力量应为志愿服务活动的开展提供场所和其他便利条件,完善志愿服务信息网络,建立健全农村志愿服务体系。引导城市和农村志愿者及志愿服务组织为农村那些需要社会福利的人提供内容丰富、形式多样、符合需要的志愿服务。鼓励低龄健康老年人为高龄、失能留守老年人提供力所能及的志愿服务,探索建立志愿服务互助循环机制等。

二、城乡融合统筹发展社会福利事业

实现对农村社会基本福利发展的制度整合和创新,逐渐消除城乡二元体制的不平等状态,一视同仁地推行更高层次的国家公民福利保障,源源不断地为当代中国农村社会福利输入发展资源,在这方面,政府正在努力尝试。例如,2015年8月,国务院办公厅印发了《国务院办公厅关于全面实施城乡居民大病保险的意见》,其中规定"2015年底前,大病保险覆盖所有城镇居民基本医疗保险、新型农村合作医疗(以下统称城乡居民基本医保)参保人群,大病患者看病就医负担有效减轻。到2017年,建立起比较完善的大病保险制度,与医疗救助等制度紧密衔接,共同发挥托底保障功能,有效防止发生家庭灾难性医疗支出,城乡居民医疗保障的公平性得到显著提升。"无疑这类从国民福利发展高度提出的农村社会福利发展治理的解决方案,由于受益主体的全民化,很容易获得认同和支持,是真正从城乡一体化的战略高度实施的发展措施,对农村社会福利发展的治理也最为根本。

十九大提出的实施乡村振兴战略,是我国很重要的一个战略选择,很好地继承了党对"三农"问题一贯的重视并进行了创新发展。报告提出,要"建立健全城乡融合发展体制机制和政策体系,加快推进农业农村现代化"。采取新型战略来实现乡村振兴,由过去的"城乡统筹"升级为"城乡融合"发展。过去实行城乡一体化战略,本意是希望以城带乡,但由于我国城市具有强大的吸引力,基本上把农村的人、财、物都吸引到城里去了,而乡村的吸引力远远不够,加上制度因素,造成了城乡发展的不平衡。这次十九大提出的城乡融合的新途径,应该是试图校正过去的资源单向流动的问题,让二者互动起来,互通有无,你中有我,我中有你。

另外,十九大报告中还提出按照兜底线、织密网、建机制的要求,全面建成覆盖全民、城乡统筹、权责清晰、保障适度、可持续的多层次社会保障体系。随着城镇化进程的加快,进城务工的农民越来越多(农业转移人口一般指的就是这些进城务工的农民),他们不再从事基本的农业生产活动,而是到城市从事基本的工业及服务业等相关工作。农村大量的人、财、物单向地流向了城市,而从城市向乡村的流动,除了国家的财政投入、数量较少的返乡创业外,其他就非常少了,这也是乡村落后的主要原因。这些农业转移人口在城市从事着非常辛苦的体力劳动,但是无法享受到普通市民应有的相关福利待遇。他们的医疗以及子女教育等方面的权益都很难得到保障。只有加快农业转移人口的市民化,才能让城市和村镇协调发展。城市福利水平提升的同时,努力发展农村,提高农村各方面的福利水平,使得农民也得到相应的回报,才是良性的可持续性的发展。只有实现共赢,才能最终实现共同富裕的目标。

三、健全各项农村社会福利模式

目前,农村拥有的社会福利在向多元化发展,其现有的各项社会福利均存在许多问题且发展不均衡,所以健全各项农村社会福利模式非常必要。

在这里我们以农村老年人福利为例来进行说明。《关于加强农村留守老年人关爱服务工作的实施意见》(以下简称《意见》)提出力争到2020年,农村留守老年人关爱服务工作机制和基本制度全面建立,关爱服务体系初步形成,关爱服务普遍开展,养老、孝老、敬老的乡村社会氛围更加浓厚,农村贫困留守老年人全部脱贫。加强农村留守老年人关爱服务工作,要深入贯彻党的十九大精神和习近平新时代中国特色社会主义思想,以促进农村留守老年人安享幸福晚年生活为落脚点,着力完善关爱服务网络,提升关爱服务能力,健全关爱服务体制机制。《意见》强调要切实把握好以下四个方面的原则与要求。

一是明确职责、完善机制。强化家庭和子女在赡养、扶养留守老年人中的主体责任和法定义务,落实县乡两级政府在维护留守老年人权益中的基本职责,充分发挥老年人组织、村民互助服务组织、社会工作服务机构的作用,建立健全家庭尽责、基层主导、社会协同、全民行动、政府支持保障的农村留守老年人关爱服务工作机制。

二是突出重点、强化服务。各地要加强资源统筹,以防范留守生活安全风险为重点内容,以经济困难家庭的高龄、失能留守老年人为重点对象,督促各方履行关爱职责,增强生活照料、精神慰藉、安全监护、权益维护等基本服务,防止冲击社会道德底线的问题发生。

三是因地制宜、改革创新。各地区要结合当地经济社会发展水平,结合当地人文风俗文化习惯,结合当地人口老龄化形势趋势,深入研究、开拓创新,积极探索有效管用的农村留守老年人关爱服务政策措施与实践模式。

四是加强统筹、综合施策。将农村留守老年人关爱服务体系纳入养老服务体系统筹设计,做好政策衔接;与城乡一体化、基本公共服务均等化和农业现代化发展相适应,与信息化、智能化等现代技术推广应用同步,从城市和农村两端发力逐步解决农村老年人留守问题。

目前农村的最低生活保障制度、养老保险制度和新型农村合作医疗制度都存在一定的问题,需要逐步完善。

(1) 健全最低生活保障制度。这项福利是最重要的任务,因为在农村还有相当一部分人生活在温饱线以下。在制定最低生活保障制度时,应科学确定标准,按照实际情况,区别对待,不同地区应该依据其实际经济状况制定。

(2) 丰富养老保险制度。现有的养老保险较单一,而且制度比较呆板,不能很好地满足需求,因此需要进一步丰富养老保险制度。首先,其形式可以多样化。除了基本养老保险,还可以考虑补充设立商业养老保险等。其次,缴费方式可以多样化。

(3) 推广新型农村合作医疗制度。新型农村合作医疗制度由于能够解决农民看病难、看病贵的问题,非常符合农村的实际情况,并且可以满足农民的实际需求,应该大力推广普及。其具体方式建议如下:①以大病统筹为重点;②政府应做好宣传,同时给予一定资助;③调整统筹方式,以县为统筹单位,方便管理;④在条件成熟和经济允许的情况下,新型农村合作医疗应该逐步转向城镇基本医疗保险,直至最后统筹合并。

四、建立监督检查和评估机制

作为能够有效推进和监督我国农村社会福利建设的监督机制,其至今仍然停留在政府部门的对内自控和对外监督之上,督促方式过于单一和陈旧。就政府而言,我国一贯的部门对内自行监督以及部分上级部门的抽查和抽检显然无法起到全面的监督效果,而对于原有监督体系中事前与事中监督的缺位,更助长了农村社会福利建设中的项目粗制滥造、经费克扣挪用等问题。作为监督主体,原有的仅依靠政府进行的督促方式显得过于单一,对于建设主体之政府本身的监督缺乏第三方力量的参与,如在我国农村社会福利建设中始终没有形成类似于消费者协会等具有监督意义的民间督促团体。作为公众监督力量的新闻媒体多数充当了政府的政策宣传站,缺乏独立的新闻报道意识与能力,其监督作用并未达到应有的效果。此外,受传统的被动型福利受益模式的影响,我国始终没有建立起有效的受益主体诉愿表达机制。作为农村社会福利享有人的广大农村居民,多是处于被动接受状态,而无法通过自身的认识将其对于农村社会福利项目的建设意义表达于外。这就造成了我国农村社会福利建设无法有效地调动社会成员的建设热情,并为我国该项制度的构建埋下了一定的隐患。

目前,我国农村的各项社会福利事业主要由民政部主导开展,其他部门协同民政部开展工作。总体来看,我国还缺乏对农村社会福利实施效果的反馈机制和监督机制,这使得社会福利的执行经常流于形式,而农村居民无法从中真正受益。因此在农村社会福利事业发展中,要建立有效的需求表达渠道与监督检查和评估机制,及时地反馈农村社会福利需求,并对农村社会福利供给的决策及生产、分配等过程进行监督。建立监督检查和评估机制,其中独立的社会监管机构或相对独立的评估机构能有效地提高农村社会福利实施效果。这类机构可以由乡村组织代表和农村居民等共同组成。这样不仅可以有效监督农村社会福利基金筹措、管理以及使用的过程,还可以评估农村社会福利供给是否符合农民的需求偏好。此外,还应该采取有效的措施,对农民表达社会福利需求的过程进行引导和规范,防止农民行为的非理性化,保证农民的社会福利需求表达在法律框架内有序进行。

建立监督检查和评估机制,首先要推进我国农村社会福利建设及服务标准化,主要有以下几点:①严格按照标准化目标,遵循统一、简化、协调和最优化等要求,建立我国农村社会福利建设及服务标准体系;②注意农村社会福利建设及服务标准的具体化,做到准确无误,避免将标准停留在宽泛的大致条件之内;③应该积极借鉴国际经验,努力从已有的标准化领域寻找具有指导意义的制定方法;④切实根据我国农村社会福利的具体情况,制定相关标准化体系。

第二,作为督促我国农村社会福利建设的主体,政府应从国家高度建立起以国家强制力为保障的、全面的农村社会福利监督体系。这一体系应不仅涵盖福利项目事前与事中的评议制度、事后考核制度,更应包括农村社会福利建设全程的跟踪审计制度。具体应包括:①努力建立农村社会福利项目的事前、事中评议机制;②适当引入绩效监督方式,完善事后考核制度;③加强对于农村社会福利建设的跟踪审计工作。

第三,加强监督主体建设,组建我国农村社会福利专门委员会。在我国,农村社会福利建设除需要由政府建立完善的监督体系之外,民间组织的力量也不容忽视。2010年1月22日,由国务院批准设立的中国社会福利协会正式成立。该协会被定性为民政部门主管的,由从事和关注社会福利事业的单位和个人自愿结成的行业性、全国性、非营利性社会组织。在此体系内建立专门监督我国农村社会福利建设的委员会,无疑会实现更好的监督效果。

第四,我们必须重视新闻媒体在社会福利建设中查漏补缺的重大作用,保障其独立的采访和报道权利,激励越来越多的新闻媒体及时发现和曝光农村社会福利建设中所出现的问题。通过媒体的督促作用,公权力运作可以得到有效的监督;受托建设福利项目的商事主体时刻处在谨慎的心态之下;而受益于福利建设的个人亦可清晰地了解国家对于相关福利的建设理念和建设过程。

第五,建立公民对于农村社会福利建设的诉愿表达机制。农村居民作为农村社会福利建设的最终受益人,其对于福利建设的建议代表了福利安排的主要需求方向,具有很高的导向价值。对此,我们应尽快建立起农村居民的诉愿表达渠道,安排自上而下的多重接纳主体。对于涉及群众重要利益的项目,通过事前听证、事后公示的方式,保证建设过程的透明化。

第六,法律作为督促手段中最为激烈也是最为有效的底线,对于我国农村社会福利建设而言是不可或缺的。为此,我们应当强化法律对于农村社会福利建设的最终督促和保障作用,将法律责任纳入我国农村社会福利建设的督促机制之内。

总之,现阶段我国农村社会福利体制存在诸多问题,农村社会福利事业水平依然落后于城市。在此过程中,政府要充分发挥主导作用,保障农村居民的合法权益。同时要调动其他社会主体的积极性和主动性,努力推动我国农村地区的社会福利事业的发展。

第六章

失地农民社会保障

土地是农民最为重要的生产资料,是农民最为稳定的收入来源,更是农民获得社会保障的基础。我国实行二元经济结构,农民基本被排除在社会保障体系之外,农民的医疗、养老、就业保障等全部都要依赖自己所拥有的土地。对农民来讲,失去土地就等于失去了社会保障的基础;对国家来讲,农民没有社会保障,国家就不能安定,国家不安定,就会阻碍其发展的步伐。故本章对失地农民社会保障问题进行探究,对其发展历程、现状和目前存在的问题进行分析,通过借鉴国内外相关经验,提出相应的对策建议。

第一节 失地农民社会保障制度的演变

一、失地对农民的影响

我国实行城乡二元经济体制,农村与城市在政治、经济、文化等方面的发展中存在差异。广大农民在失业、养老、医疗、住房等社会保障方面无法与城市居民享受同样的待遇,在这种情况下,土地对农民的意义就变得尤为重要,土地不仅是农民的经济来源,还承担着养老和医疗保障,更是农民政治权利的依托。因而对于失地农民来说,其失去的不仅仅是土地。

1. 失去土地实际上意味着阻断了农民家庭财富的重要来源

土地是农民赖以生存和发展的重要生产资料,也是农民最重要的财富,而且其还具有保值增值的功能。随着我国城市化进程的推进,对土地的需求越来越大,由于土地是一种不可再生资源,故土地的资产性功能越来越突出。所以对农民而言,失去土地就相当于失去了一笔可观的财富。

2. 农民失去土地实际上是失去了一种低成本的生活方式

勤俭节约是中华民族的传统美德,农民在自己的土地上过着自给自足的生活,虽然不算富裕,但温饱还是可以满足的。平日里种的粮食蔬菜足以满足日常需要,家庭开支很小,这种生活方式相比于在城市生活来说可以算是一种低成本的生活方式了。农民失去土地后,日常的粮食蔬菜都需要购买,再加上取暖费、水电费等,生活成本大大提高。这也是许多农民不愿意选择在城市居住的原因之一。

3. 农民失去土地实际上是失去了生存和发展的基础

根据我国现行的农地产权制度,农民对土地拥有使用权、流转权等权利,当农民失去土地后,村集体的任何福利以及公共设施农民都不能享有,另外国家对农村的补贴政策,农民也享受不到。对农民而言,失去土地不仅丧失了劳动资料,而且丧失了土地所附带的财产权、生存权、教育权等一系列权利。

4. 失去土地让农民成了介于农民和市民之间的边缘人群

农民失去土地后,农民的身份无法由农民向市民顺利转化,这部分农民既不属于农村,又不属于城市,处于二者的边缘。这主要是由于我国长期以来的二元经济结构造成的进入壁垒。这部分人群既不能享受农村传统保障,也没有被纳入城市的社会保障中,使农民的利益受到极大的损害。

二、失地农民社会保障制度的演变

我国农村长期以来实行的是以社区互助和国家救济为主的社会保障制度。农村开始实行家庭联产承包责任制以后,土地被视为保障农民基本生活的主要手段,并被国家用以协调公平与效率的关系,可以说,在农村没有建立真正意义上的社会保障制度。失地农民社会保障制度的发展历程,与我国的征地补偿安置制度发展的情况基本一致,近年来被征地农民的安置方式不断创新,由原来的农业安置、招工安置和货币安置发展到留地安置、入股安置、住房安置、移民安置、社会保障安置等多种方式。基于此,本节主要从对失地农民的安置手段的发展角度来探讨失地农民社会保障制度的变化。

1. 计划经济时期重安置轻补偿(1949—1986年)

新中国成立以后,为了适应城市建设与工商业发展的需要及城市郊区农业生产的特殊情况,政务院第五十八次政务会议通过的《城市郊区土地改革条例》(以下简称《条例》)中就提到了对失地农民的补偿。该条例规定,国家为市政建设及其他需要收回由农民耕种的国有土地时,应给耕种该项土地的农民以适当的安置,并对其在该项土地上的生产投资(如凿井、植树等)及其他损失,予以公平合理的补偿。《条例》中的第十四条提到:国家为市政建设及其他需要征用私人所有的农业土地时,须给以适当代价,或以相等之国有土地调换之。对耕种该项土地的农民应给以适当的安置,并对其在该项土地上的生产投资(如凿井、植树等)及其他损失,予以公平合理的补偿。还有《条例》第十五条也提出了对地少或无地农民的农业安置,城市郊区一切可耕荒地,在不妨碍城市建设及名胜古迹风景的条件下,经市人民政府批准后,应统一分配给无地少地的农民耕种使用。垦种荒地者,免征农业税一年至三年。但是该条例只是提到给耕种该项土地的农民以适当的安置,予以公平合理的补偿,并没有提到具体的补偿标准和安置措施。

随着我国经济的发展,对土地的需求也越来越多,国防工程、工矿、铁路、交通、水利工程、市政建设及其他经济、文化建设都需要征用土地,征地的规模越来越大,在这些过程中牵涉到许多复杂的利益关系,因此为适应国家建设的需要,慎重妥善地处理国家建设用地问题,1953年,在政务院会议上通过了《国家建设征用土地办法》,这是新中国成立后的第一部关于国家征用土地的比较完整的法律,这部法律规定了征用土地的基本原则及对失地农民的补偿费的补偿标准和安置方法。其中第三条提出了国家建设征用土地的基本原则:既应根据国家建设的实际需要,保证国家建设所必需的土地,又应照顾当地人民的切身利益,必须对被征用土地者的生产和生活有妥善的安置。凡属有荒地、劣地、空地可以利用的,应尽量利用,尽可能不征用或少征用人民的耕地良田。凡属目前并不十分需要的工程,不应举办。凡虽属需要,而对被征用土地者一时无法安置的,则应该等待安置妥善后再行举办,或另行择地举办。还有第八条提到了被征用土地的补偿费,在农村中应由当地人民政府会同用地单位、农民协会及土地原所有人(或原使用人)或由原所有人(或原使用人)推出的代表评议商定。一般土地以其最近三年至五年产量的总值为标准,特殊土地应酌情变通处理。如另有公地可以调剂,亦须发给被调剂土地的农民以迁移补助费。被征用土地上的房屋、水井、树木等附着物及种植的农作物,均应根据当地人民政府、用地单位、农民协会及土地原所有人和原使用人(或原所有人和原使用人推出的代表)会同勘定其现状,按公平合理的代价予以补偿。还有第十三条规定农民耕种的土地被征用后,当地人民政府必须负责协助解决其继续生产所需之土地或协助其转业,不得使其流离失所。用地单位亦应协同政府劳动部门和工会在条件许可的范围内,尽可能吸收其参加工作。可以看到该法律虽然提出了被征用土地的补偿标准,但还是更为重视农民的安置方法如招工安置和农业安置。

1956年底,我国社会主义改造基本完成,生产资料所有制性质发生了根本改变,1958年国务院公布了经修订的《国家建设征用土地办法》,相较于之前的版本,该办法对土地补偿标准做了相应的调整,土地补偿费的发放根据具体情况来定,如该办法的第八条规定,关于征地补偿费用改为以土地最近2~4年产量的总值为标准,向土地所有权人发放,而且提高了补偿的数额。其中还有关于失地农民的安置也做了规定,如第十三条规定:对因土地被征用而需要安置的农民,当地乡、镇或者县级人民委员会应该负责尽量就地在农业上予以安置;对在农业上确实无法安置的,当地县级以上人民委员会劳动、民政等部门应该会同用地单位设法就地在其他方面予以安置;对就地在农业上和在其他方面都无法安置的,可以组织移民。组织移民应该由迁出和迁入地区的县级以上人民委员会共同负责。移民经费由用地单位负责支付。

中共十一届三中全会以后,由于我国人口增长速度过快,人地关系日益紧张,1982年国务院公布施行的《国家建设征用土地条例》在第十条中规定:为了妥善安排被征地单位的生产和群众生活,用地单位除付给补偿费外,还应当付给安置补助费。每一个农业人口的安置补助费标准,为该耕地的每亩年产值的二至三倍,需要安置的农业人口数按被征地单位征地前农业人口(按农业户口计算,不包括开始协商征地方案后迁入的户口)和耕地面积的比例及征地数量计算。年产值按被征用前三年的平均年产量和国家规定的价格计算。但是,每亩耕地的安置补助费,最高不得超过其年产值的十倍。个别特殊情况,按照上述补偿和安置补助标准,尚不能保证维持群众原有生产和生活水平的,经省、自治区、直辖市人民政府审查批准,可以适当增加安置补助费,但土地补偿费和安置补助费的总和不得超过被征土地年产值的二十倍。该条例首次提出了安置补助费。此外,该条例还首次提出因征地造成的农业剩余劳动力由县、市土地管理机关组织被征地单位、用地单位和有关单位分别负责安置。安置的主要途径有发展农业生产、发展社队工副业生产、迁队或并队。按照上述途径确实安置不完的剩余劳动力,经省、自治区、直辖市人民政府批准,在劳动计划范围内,符合条件的可以安排到集体所有制单位就业,并将相应的安置补助费转拨给吸收劳动力的单位;用地单位如有招工指标,经省、自治区、直辖市人民政府同意,也可以选招其中符合条件的当工人,并相应核减被征地单位的安置补助费。

总体来说,1986年之前的诸多法律中,对失地农民的补偿费和安置制度有以下几个特点。

(1)征地补偿价格偏低。不论是新中国成立初的补偿费为年产值的三到五倍还是八十年代的不超过二十倍,相较于我国目前的补偿价格和其他国家的补偿价格,都处于较低的水平。

(2) 比较重视农民的安置工作。每部法律都提出对失地农民的安置方法,从农业安置和移民安置到发展社队工副业生产、迁队或并队、集体所有制企业吸收、用地单位吸收、农转非后招工安置等多种安置方式并存。

2. 招工安置和货币安置并存(1986—1990 年)

中共十一届三中全会以后,随着党和国家的工作重心逐渐转到经济建设上来,城市经济体制改革也在逐步展开,在稳定的政策环境下,国民经济发展相对迅速,虽然没能摆脱计划经济的桎梏,但是经济活力还是得到了一定程度的释放,乡镇企业如雨后春笋般涌现,成为经济发展的重要动力,农民就业数量增加,城镇化迎来新的契机。加上该时期城镇建制的标准降低、农民进镇条件放宽,城镇化水平逐渐提高,从 1985 年的 23.7% 上升到 1992 年的 27.6%。在这一时期城镇化的进程中,失地农民并未成为严重的社会问题。1982 年的《国家建设征用土地条例》明确规定土地补偿费包括土地补偿金、安置费、青苗费等,安置补偿费以人口为标准,改变以往以土地为标准的原则,这是一大进步,在很大程度上缓解了家庭养老的负担。该条例还明确由国家来进行失地农民的计划招工,部分农村居民在失去土地以后可以享受"农转非"的待遇,享有城市的就业机会,城市医疗等社会保障也惠及失地农民,这与农民的家庭保障和集体互助的社会保障制度存在根本性的差异,"农转非"的积极性较大。随着经济与城镇化的发展,乡镇企业也迅速发展起来,乡镇企业吸引了大量的剩余农村劳动力,失地农民得以内部消化,没有演变为一个社会问题。

为了加强土地管理,维护土地的社会主义公有制,保护、开发土地资源,合理利用土地,切实保护耕地,促进社会经济的可持续发展,1986 年 6 月 25 日,第六届全国人大常委会第十六次会议通过了《中华人民共和国土地管理法》(以下简称《土地管理法》),该法根据当时的社会实际情况,在安置途径上增加了举办乡镇村企业和安排到全民所有制单位工作。《土地管理法》规定对失地农民主要采用招工安置和货币安置相结合的安置制度,并规定:政府征用农村土地后,应组织失地农民就业,并安排一定指标将符合条件的失地农民招收为国有企业或集体企业的固定工,享受国家职工的各种待遇。对于未被招工的失地农民,发给安置补助费,政府对村集体和失地农民再发给土地补偿费以及地上附着物和青苗补偿费,同时,将失地农民的户口"农转非",使之成为城市居民。

这种安置方式,增加了非农就业的安置方式,失地农民获得了农转工的机会,被安置到国有企业,失地农民不仅可以获得稳定的收入,而且可以获得稳定的就业机会,使得全家的生活有了一定的保障,还可以获得城镇户口,获得相应的住房、教育等各种福利。这种安置方式,受到了失地农民的极大欢迎。

3. 单一货币补偿(1990—2004 年)

1998 年对《土地管理法》进行了重新修订,延续了之前的补偿安置方式,但弱化了对失地农民社会保障、就业等方面的安置。1998 年修订的《土地管理法》中第四十七条规定:征用土地的,按照被征用土地的原用途给予补偿。征用耕地的补偿费用包括土地补偿费、安置补助费以及地上附着物和青苗的补偿费。征用耕地的土地补偿费,为该耕地被征用前三年平均年产值的六至十倍。征用耕地的安置补助费,按照需要安置的农业人口数计算。需要安置的农业人口数,按照被征用的耕地数量除以征地前被征用单位平均每人占有耕地的数量计算。每一个需要安置的农业人口的安置补助费标准,为该耕地被征用前三年平均年产值的四至六倍。但是,每公顷被征用耕地的安置补助费,最高不得超过被征用前三年平均年产值的十五倍。尚不能使需要安置的农民保持原有生活水平的,经省、自治区、直辖市人民政府批准,可以增加安置补助费。但是,土地补偿费和安置补助费的总和不得超过土地被征用前三年平均年产值的三十倍。《土地管理法》的第五十条规定:地方各级人民政府应当支持被征地的农村集体经济组织和农民从事开发经营,兴办企业。可以看出,国家增加了货币补贴力度,减弱了被征地单位和当地政府对失地农民的安置责任。

20世纪90年代,由于对失地农民放松了安置保障,失地农民陷入了困境。一次性的货币补贴,对农民没有长远的保障,一旦这部分资金消费完后,失地农民就成了"种地无田,上班无岗,创业无钱,社保无份"的"四无游民"。

4. 失地农民社会保障制度的建立及逐步完善(2004年至今)

进入新世纪以后,我国一直在积极探索一条符合我国国情,具有中国特色的城镇化道路,从而使大中小城市与小城镇协调发展。2000年,我国的城镇化水平为36.2%,2007年达到44.9%。特别是2008年以后,城镇化率获得快速发展,2012年我国的城镇化率为52.6%,预计2030年左右,我国的城镇化率将为70%,与发达国家的水平一样,到时中国将新增3.1亿城市人口,城镇人口将达到10亿。但是,我国高速发展的城镇化带来的是农村失地群体的激增,这一时期新增的失地农民为4000万~5000万人。经济的高速发展,城镇化水平的迅速提高,带来的却是失地农民的激增,这个问题值得深思。经济发展本身应为全体公民带来福利,而我国的发展却牺牲了弱势群体的利益,使弱势群体进一步边缘化,无地可依,无保障可依,成为社会的边缘群体。乡镇企业在国民经济中逐渐处于弱势地位,许多企业破产倒闭,消化农村剩余劳动力的能力逐步降低,农村出现大量的剩余劳动力,特别是在失去土地之后,农民获取工作的难度增加。农民在就业上没有相应的补贴或补助,使得剩余劳动力的问题日益严重。农民在失去土地后,身份仍然是农民,但是缺乏土地。针对农村的社会保障制度在这一时期逐步起步,比如2003年的新型农村合作医疗、2009年的农村养老保险等。失地农民享受的是农村的基本社会保障,但是失去土地,难以获得基于土地的较稳定的收入。失地农民仍然是农民,享有农民的基本社会保障,但是缺乏失业保险或者就业补贴,对农民的长期发展是不利的。农村社会保障制度处于起步阶段,水平低、保障低,农民的人力资本积累有限,这是以后的改革中需要特别关注的。

2004年10月,国务院下发了《国务院关于深化改革严格土地管理的决定》,相较于之前的征地安置制度提出了一些新的规定。例如:第一次提出了失地农民社会保障制度,明确了使失地农民基本生活水平不因征地而下降,并将长远生计有保障作为失地农民安置原则;提出了安置补助费和土地出让金的一部分用于失地农民的社会保障,解决了社会保障的资金来源问题;明确了通过提高征地补偿标准来解决社会保障资金来源问题,开辟了征地补偿新途径;提出了按规划区内外分类安置失地农民的政策。2006年,国务院办公厅转发劳动保障部《关于做好被征地农民就业培训和社会保障工作的指导意见》(以下简称《意见》),《意见》中提出:努力促进被征地农民就业;积极做好被征地农民社会保障工作;落实被征地农民就业培训和社会保障资金。不仅要确保失地农民生活水平不因征地而降低,而且要确保失地农民的长远生计。制度安排上要区别城市规划区内和规划区外,实行分类指导;要区别新老失地农民,统筹考虑政策衔接问题。政策制定上要明确对象范围,明确保障水平,明确责任主体。工作推进中要以新失地农民为就业培训和社会保障工作的重点人群,就业培训中要以劳动年龄段内特别是中青年失地农民为重点,社会保障上以难就业的大龄和老龄人群为重点。在实施保障上,要落实失地农民就业培训所需的资金,从当地政府批准提高的安置补助费和用于失地农户的土地补偿费中统一安排,两项费用尚不足以支付的,由当地政府从国有土地有偿使用收入中解决。

2006年8月印发的《国务院关于加强土地调控有关问题的通知》首次将失地农民社会保障制度建设作为土地宏观调控最重要的内容,将失地农民社会保障所需的资金以专项资金的形式明确列入土地出让总价款中,提升社会保障资金的重要地位。2006年12月印发的《国务院办公厅关于规范国有土地使用权出让收支管理的通知》首次明确了要重点向失地农民社会保障制度建设倾斜,切实保障失地农民的合法权益,依法提高征地补偿标准,建立失地农民生活保障的长效机制。2007年4月发布的《关于切实做好被征地农民社会保障工作有关问题的通知》中规定,各地在制定被征地农民社会保障实施办法时,要明确和落实社会保障资金渠道。被征地农民社会保障所需资金,原则上由农民个人、农村集体、当地政府共同承担,具体比例、数额结合当地实际确定。被征地农户社会保障所需资金从当地政府批准提高的安置补助费和用于被征地农户的土地补偿费中统一安排,两项费用尚不足以支付的,由当地政府从国有土地有偿使用收入中解决;地方人民政府可以从土地出让收入中安排一部分资金用于补助被征地农民社会保障支出,逐步建立被征地农民生活保障的长效机制。该通知进一步明确了失地农民社会保障工作责任,规范了失地农民社会保障资金管理,加强了失地农民社会保障工作的监督检查。

党中央和国务院一直高度重视失地农民的失地保障问题,从 2004 年起先后出台了多项政策,实现了一系列突破,失地农民社会保障制度建设的相关政策越来越完善,力度越来越大,可操作性越来越强,参保农民越来越多,保障水平也越来越高。

纵观我国针对失地农民的社会保障制度的发展历程,不难看出,我国针对失地农民社会保障制度的相关法律一直持续在原有的基础上不断修订、完善,如图 6-1 所示。失地农民这一群体越来越受到国家的重视,但相比于其他发达国家,我国的失地农民社会保障制度还有一定的差距。值得注意的是,我国政府还在继续努力让失地农民逐渐参与到城市化进程中来,并使失地农民与其他市民一样共同享受工业文明和城市文明。

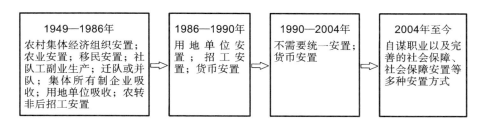

图 6-1 新中国成立以来失地农民安置方式演变

第二节 失地农民社会保障制度现状

一、失地农民社会保障制度的基本原则

失地农民社会保障可理解为：以国家为主体，通过立法和行政措施确立，对支援国家经济建设而被征地，以致权益受损、生活难以为继的农民给予经济、物质和服务的帮助以确保其基本生活需要的社会保障措施。失地农民社会保障的根本目的就是使农民个人或其家庭不会因失去土地而受到较大的影响。对个人来说，失地农民的社会保障分为最低生活保障、基本生活保障和福利生活保障三个层次，这三个层次逐级提高，一步步使农民由脱贫到防贫再到生活水平提高。对国家来说，失地农民社会保障有助于维护社会稳定，实现社会公平，促进经济持续稳定发展。建立失地农民社会保障体系应该遵循以下原则。

1. 完善失地农民社会保障制度，做到有法可依

检验一个国家社会保障制度是否成熟的标志，就是要看该国的社会保障法律是否完备。只有体制、机制和法制健全完备，才能够很好地约束公民和有关机构依法缴纳社会保障费，这样才能保证社会保障事业的顺利进行。

当前，我国在失地农民社会保障立法方面几乎是空白。迄今为止，全国人大颁布的已批准的法律法规、人力资源和社会保障部及有关部委规章中，均没有关于失地农民社会保障的明确规定。只是在 2006 年劳动保

障部出台了《关于做好被征地农民就业培训和社会保障工作的指导意见》,除此之外,失地农民的社会保障主要还是靠地方政府制定的政府规章和规范性文件。尽管各地有关失地农民社会保障的法律规章层出不穷,但其立法层次都比较低,强制执行力度比较低,适用范围比较窄,没有形成较为完备的法律体系,并且缺乏统一性,没有明确的法律规范和畅通、公平的纠纷解决机制。因此国家应该制定明确、完备、可操作性强的有关失地农民的社会保障的法律制度,这样才能为失地农民提供必要的法律保障。

2. 失地农民社会保障制度应该与城市的社会保障制度有机结合

我国现在实行的城市和农村二元结构下的社会保障制度,致使许多社会保障项目相互独立,破坏了社会保障体系的完整性和协调性。城乡一体化的社会保障制度是大势所趋,将失地农民的社会保障制度纳入城乡统一的社会保障体系,将失地农民社会保障制度的建立作为农村社会保障制度建设的突破口,只有这样才能逐步推进农村社会保障从理想到现实,进而推动建立城乡一体化的社会保障体系。

失地农民社会保障制度应当具有一定的相通性和兼容性,这样才能通过失地农民的社会保障制度将农村社会保障制度与城市的社会保障制度衔接起来。要把建立失地农民的社会保障制度作为城乡社会保障一体化的一个突破口,既不能让失地农民的社会保障制度独立于农村的社会保障制度,也不能让失地农民的社会保障制度成为城乡一体化的绊脚石,应努力做到城市、农村的社会保障制度能够有机兼容。

3. 因地制宜,可以适当允许不同地方之间存在差异

生产力决定生产关系,各地建立的社会保障制度不能超越生产力发展水平。根据马克思主义的社会保障理论,不同时期、不同的经济条件、不同文化水平下,都需要建立社会保障制度,但社会保障制度应该表现出不同的模式。由于我国不同地区的生产力水平差距较大,所以当前在我国实行统一的失地农民的社会保障制度是不现实的,因此,我国建立的失地农民的社会保障制度应该坚持因地制宜的原则,稳步推进,可以容许不同的地区实行不同的社会保障制度,但各地的社会保障制度不能差距过大,否则容易导致社会动荡。

针对农民的具体情况,应该因地制宜,不可盲目照搬其他地区已经取得成功的失地农民社会保障的模型;也不能"一刀切",发展水平较高的地区的农民,可以享受项目齐全、水平较高的保障,而对于经济不发达的地区,可以采取"低进低出"的原则,该地区对失地农民的社会保障主要以失地农民的最低生活保障为主。

4. 失地农民社会保障制度的建立应坚持保证公平,兼顾效率的原则

社会保障制度从本质上来讲,具有保证公平的特性。效率是社会保障制度正常运行的基础,如果没有效率,会使社会保障难以运行,执行缺乏效率。而如果一味保证公平,会造成严重的负面效果,会使一部分人完全依赖社会保障,这样就会加重国家的负担,对经济的发展起到抑制作用。因此,我们应该在保证公平的同时兼顾效率,避免产生相反的作用。

5. 失地农民的社会保障金应坚持以国家出资为主的原则

农民原本的各种保障是建立在土地上的,所有征地者应该对失地农民承担起社会保障的责任。农民失去土地主要是土地被征地者征收所导致的,而土地征收是地方政府运用公权而进行的单方面的行为,因此地方政府理应成为失地农民社会保障金的主要承担者,主要有三个方面的原因。一是地方政府是征收农民土地的主体,理应承担起失地农民社会保障的责任,并且在所征用的土地的使用分配中,地方政府是主要的既得利益者,据统计,地方政府得到了农用土地出让收益的60%以上,在国家允许的情况下,可以将农用土地出让的一部分资金用于建立地方失地农民的社会保障和养老保障制度。二是社会保障制度是一种社会福利制度,建立失地农民的社会保障制度是国家履行社会管理的一种责任和义务。地方政府有义务维护当地农民的社会保障权益。因此,失地农民的社会保障金主要应由政府缴纳。三是地方政府掌握着失地农民社会保障必不

可少的制度资源,且地方政府具有组织优势和效率优势。

社会保障金的来源主要是中央政府和地方政府按出让金的一定比例进行缴纳。失地农民社会保障金由以下几部分组成:一是政府对其进行一定比例的拨款;二是政府从土地出让金的净收益中提取一定比例的资金;三是行政划拨土地和有偿出让土地时,按一定的比例出资;四是从土地储备增值中提取一定的收益;五是全国社会保障金的投资收益的一部分。

二、失地农民社会保障制度现状

失地农民问题是一个事关社会和谐和公平正义的重大问题。只有通过建立合理的社会保障制度,才能使失地农民避免陷入贫困并逐步走向小康。而要想建立一个合理且公正的失地农民社会保障机制,就必须对我国当前实行的社会保障制度的现状进行了解,这里从失地农民社会保障制度内容的四个方面对社会保障制度现状进行分析。

1. 失地农民的最低生活保障

农村最低生活保障制度对于失地农民来说,是保证其最低生活水平的最后一道防线。在某种程度上,可以说最低生活保障救助金是陷入贫困的失地农民家庭的救命钱。农村最低生活保障不仅仅在物质上给予失地农民一定的保障,对他们来说,也是一种精神上的保障,让失地农民暂时进入一个稳定的缓冲阶段,然后才会对生活将会得到改善充满期待。从整体上来看,失地农民大多就业技能比较差,失去土地后生活比较困难,发放的土地补偿金难以维持长久生活,因而对最低生活保障制度的需求度很高。

1)失地农民的最低生活保障受惠面比较窄

土地是农民最基本的生产资料,是最基本的社会保障,关乎农村社会的稳定。农民失去土地后,或者依旧从事农业,或者进城务工,或者做小本生意。这些人当中,贫困家庭的年收入在贫困线上下浮动且增长幅度很低。由于在农民失地之前,纯农业收入占总收入的比重比较大,基本靠天吃饭,这样的农民一旦失地,收入就会大幅下降;农民失地之前现金收入就很低,生产出来的粮食基本只能维持全家人的生活,因此几乎没有什么积蓄;另外,许多农民失去土地后,还面临着搬迁的问题,而所发放的征地补偿款还不够搬迁的费用。因此,农民失去土地后生活陷入困境,一直处于贫困线的边缘。失地农民中处于贫困线的人口对维持最基本生活水平的最低生活保障制度的需求度比较高。据调查显示,当失地农民不能解决基本生活需求时,有超过30%的人首先想到向政府救助,同样有30%的人会向子女救助,由此可以看出人们"有困难找政府"的意识比较普遍[①]。

目前,据调查显示,在失地农民的家庭中,有将近40%人口的人均可支配收入低于当地农民最低生活保障线,但只有不到45%的人享受了最低生活保障,除此之外,还有相当一部分人群尚未纳入最低生活保障制度的范围中去。在现实生活中,大部分村镇只把五保户和生活极其贫困的农户作为最低生活保障的对象,而失地农民由于获得了土地补偿金,因此大多数失地农民被排除在最低生活保障制度之外。对于农村中因病、因残丧失劳动能力的失地农民,或者是失地农民家庭主要劳动力因意外重残或死亡而造成家庭生活困难的这一群体,并没有按暂时贫困农民和永久贫困农民进行区分,另外,在实施过程中,这部分群体到底人均可支配收入是多少,如何进行测量,目前还没有很好地解决。

2) 失地农民最低生活保障标准比较低

失地农民失去了生活的来源,只依靠政府发放的土地补偿金,难以维系长久生计。失地农民中贫困家庭的人均可支配收入较少,如果此时家中有人生病,或出现大的变故,对失地农民而言,则会面临精神和物质上的双重打击。在农村农民得了病往往是"小病扛着,大病躺着"。在农村

---

① 胡薇.失地农民的最低生活保障问题研究——以长沙市为例[D].长沙:湖南师范大学,2011.

孩子上学难,更别提上高中、大学了,子女上学也是一笔不小的开支。而由于各个地区发展水平不同,最低生活保障的标准也不相同,所领取的最低生活保障金最高为每人280元/月,最低则为72元/月,这些保障金金额与失地农民之前的生活水平相比偏低,没有起到改善农民生活的作用,特别是遇到大病,失地农民内心的期望值与现行的最低生活保障标准之间的差距较大,在参与最低生活保障的人群中,只有20%的人认为最低生活保障的标准对失地农民的生活起到了一定的保障作用。再加上在最低生活保障制度的实施过程中,面临着地方政府的压力,保障效果更是大打折扣。

3) 失地农民最低生活保障的相关配套设施短缺

在对失地农民实施最低生活保障制度的同时,对这部分群体的就业、医疗、养老、住房、公共设施、从事个体经营等方面也应予以相应的政策扶持,减少相关政府费用和税费,对患有重病、大病的失地农民家庭应实施医疗救助,但目前各地政府还没有将这些情况考虑在内,或者考虑得还不充分。在农村,处于最低生活保障线之上但生活相对贫困的失地农民,无法享受到医疗、教育等一些优惠政策,这样就会导致失地农民整体的福利水平比较低,而这部分人如果生活压力过重,就有可能成为新的最低生活保障的对象,而这些配套设施是否完善,直接关乎失地农民对政府所制定的最低生活保障制度的满意度。

4) 失地农民对最低生活保障制度的满意度不高

在享有最低生活保障的农民中,只有三分之一的农民对制度实施的效果比较满意,约五分之二的农民认为失地农民最低生活保障的效果一般或效果不大,约十分之一的农民认为这项制度几乎没有起到什么作用。在农民失去土地后,地方政府仅仅为其办理了"农转非",而所需要缴纳的社会保障的费用则需要自己掏腰包。失地农民对其不满意主要是因为失地农民认为最低生活保障体系的标准根本无法满足家庭的基本生活需求;处于最低生活保障线边缘的农民因其生活状况不好而又不能享受该待遇而感到心中不痛快。此外最低生活保障在实施过程中,存在管理不规范、把关不严、标准不公的现象,这些现象在农村普遍存在。

2. 失地农民的养老保障

1) 传统家庭的养老模式

新中国成立以前,我国农村老人的养老保障是传统的家庭保障,家庭养老是中华民族的传统美德,它具有很强的道德约束力,这种模式在中国几千年的历史中一直运行着。1949年以后,我国在农村一直坚持着传统的养老模式,农村一直以家庭养老为主,将那些无依无靠并且无劳动能力的老人纳入了五保制度,依靠政府的力量来为其提供养老保障。在集体经济时期,农村的老人可以通过参加一些正常能力范围内的劳动来获取一定的收入,保障自己的生活。

2) 现代社会家庭养老保障模型

在家庭联产承包责任制推广之后,传统的家庭养老模式开始出现以下一些问题。一是老人在家庭中的地位有所下降,家庭的核心由原来的亲子关系变成了夫妻关系,子女对老人的关注度下降。二是崇老观念逐渐淡化,现在的青年人越来越追求个人价值,追求个性,展现自我,传统的父母至上的观念逐渐消失,人们在心理上对这种子女要对老人进行经济支持的观念越来越弱。三是受市场变化的影响,家庭收入面临很大的风险,这就给由家庭来赡养老人的方式带来了很大的风险。四是现在的家庭结构发生了很大的变化。伴随着计划生育政策的实施,过去的多子多孙的情况现在几乎已经不再存在,现在大多数家庭只有一个孩子。过去平均五六个孩子赡养一个老人,现在几乎一个孩子平均就要赡养四个老人,如果再使用之前的传统模式,那么不仅老人的养老不能保障,而且会使孩子的养老负担成倍增加,进而会使青年人的负担过重,压力过大,从而会影响到全体国民的利益。

3) 失地农民养老保险的现状

失地农民养老保险是建立社会性养老保险的一种尝试。对农民来说,土地承载着生产资料和社会保障的双重功能,是整个家庭的经济基础,也是农民的最后一道生活和养老保障。土地的养老保障可以概括为以下两个方面:一是土地直接为农民提供基本的生活保障,当农民年老时,土地可以由自己或自己的儿女进行耕种,这样土地可以在农民年老时为他们直接提供生活依靠;二是农民可以将土地交由下一代继承,为代际养老提供基础。

一旦失去土地,农民的养老便没有了保障,而在目前的政策下,普遍实行的是货币安置,这种安置方式并没有从根本上解决这一问题。首先,货币安置只能为农民提供一定的生活补偿,而农民要想就业,就必须在劳动市场上进行竞争,这种安置方式,完全没有考虑到农民的养老需求。其次,现行的征地补偿金额过低,不足以在当地建立农民养老保障制度。根据 2004 年杭州市劳动和社会保障部门测算,仅养老保险一项的费用,若按最低标准购买,且为一次性资费方案,每个农民所要缴纳的保险费为 5.2 万元,而根据现行的土地征地补贴制度,每个人所获得的补贴费只有 3 万元,还差 2 万多元,远远不够足额支付养老保险费。再次,一次性的货币补贴费发到农民手中时,农民可能只关注眼前的收益,或者使用不当,导致这些补偿款并没有发挥应有的社会保障的作用,这反而成为一个阻碍因素。事实上,中国社会科学院公共政策研究中心于 2004 年对浙江省杭州市进行了调查,在 31399 名已经安置的农民中,有将近 80% 的人没有参加基本养老保险。

实践中,失地农民参加的养老保险主要有三种:一是将失地农民纳入城镇的社会保障体系中,享受城镇职工基本养老保险;二是将失地农民纳入农民工专项保险制度;三是将失地农民纳入农村社会养老保险制度。当前,在一些发达地区,已经确立了被征地农民养老保险制度,如广东省现有一半以上的失地农民已经被纳入养老保险的队伍之中,人均每个月会发放 200 元,但在中西部地区这个标准还远远没有达到,养老保险还有很长的路要走。在已经确立被征地农民的养老保险制度的地区也存在着很多问题,以江苏省为例,参保成员的年龄段主要集中在投保后不久便可以享受养老待遇的阶段。以苏州市吴江区为例,在参保的 10 万人当中,16 周岁至男 45 周岁,女 35 周岁的农民有 2 万多人,男 45 周岁,女 35 周岁到男 60 周岁,女 55 周岁的农民大约有 3.5 万人,约占 35%,而已经达到养老标准的有不到4万人,约占总人数的38%。从以上数据可以看出,这种年龄结构的分配十分不合理,享受养老待遇的人员所占的比重比较高,低年龄段的农民对我国的养老保险制度不是很认同。

3. 失地农民的医疗保障

社会医疗保障体系包括强制性的医疗社会保险、公共卫生及服务、医疗救助等方面。对失地农民而言,可以参加的医疗社会保险包括针对城镇居民的城镇职工基本医疗保险、专门针对失地农民建立的医疗保险与新型农村合作医疗。在医疗保险政策上,国家允许农民工与城镇职工一样参加基本医疗保险,并享受基本的医疗保险待遇。各地区根据当地的实际情况,因地制宜,实施极具地方特色的医疗保险模式,将失地农民有序纳入医保系统。总体来说,各个地区对医疗保险的需求比较强烈。从农民实际参与医疗社会保障的情况来看,其参与比例与当地经济发展状况有关。失地农民对现行的医疗保险制度的满意度都不是很高。

1) 新型农村合作医疗

目前,全国各地根据本地区的实际情况,均制定了针对本地区的具体措施,但大多数地区对农民在失地前已经参加了新型农村合作医疗(以下简称新农合)的,根据属地管理的原则,对失去土地但户籍所在地没有改变的农民仍保留其新型农村合作医疗。2002年10月,我国明确提出各级政府要积极引导农民建立以大病统筹为主的新型农村合作医疗制度。2017年,各级财政对新农合的人均补助标准在2016年的基础上提高30元,达到450元,其中:中央财政对新增部分按照西部地区80%、中部地区60%的比例进行补助,对东部地区各省份分别按一定比例补助。农民个人缴费标准在2016年的基础上提高30元,原则上全国平均达到180元左右。山西省财政拨付的2014年新农合补助资金为45.02亿元,比2013年提前一个月到位。在财政资金的保障下,2014年山西省新农合人均筹资标准提高到390元,并实行省级医院就医即时结算。

2) 失地农民医疗保险

医疗保险是五险中比较特别的一种保险,医疗保险的缴纳要求具有持续性。也就是说在缴纳期间,如果医疗保险中途间断,则需要重新缴纳。之前缴纳的医疗保险自动清零。如果是由于换单位导致保险未及时缴纳,则三个月内补上可以续缴。

2011年,常熟市对未一次性领取征地补偿款的失地农民实施医保新政,符合条件的失地农民可通过补缴参保费用的方式,由新农合转为城镇医保。这项政策规定,凡未一次性领取征地补偿款的失地农民,达到退休年龄办理退休手续时,安置补助费按规定置换的城镇养老保险缴费年限7.5年视同医保缴费年限,与医疗保险实际缴费年限合并计算,达到医疗保险最低缴费年限标准的(男满25年,女满20年),便可享受退休人员基本医疗保险待遇,不足最低缴费年限的,须补缴后方可享受城镇医保待遇。

根据内蒙古自治区通辽市关于被征地农牧民的相关政策,该地将被征地农牧民的社会保障工作作为重要的任务来抓,全力做好失地农牧民参加养老保险的宣讲和动员工作,简化办理程序,采取"一站式"服务,按照各项制度要求,对办理对象的户籍、征地等情况进行严格审核,确保人员和信息的准确性,做到符合条件的失地农牧民应保尽保。根据内蒙古自治区通辽市关于被征地农牧民的相关政策,2017年7月,开鲁县结合本地实际,制定了当地被征地农牧民参加基本养老保险的实施细则,为符合条件的失地农牧民办理养老保险。2018年,开鲁县社保局为各乡镇办理参保缴费的农牧民达到280人,其中有109人达到了退休领取养老金的标准,这109人的人均养老金达850元。

3) 城镇职工基本医疗保险

上海市的城市化程度位居全国第一,其在2003年就提出了针对失地农民的"镇保模式",为被征地农民提供养老、医疗、失业等在内的社会保险。"镇保"的总体框架可以概括为"25%+X"。25%是指基本保险的统筹部分,通过政府强制征缴,统筹使用,体现基本社会保险的公平和保障基本生活的原则。这部分费用以上年度全市职工月平均工资的60%为基数,按25%的比例按月缴纳。在25%的缴费比例中,养老、医疗、失业保险分别占17%、5%和2%,生育、工伤保险各占0.5%。这样就使基本保险的统筹部分形成了养老、医疗、失业、生育和工伤保险"五险合一"。X是指补充保险的个人账户部分,由政府指导鼓励,单位和个人选择参加,实行个人账户制,归个人所有,体现补充保险的效率原则。"镇保"办法中的"X"补充保险由三部分组成:X1是补充养老保险,用于提高养老待遇;X2是补充医疗保险,用于解决门诊急诊费用;X3是被征地人员生活补助,用于解决被征地后一定时期的生活困难。设立"X"补充保险个人账户,为有能力的企业和个人增加了充分养老的空间,可以最大限度地发挥单位和个人的参保积极性。失地农民达到规定的缴费年限和起付线标准后就可享受70%~80%的医保报销。

4. 失地农民的就业保障

目前,我国正处于城市化高速发展时期,城镇扩建、道路建设、科技园区等的建设都需要大量的土地,这就导致我国农转非的人数激增。与此同时,我国人口老龄化的问题比较严重,这在一定程度上加速了农村富余劳动力的产生。2010年,国家统计局曾对2942户失地农民家庭进行调查,结果显示只有2.7%的农民获得就业安置,20%的农民没有工作,处于失业、待业状态。从失业保险来看,大多数的农民没有参加失业保险,其主要原因是受农民文化水平和综合素质的限制,大多数人换工作较频繁,工作十分不稳定。

以山西省为例,2018年全省城镇新增就业51.8万人,转移农村劳动力40.2万人,城镇登记失业率3.43%,完成了7.4万名农村建档立卡贫困劳动力免费职业培训、9.1万名农村贫困劳动力转移就业,超额完成了目标任务。在全省12个贫困县实施劳务输出"员工制"试点,妥善分流安置了1.97万名去产能企业职工。2019年,全省实现城镇新增就业45万人,城镇调查失业率、登记失业率分别控制在6%、4.2%以内。

失地农民由于在就业、收入等方面的不稳定性,依托家庭保障的模式越来越受到冲击。许多家庭靠征地补偿款来维持生计,但过几年征地补偿款就花完了,其最终结果往往是生活没有保障。同时,自20世纪80年代以来,中国人口老龄化速度加快,中国逐渐进入老龄化社会。据江西省的调查，每100个失地农户中就有7个60岁以上的老人，老龄化的趋势十分明显。

目前用人单位普遍存在排斥失地农民就业的问题。在市民化过程中，失地农民首先面临的就是经济排斥，这个主要表现在就业选择上，由于失地农民自身文化素质比较低，而自己所掌握的劳动技能在城市中很难发挥作用；另外，由于长期的城乡二元结构，城市职业系统本能地会排斥失地农民进入。失地农民只能从事那些低技术含量、低收入的工作。

失地农民对就业待遇的满足感比较低，相比于失地农民，进城务工的农民虽然也从事与失地农民同样的工作，但农民工的满足感要比失地农民的满足感高。因为农民工就业是与在农村干农活的农民相比，而失地农民在失去土地后，在身份上发生了转变，由农转非，因此参考的是城市居民的工作环境以及工资待遇。

第三节　失地农民社会保障存在的问题

当前，被征地农民和农民工社会保障工作还是整个农村社会保障体系中的薄弱环节。关于被征地农民社会保障问题，国务院自2006年起出台了一系列政策文件，对被征地农民社会保障对象、资金来源、待遇水平等做了详细规定，明确要求"社会保障费用不落实不得批准征地"和"先保后征"。但目前的落实情况不够平衡，有些地方的社保资金筹措不能完全到位，一些被征地农民还未纳入基本生活或养老保障制度，新的被征地农民与老的被征地农民在利益补偿上也出现一些新的不平衡等。被征地农民社会保障问题，事关农民利益和社会稳定，建议国务院及有关部门着力抓好落实工作，督促各地认真落实被征地农民社会保障的有关规定，采取有效措施,积极筹集资金。

一、失地农民最低生活保障的问题

近年来,为了给失地农民的工作生活提供安全有效的制度保障,各地区根据当地的实际情况都在进行积极有效的探索,取得了一定的成果。但是,从总体上来看,要想解决失地农民社会保障这个难题,就必须专门针对失地农民这一特殊群体的特征制定合理的计划和政策,以建立一个长效、全面的保障机制为最终目标。现存的最低生活保障制度,不论是城市最低生活保障制度,还是农村最低生活保障制度,特别是失地农民的最低生活保障制度,都存在着覆盖面窄、保障资金筹措不到位、相关配套措施不够完善以及管理不规范等问题。

1. 失地农民的最低生活保障覆盖面窄

对于我国社会保障体系来说,覆盖率的问题是首要问题,当前我国制定的社会保障制度都在试图扩大覆盖面,失地农民的最低生活保障制度也不例外。从2002年建立最低生活保障制度开始至2018年,我国最低生活保障制度几乎实现了全覆盖,但保障率很低,许多地区虽然表面上已经建立了农村最低生活保障制度,但没有实质性的内容,仅仅停留在表面上,具体落实存在很多问题,更别说针对失地农民的最低生活保障制度,农村最低生活保障制度之于失地农民,是保证其最低最基本生活水平的最后一道防线。现阶段,农村最低生活保障线远低于贫困线,这样就造成许多低于贫困线的失地农民无法获得有效的救助,救助水平低会直接导致最低生活保障的覆盖率过低。

2. 资金落实不到位

失地农民最低生活保障属于社会救助的一部分,我国最低生活保障的资金主要是由政府出资的,而目前农村最低生活保障资金面临着资金短缺的问题,资金短缺问题是我国失地农民最低生活保障制度建设停滞不前的根本原因。保障资金作为最低生活保障制度的物质基础,其主要来自国家财政,因为社会保障制度是政府的责任之一。而针对失地农民的最低生活保障资金是在国家财政的支持下,再加上地方政府共同筹集的,因为土地补偿费用一般是由村、村小组等集体组织统一掌管,交由集体使用的,因而在将失地农民纳入最低生活保障体制中时,安置补助费应作为国家负担的保障基金交由社会保障部门管理使用。而失地农民最低生活保障制度建立的过程实质上就是社会保障资金不断投入的过程。失地农民社会保障资金数量不足,或来源不稳定,将直接影响失地农民社会保障制度的持续性发展。

3. 配套措施不完善

当前我国针对失地农民最低生活保障的措施更加注重现金救助,而缺乏一定的人文关怀,人文关怀是对我国农村最低生活保障政策的更高层次的要求,特别是对于失地农民来说,迫切需要最低生活保障体制中能够体现人文关怀。失地农民失去了土地保障后,身份上"被排斥",成为介于农民和市民之间的"边缘化"的人。因而失地农民的最低生活保障制度不能简单地只停留在贫困救济上,只解决农民的基本生活问题是远远不够的,对于失地农民来说,保证自己生活的可持续性才是最终目的,这才是失地农民最关心的问题,但提供生活所必需的物质基础也很重要,这是解决当前问题唯一且有效的途径。例如,长沙市将失地农民纳入了养老保险,但这种养老保险如果不是建立在有稳定的工作保障或持续的收入来源的基础上,而是以土地安置费的方式一次性缴纳,那就需要在实施最低生活保障政策的同时增加相关的配套政策来进行配合,比如进行岗位技能技术培训,帮助其寻找适合的创业致富路径,对于在发展生产中所存在的技术、资金问题给予政策上的优惠,恢复和增强他们的"造血"功能,使其在摆脱暂时的贫困的同时,增强失地农民的长久持续生存能力。

4. 管理不规范

在我国进行土地征用的过程中往往会出现一些不自律的行为,许多地方政府既是土地的征用者,又是土地的使用者,这就使得各级政府在土地审批的过程中,会存在违法、越权和审查不清的行为。在对失地农民提供社会保障的过程中,实施效果如何完全依赖于社会保障制度是否规范。特别是对于最低生活保障制度,在其实施过程中需要有明确的指导思想、保障原则、保障标准、保障方式、家庭收入计算方法、申请程序、资金来源的规范,除此之外还需要一个强有力的管理和监督体系。根据现行的最低生活保障制度的实施状况来看,大多数地方在指导思想和保障原则方面都以维护社会稳定,实现社会公平,促进经济持续稳定发展为基本原则制定了明确的方案。国务院关于实施农村最低生活保障的文件中规定,申请农村最低生活保障,一般由户主本人向户籍所在地的乡镇人民政府提出申请,村民携带相关证件到村委会申请,村委会受理并公示后,报镇民政所审批。具体流程为:受乡镇人民政府委托,在村党纪织的领导下,村民委员会对申请人开展家庭经济状况调查,组织村民会议或村民代表会议民主评议后提出初步意见,报乡镇人民政府,通过审核后,报县级人民政府民政部门审批。

二、失地农民养老保障的问题

1. 农村社会化养老保障推行困难

在农村推行社会化养老方式,农民难以接受。首先,受中国传统文化的影响,在短期内传统的家庭养老的观念难以消除;其次,由于现行的以养老院为代表的社会化养老方式还不完善,对失地农民缺乏吸引力;再次,农民对养老院的认识还存在欠缺,认为养老院就是用来收留"鳏寡孤独"的,对其养老保障的作用不了解。但在当下,随着农民收入中务农收入所占的比重开始下降,大多数的农民都有一定的非农收入,且非农收入开始成为农民收入的主要来源。因此,农民对土地的养老保障功能并不看好,比较愿意用自己的土地来换取一定的社会保障,因此在农村推行社会化养老有一定的潜在空间。农民对政府的信任度不高,对于农民而言,关于养老保险，他们比较关心自己是否能在十年或更长时间之后，能够足额、准时地领到相应的养老金，由于在征地过程中当地政府与农民的关系不是很和谐，这就使得在推行养老保险的过程中，农民对政府半信半疑。综上，在农村推行社会化养老保障制度虽然有一定的契机，但同样也存在很大的阻碍。

2. 失地农民的养老保险制度还存在一定的缺陷

第一，养老保险政策执行缺乏强制性，首先农民受自身条件的限制，缺乏一定的理财能力，且养老的观念相对落后，缺乏对自己未来养老问题进行合理规划的能力，因此就决定了仅仅靠农民个人的自觉性使农民主动参与养老保险是很困难的，故政府对农民应该加强引导，应该具有一定的强制性。第二，由于我国经济的快速发展，农民的生活成本也相应提高，但个人可支配收入比较有限，再加上个人缴费比例较高，按理可以把失地农民需要缴纳的那一部分从征地补偿款中扣除，但由于有些地区的征地补偿款金额较低，故不足以抵扣农民需要缴纳的部分。第三，保障水平过低，目前各地区的养老金的发放标准为二三百元，还有的地方不到一百元，这个养老金的发放标准，在消费水平不高的农村刚能够维持农民的基本生活，但对城市来说，还远远不够，这就严重制约了养老保险工作的开展。第四，保险层次单一，不能满足个性化需求。对于一些比较富裕的地区，农民希望多缴纳一些，来保证年老之后能达到一个较高的消费水平；对于比较贫困的地区，农民则认为只要能在年老后满足温饱即可。此外还有实施过程中的一些问题，如宣传不到位、养老金不能足额准时发放、实施过程中农民缺失知情权和参与权等状况时有发生，严重阻碍养老保险工作的顺利开展。

3. 城乡养老保障制度衔接不畅

城乡养老保险制度还不成熟，"碎片化"特征明显，不具备统一性；统筹区相互独立，管理过程无法实现统一管理；失地农民的养老保险制度缺失，大多数的失地农民不包含在养老体系之中；城乡居民覆盖面还比较窄。2012年底,全国城镇基本养老保险参保人数达到30427万人,相比于城镇就业人员37120万人,缴纳保险的比例达到82%,各级财政补贴基本养老保险基金2648亿元。而国家城乡居民参加养老保险的人数为48370万人,相比于全国非城镇人口占比75.4%,不符合"保基本、全覆盖"的养老保险体系要求;城乡养老保险待遇差距较大,养老保险待遇比较偏重身份属性,因此城镇企业职工基本养老保险、城乡居民养老保险的统筹办法、支付渠道以及待遇标准都不一样,养老保险资源分配不公。不同的养老保险制度发放不同水平的养老金,从200元到10000元不等,相差较大。

4. 养老保障制度建设面临资金困境

1) 资金筹集

第一,失地农民收入不足。农民失去土地后,所得到的征地补偿款比较有限,再加上失地农民的收入水平在失去土地后不升反降,通常情况下,农民在支付日常生活开支后所剩无几,严重地制约着失地农民的养老保险缴费能力,农民在面对需要一次性缴纳上万元的保险费用时,无能为力。如果农民失去土地后没有稳定的收入来源,续缴保险费更是难上加难。

第二,财政支持不够。随着城市化进程的加快,享受养老金的人数也逐渐增加,但能够足额缴纳保险费的人数在不断减少,这就成为失地农民养老保险制度建设的主要障碍。而作为政府,所要承担的失地农民的养老保险金负担就会更重,保险金难以足额准时发放。尤其是当被征用的土地用于基础设施建设、公益事业等用途时,政府便无法从这部分土地中获得土地收益金,统筹资金严重缺失。

2) 资金管理

养老金保值增值困难,中央及各地政府在养老金具体运营、管理以及监督等方面,目前并没有颁布有效的法案。虽然我国规定养老金在留够两个月的支付费用以外,应该全部用于购买国债和企业债券、银行储蓄、投资股市,严禁投入其他金融和经营性事业。但是目前我国养老金仍主要用于购买国债和银行储蓄,收益甚小,根本无法满足老龄社会对养老金的需求,没有真正建立起养老金保值、增值的长效机制。公开数据显示,我国养老保险个人账户空账运行规模已超过1万多亿元,虽然做实空账工作已经开展几年,但空账规模仍在扩大。从债务关系来说,养老金的空账运转是现在向未来透支,是老一代向年轻一代透支,长此下去必然蕴涵巨大的资金风险,也会降低改革后新制度的信誉,动摇新制度的根基。2010年底,我国城镇职工基本养老保险个人账户累计记账额将近2万亿元,虽然全国养老保险基金累计结余1.5万亿元,但是并没有落实到对应的个人账户。一方面,现阶段职工个人账户上的养老保险金被用于支付现期的退休金,账户上几乎没有什么实际资产,大部分是空账;另一方面,现行制度要求养老保险金余额除满足两个月的支付费用外,80%左右要用于购买政府债券或存入银行,由于近期银行存款利率低于通货膨胀率,养老保险金的结余在不断地贬值,这些钱的收益率多年来一直不到2%,在财政账户里死死放着,这势必会加重未来养老保险的负担,也会增加国家在养老保险方面的支出负担,应对老龄化的长期资金平衡压力巨大。

三、失地农民医疗保障的问题

1. 农民参保的积极性降低

第一,目前各个地区很少出台针对失地农民的专门性、针对性的医疗保险,而且一次性的货币补偿标准过低且不及时,这就极大地影响了农民参与医疗保险的积极性。农民在农转非后,很难维持原来的生活水平,此时家庭中如果有成员身患重病,或因不幸遭受意外伤害,农民会再度陷入贫困。第二,由于没有出台针对失地农民参保的相关优惠政策,想参加医疗保险的人了解不到自己想要的信息。第三,失地农民不一定属于医疗救助的对象,在当前农村医疗体制存在缺陷的情况下,对失地农民来说,一旦家人得了大病重病,多年的积蓄将会用来支付巨额的医疗费。在城市务工的失地农民因为户口原因不能参与当地的城镇职工或居民的基本医疗保险,这种情况非常常见,因此不得不选择加入家乡的新型农村合作医疗。因此,在时间、距离和户口等多种因素的影响下,农民参加医疗保险的积极性开始降低,一旦患有重病,会迅速再次陷入贫困。

2. 城中村生活环境质量低

由于各个地区所征用的土地是一部分一部分被征用的,失地农民会集中居住在留下来的土地上,这样一来,失地农民就主动或被动地进入了城中村。城中村四面均是街道、购物广场、重点小学,而且其房租比较低,为了获取更多的房租,房东随意扩建房屋,因此房屋在外观上参差不齐,内部环境闭塞狭窄,而且在此处居住的农民大都沿袭着农村的生活方式,缺乏专业化的物业管理和治安管理。对这部分失地农民来说,虽然人在城市中,但生活方式、文化观念却处于城市的边缘地带。生活在此处的失地农民的身体健康无时无刻不受到威胁。

3. 城乡医保差距悬殊

当前,受经济条件等的制约,经济条件较好的城镇职工和居民基本上可以根据自己的经济条件选择大中型的医疗机构,方便快捷地就地诊疗。但在农村,缺医少药的现象屡见不鲜,城乡医疗保障水平差距悬殊,在个人缴费、报销比例和统筹基金等方面都存在较大差距。在个人缴费方面,相比于城镇,农村的个人缴费比较少,而政府补助比较多,有利于制度激励作用的发挥,比较符合农村落后的现状;在统筹基金方面难度比较大,且管理体制不统一,管理效率低。

4. 新农合覆盖面窄

农民失去土地后,将其所获得的大部分补偿费用于养老保险,而对于医疗保险,并没有强制性的规定,尤其根据属地管理原则,失地农民受到户口、工作和资金等因素的制约,大多数农民不愿意参保。新农合本质上是一种自愿性的公共医疗保障计划,并且其具有不可携带性,外出务工的失地农民并不会选择参加。

5. 资金统筹难度加大

我国县、镇、村大多以农业或畜牧业为主,产业结构以第一产业为主,因此,农村有大量的剩余劳动力需要外出务工。这就导致养老保险、医疗保险的社会统筹资金水平很低,难以发挥分散风险的作用,医疗保险的收入分配功能弱化。在失地农民医疗保险方面,劳动力流动对流出地的医疗保险缴费的冲击和影响则更大。医疗保险基金实行年度资金平衡,筹集的资金往往是在年轻人和老年人之间、健康者与非健康者之间进行再分配。而随着大量外出务工的青壮年劳动力停缴新型农村合作医疗的费用,劳动力流出地的医疗保险缴费统筹基金仅剩下留守老年人、儿童的缴费,而这两个群体往往是疾病风险最高的人群。劳动力外出引发的医疗保险停缴的现象,使得流出地的医疗保险制度的互助共济功能大为削弱。

四、失地农民就业保障的问题

1. 失地农民的失业保险与救助制度还不完善

失地农民的失业保险缺失。失业保险制度是国家立法强制实行的对因为失业而暂时中断生活来源的劳动者提供物质帮助的制度。失业保险是失业保障制度的重要组成部分,而在我国目前很多地方的失地农民并未纳入失业保险体系中。

2. 失地农民就业排斥性因素较多

失地农民会遭受到经济排斥。经济排斥是指失地农民与城市居民在获取劳动生活资料时受到不公平的待遇,长期的城乡二元结构将失地农民排除在城市之外,这就使得劳动力市场被划分为正式市场和非正式市场。这样就会产生严格的就业限制,许多城市对失地农民的工种进行限制,允许农民工从事的大多是一些农业、重工业、建筑业等体力劳动的工种。此外,部分用人单位会侵害失地农民应该享有的基本权利,如休息休假权、社会保险和社会享受权等,而且失地农民所获得的报酬比市民要低得多。失地农民就业遭受到社会的排斥,社会支持度较低,社会关系网络利用率低,可利用的社会资本量较低,用工单位往往不与他们签订劳动合同,进而不提供相应的医疗保险、生房公积金补贴和养老保险等。即便这样,失地农民的工作还存在很大的变动性。事实上失地农民遭受的排斥不止这些,各种社会排斥致使失地农民不能获得足够的政治、经济地位,如果任其发展,可能会影响社会安定和谐的局面。

3. 失地农民就业信息网站不完善

现存的就业信息网站不完善,政府就业信息网站只是针对城市就业服务机构,专门针对失地农民的城市就业服务机构几乎没有,失地农民的就业转移是一种被动的就地转移。21世纪是互联网时代,失地农民由于自身素质不高,与这个时代脱轨,其失去土地后,迫切想找一份可以胜任的工作,但不知去哪里寻找,不知向谁求助。因此,当地政府应该针对失地农民的这些需求,放宽视野,建立服务领域更宽、服务手段更加多样化的就业服务网站,建立跨区域的企业用工信息定期发布制度,尽量让失地农民都能够得到及时有效的就业信息,使这些信息在本市与邻近城市间高效率地流动,同时,更大限度地为失地农民提供就业咨询信息、就业指导,促进在劳动年龄段内有就业愿望的失地农民尽快实现就业。

4. 失地农民自主创业的积极性不高

1) 主体性因素

第一,创业能力不足。创业能力具体包括劳动技能、创新能力、创业机会识别能力等。总体来说,我国失地农民受教育水平不高,在创业中仅依靠自己的主观判断来确定投资的方向,导致许多人在创业中失利。第二,心理因素,主要指的是创业意识,创业意识直接影响创业活动的发生。失地农民长期以来,日出而作,日落而息,生活方式和思维方式比较保守,创业意识不强,这就增加了创业的难度。

2）制度性因素

由于城乡长期处于割据状态,失地农民面临许多有形和无形的就业歧视和不公平待遇,各种社会排斥共存。失地农民创业资本一般有四条渠道:自我储蓄、亲戚朋友资助、金融机构贷款以及外来投资。其中,自我储蓄十分有限,发放的征地补偿款也不多;向亲戚朋友借款的可能性也不大;金融机构贷款受到严格的信贷条件和农民担保条件的约束;外来投资也是少之又少。这些因素极大地制约了其创业的可能性。

第四节 国外失地农民社会保障制度的借鉴

随着我国经济的飞速发展,我国的城市化水平也在不断提升,公路、工业园区、高新技术开发区、大学城等的建设都需要大量的土地,而我国的土地资源十分有限,大量农用土地的征用,产生了大量的失地农民,对于这部分人群,我国现有的失地农民社会保障制度还存在很大的缺陷,仍需要进行探索和尝试。失地农民问题能不能解决,能不能很好地解决,不仅关乎他们的切身利益,而且关乎整个国家的稳定。西方发达国家在发展过程中,也同样面临过相同的困境,并且在许多方面拥有成功的经验,本节将通过对其成功做法和经验的分析,为解决我国所面临的失地农民问题提供有益的借鉴。

一、美国失地农民社会保障制度

19世纪60年代美国爆发了内战,此次战争的爆发虽然使美国遭受了巨大损失,但同时也带来了机遇。内战促进了美国对土地的利用和开发,大量的公用土地被用来建造铁路,这不但使得美国的铁路事业蒸蒸日上,而且刺激了美国工业化的发展。伴随着美国经济的飞速发展,一些严峻的社会问题开始显现,尤其是失地农民的矛盾尤为尖锐。美国大量的土地被挪为公用,用来修建公路、铁路,再加上土地资源比较稀少,导致农民失去了大量获得土地的机会,尤其是土质较好的土地。据统计,当时没有土地与不完全拥有土地的农民占农民总数的一半。19世纪中叶至20世纪30年代为美国土地制度发展深化的时期,1862年实施的《宅地法》使得近200万的农户无偿获得了宅地,土地面积共达1886.67万公顷(1公顷＝10000平方米)。这部法律的颁布是美国农业资本化道路上最重要的一步,它开启了美国长达几十年以无偿分配西部国有土地为主的土地流转时代。

美国征用土地的补偿价格不仅要考虑土地被征用时的市场价格、土地可以预期的未来价值,而且要考虑土地可以给所有者带来的利益。此外,美国还会考虑附近土地所有者因该土地被征用而蒙受的损失,也会给予临近的土地所有者一定的补偿。美国通过对有出售土地意愿的所有者征收高额的税收来限制土地在市场上的流转,使得大部分农户宁愿土地被征用也不愿意使其在市场上流转。同时在土地征收过程中对政府的行为进行了严格的规范。美国的宪法规定:非依正当法律保护程序,不得剥夺任何人的生命、自由或财产;非有合理补偿,不得征用私有财产供公共使用。美国在土地征收的过程中在公共利益上表述为"公共使用",在美国征用土地的发展过程中,"公共使用"有两种不同的含义:其一是在美国刚刚独立之时,被定义为所征用的土地必须为公共直接使用或有权利直接使用;其二,随着美国经济的发展和美国工业革命的爆发,这个词语被赋予了新的定义,其指的是能够促进公共利益或公共目的。美国政府制定了非常严格的土地征收程序:预备程序、合法进入财产并且调查、评估、协商购买、征收申请、通知和公告、听证、审判及对补偿数额的调整。

美国拥有灵活的户籍管理制度,且操作手续比较简单,失地农民可以自由地向其他地区流动,这为美国失地农民寻找新的生计提供了自由选择的空间。失地农民如果想要去其他地方就业,只需要向当地城市申请一个社会安全号码,便可以在当地工作或定居。关于失地农民的就业问题,美国颁布了一系列的法律,如《就业法》《莫雷尔法案》等,将农民的就业以法律的形式进行了保障,并且将失地农民的就业培训纳入了法律的监管体系之中。通过借助城市本身所具有的集聚资本、劳动力等生产要素的能力,因地制宜地发展城市的主导产业,推动城镇的发展,为失地农民就业问题的解决奠定了基础。

二、日本失地农民社会保障制度

第二次世界大战结束后,在反法西斯盟国和日本人民的要求下,由美国占领当局主持,在日本政治、经济和教育等方面实行民主化改革。其中,日本对原有封建土地所有制进行了改革,经改革,474万多户佃农和少地农民买到189.9万多町步土地,占全部耕地的89%,佃租地只剩51.4万多町步;不在村地主完全被消灭,在村地主基本被消灭;自耕农和半自耕农增加到541.1万多户,占农户总数的87%;佃农和半佃农减少到22.3万多户。于是,基本上消灭了寄生地主及其所有制。但在这次改革中获得土地的多是改革前的中下层佃农,因此农村中仍有土地占有不均的现象,据统计,约有70%的农户的耕种面积不到1公顷。此外,日本的土地继承制度为长子继承制,即由长子来继承土地,其他的孩子没有土地,在农村也没有其他的就业机会,他们就会成为农村的闲杂劳动力。第二次世界大战后,日本的经济受到了严重的影响,为了促进经济水平的提高,日本提出了"教育立国、工业立国、贸易立国"的基本国策。1956—1973年,日本的国民生产总值年均增长9.7%,国民生产总值翻了两番,日本的工业化和城市化迅速完成,同时,城市化发展与土地资源不足的矛盾日益突出,因此在此过程中,日本也涌现出了大量的失地农民。

日本征用土地是按照财产的经济价值来进行补偿的,具体包括:对征地造成的财产损失进行补偿;按被征用财产的经济价值进行补偿;对因征地而导致的被征地者的附带性损失进行补偿;对因征地使得人们脱离了生活共同体而造成的损失进行补偿;对离职者的补偿;事业损失补偿;对公共事业完成后所造成的污染和对经济和生活缺失等的补偿等。从日本征地补偿的内容可以看出,日本征地补偿的内容较为全面,且在相关的法律中也得到了明确的体现,补偿的内容不仅包括对土地所有权的补偿,而且包括对土地的所有者和对其有利害关系的人的补偿。不仅如此,在日本的《土地收用法》中,还规定了对剩余土地的补偿和对与土地有关的间接权利的补偿,后者主要包括对物件转移费的补偿,对土地所有者安置、搬迁的补偿,对树木等的补偿,对营业废止或休止的补偿等。此外,日本对被征地农民的补偿不只局限于金钱上的补偿,还采用了诸如土地补偿、股份补偿等多样化的方式。

对于失地农民的就业安排,日本政府通过集中发展中小城镇的企业来带动当地失地农民就业。在政府的指导下,日本集中发展中小城镇,在中小城镇中建立起各种各样的工业区来吸纳当地的失地农民,促进各地的工农业、城市农村协调发展。据统计,通过此种方法吸纳的劳动力中,有60%左右的农民是失地农民。另外,日本还鼓励小地方的特色产业的发展,将传统的风俗与现代化相融合,推进当地经济的发展,积极促进当地就业问题的解决。同时,通过了解当前的劳动力需求,有针对性地对失地农民进行职业培训,通过这种方式来提高失地农民的技能水平和竞争力。

三、英国失地农民社会保障制度

在中世纪和近代早期,英国实行"敞田制",即将若干土地划分为零散的、质量均匀的"条田";到了十四、十五世纪,农业逐渐得到发展,农民为了提高生产效率,通过自由交换各自的条田,使土地更集中,方便管理,这在一定程度上已经具备了"圈地"的性质。"圈地"即英国新兴的资产阶级和新贵族通过暴力把农民从土地上赶走,强占农民的份地及公有地,剥夺农民的土地使用权和所有权,限制或取消原有的共同耕地权和畜牧权,把强占的土地圈占起来,变成私有的大牧场、大农场。在英国的圈地运动过程中,许多农民被迫失去他们赖以生存的土地,成为英国资本主义原始积累中最原始的劳动力,与此同时,失地农民也越来越多。

关于土地的征收,英国在法律中的常用术语为"强制性购买"。第一,英国的强制性购买遵从公益性和补偿性的原则。但英国的强制性购买要求不局限于为了公共利益,除了公共事业,只要能够保证所征用的土地得到最合适和最经济的开发利用,也可以实施强制性购买。第二,英国的强制性购买的程序比较烦琐,1981年颁布的《土地取得法》中明确规定了英国对土地进行强制性购买的程序。英国强制性购买的程序可以分为两个阶段:第一阶段是获得上级的审批,一般是征收机构做出正式的征地决议,然后统计、记录拟征收机构,制作强制购买令,报上级审批机构进行审批;第二阶段是征地的正式实施,在占有时必须获得强制购买令,并且按照征收土地的实际状况进行补偿。第三,英国政府或公共机构要对所要征用土地的行为进行补偿,补偿包含以下四个方面:失去土地补偿,即对土地持有者根据土地(包括构筑物和附着物)原用途的市场价值进行补偿,计算时会考虑近期的潜在用途,但不考虑因征用行为而引起的价值的变化;残留地的隔绝与伤害补偿,即由于强制性购买造成地块分割后的残留地贬值影响的补偿;干扰补偿,被迫出售的损失、商誉的损失、搬迁成本等,必须是由强制性购买所引起的自然合理的结果;其他费用的补偿等。

失地农民由于不能适应新的生产技术而常常面临失业的困扰,对于失地农民的就业问题,英国采取了就地安置、对失地农民进行补偿以及协助社会保障等措施来维持失地农民的基本生活需要,并且鼓励第三产业的发展,为失地农民提供相关的就业岗位。针对失地农民就业情况,政府对失地农民进行职业技能培训,这类农民可以从事政府安排的工作,也可以选择自由择业。1980年,英国政府先后建立了多个企业区,对区内的企业在某些方面实施一定的优惠,为该地的失地农民提供一定的就业保障,同时通过税收筹集资金,建立养老金制度,为失地农民提供养老保障等相关福利待遇。

第五节 失地农民社会保障发展展望

失地农民问题是我国城镇化进程中最突出,也是最迫切需要解决的问题。对于失地农民来说,失去土地,就意味着失去了赖以生存和发展的基础,失地农民的养老、医疗、就业问题都涌现了出来,失地农民能不能与城市居民享受同样的社会待遇,如何使他们享受这种待遇,成为政府和许多人关注的热点。如今政府正在积极构建失地农民的社会保障制度,为失地农民的可持续性发展提供保障,从而在推进城市化的同时,维持社会的长治久安。本节根据我国失地农民存在的问题,针对失地农民的最低生活保障、养老保障、医疗保障、就业保障等方面,提出一些对策和建议。

一、失地农民的最低生活保障

最低生活保障是公民应该享有的基本权利,是现代社会保障制度的重要部分,是公民生存权利得以实现的重要保障。在最低生活保障方面,失地农民因不能享有城市居民最低生活保障而成为弱势群体,所以要建立失地农民最低生活保障制度,对月收入达不到低保标准的农民实行补足到低保标准的最低生活保障，对不符合低保条件的特困老人和已纳入低保仍较为困难的老人实行救助。失地农民的最低生活保障制度应该包括以下几方面的内容。

1. 明确最低生活保障制度所保障的对象

可以享受最低生活保障的只可以是生活水平暂时或永久低于或等于国家公布的最低生活水平的人群，针对失地农民这一特殊群体，可将一定年龄以上符合条件的人群纳入最低生活保障的范围内。最低生活保障是社会安全的最后一道防线，政府应认真做好失地农民的最低生活保障。失地农民没有土地，在性质上与城市居民一样，应按照城市居民的最低生活保障标准来进行核算。

2. 确定最低生活保障的标准

该标准的制定受多方面因素的限制，不仅要考虑维持失地农民的基本生活物质需要，而且要将当地的国民生产总值、农民的人均收入、地方财力的大小以及物价水平考虑进来。只有综合考虑多方面因素，才能制定出一个比较科学合理的最低生活保障标准。

3. 最低生活保障的资金来源多元化

最低生活保障的资金应该由国家财政和村民委员会集体经济共同负担，各地政府应该根据当地的实际状况，及时调整财政支出结构，确保最低保障资金能够按时发放。此外还要增加社会化的帮扶渠道来募集资金。

4. 建立失地农民最低生活保障金制度

最低生活保障金是保障农民最低生活保障的基础，最低生活保障金的运营和监管应分开，政府应只拥有监管权，运营权可以交给第三方或各大商业银行，以确保资产的保值增值。政府在监管中应该秉持公开、公正、合理的原则，应杜绝政府对保障金运营的干预。

二、失地农民的养老保障

养老保障是失地农民最为担心的问题,由于劳动就业年龄的限制和劳动能力的下降,老年人的支出远大于收入,存在很大的养老风险。在养老保障方面,广大农村长期以来以家庭保障为主要途径,然而家庭保障也有不少问题,并且失地农民又失去了土地保障,因此,失地农民养老保障制度的建立,将对社会稳定起到积极的作用。只有建立失地农民的养老保障制度,从根本上消除农民失去土地后对养老问题的担忧,才能加快城市化的进程。

1. 建立失地农民的养老保障制度

在确定失地农民养老保障的对象时,应先将失地农民按照年龄段进行划分,再将在劳动年龄段内的已就业与未就业的农民进行划分,分别纳入对应的养老保障体系。对于未满15周岁的失地农民,可以从村集体的补偿费中进行拨款,一次性付清,保证其能顺利毕业。对超过劳动年龄的失地农民,将其直接纳入失地农民的社会保障中,直接让其每月定额领取自己的养老金。其他的失地农民在进行养老保险费用的缴纳时,当地政府可以根据当地的经济条件,对实际缴费基数、比例和年限,进行适当的规定,但要确保可以满足当地每月基本生活的标准。

2. 完善失地农民养老保险金的管理

目前,对养老保险金的管理由完全的公共管理逐渐变为公共管理和私营管理并存,而且现在私营管理的比例越来越大。过去,政府主要把养老保险金用于购买收益率非常低的政府债券或投资于公共事业,但是由于我国的老龄化人口逐渐增多,养老问题越来越严重,相较于公共管理,私营管理更具有灵活性,所以对于养老保险金可以考虑采用公共管理和私营管理相结合的方式。

三、失地农民的医疗保障

对于失地农民来说,他们的生活状况普遍不会比普通农民好,其生活水平与广大农民较接近,可持续缴费能力与广大农民较接近,较低的保险费支付能力使他们很难承受城镇职工基本医疗保险和城镇居民基本医疗保险的缴费负担。失地农民需要一种社会医疗保险制度来为其提供医疗保障。

1. 依法明确失地农民的医疗保障权利和义务

医疗保障权利不仅包括在当地合作医疗管理组织指定的单位就医的权利,还包括按当地的合作医疗办法和规章制度所确定的补偿标准与比例获得医药费补偿的权利,按规定享有预防保健服务的权利,对当地合作医疗的服务质量、技术及收费标准是否合理进行监督、批评和建议的权利。而医疗保障的义务包括:依法缴纳医疗保险费的义务、遵守合作医疗制度的规定的义务、合理必要使用医疗保险的义务、遵守就诊和转诊手续规定以及其他相关规定的义务、遵守医疗保险法律和地方具体法规的义务。对于这些权利和义务,必须做到每个参与其中的公民都要熟知,应加大宣传力度,确保每个参与者的权利和义务都能实现。

2. 进一步完善新型农村合作医疗制度的建设

新型农村合作医疗制度指的是由政府组织、支持、引导,农民自愿参加,个人、集体和政府多方筹资,以大病统筹为主的农民医疗互助共济制度。尤其对失地农民来说,应加强政府资金支持力度,进一步对政府的转移支付功能进行改革。现如今农村的卫生资源浪费现象比较严重,据调查,山西省某村有四家医疗诊所,当大家生病时会去其中的三家诊所,但该村却把合作医疗的定点机构设在人员比较稀少的诊所,因此大家缴费的热情都不高。

3. 现阶段应以大病保障为重点

在农村就小病而言,这部分费用是由个人来出的,于是大家都觉得个人医疗账户的那部分资金浪费掉了,因此参保的积极性不高。对于农村中那些较为贫困的家庭,一旦家中有人得了大病,即便去医疗机构就诊,能够报销一部分,但剩下的一部分他们仍然支付不起,而对于比较富裕的家庭,对他们而言,确实得到了优惠,这就使得农村内部的贫富差距越来越大,因此现阶段应以大病保障为重点。

4. 进一步发展商业保险作为失地农民医疗保障的补充

对于经济比较发达的地区,如果有条件,可以为失地农民提供商业保险,对保养人员提出实行保养安置,将对其发放的货币安置直接转化为商业保险的形式,由负责征地的单位统一向保险公司投保,由保险公司按月发放保险金。

四、失地农民的就业保障

为失地农民建立最低生活保障制度只能解决农民基本的生活需要,要想使农民由脱贫走向致富,必须以发展的眼光思考问题,让农民有源源不断的经济来源。这就需要建立失地农民的就业保障制度,就业是民生之本,它是最核心的社会保障,在一定程度上来讲,解决了失地农民的再就业问题,实际上就从根本上解决了农民的社会保障问题,解决了农民长远的生计问题。

1. 加强对失地农民的教育培训体系的建设,提高失地农民的综合素质

培训要有针对性,对不同年龄段和教育背景的农民要区别对待,分层次、分类型地对农民进行分流培训。第一类人群是失地农民的子女,对这类人群应该让其与城镇居民的子女享受同样的待遇。第二类人群是文化水平在高中以上的青年农民,对该类人群应进行成人教育,鼓励其接受更

高层次的教育,提高这类人群的综合素质,因为这类人群的就业时间较长,故对这类人群实行就业保障尤为重要。第三类人群是那些年龄较大、家庭负担较重、文化水平偏低的人,对这部分群体要进行针对性较强、实用特点比较突出且技术难度较低的短期培训。对不同类型的群体,不光要进行技术方面的培训,还要转变其观念,使其适应现代化发展的需要,综合提高失地农民的整体素质。

构建城乡劳动力流通体系。首先要对户籍制度进行改革,使城乡之间的劳动力能够进行充分流通。其次要鼓励建立劳动力中介组织,建立并完善城乡劳动信息供需网络,让广大失地农民了解就业市场,方便该群体积极就业。最后,取消对失地农民就业的限制,实现统筹就业。大力发展社区服务业,努力开发社区岗位,拓宽就业渠道。随着城中村的改造的不断推进,城市人口相对于之前的聚居方式来说变得相对集中,这就需要提高相应的管理和服务水平。而社区的服务和管理需要大量的工作人员,这些岗位比较适合失地农民,因此可以把扩大就业与发展社区有机结合起来,对失地农民的就业采取一些优惠政策。

2. 将农村就业系统与城镇就业系统结合起来,拓宽失地农民的就业途径

现代经济学认为,劳动力市场不完善是造成就业问题的重要原因之一。应该按照市场化原则,制定城乡统一的劳动力就业系统和城乡统一的就业工作平台,创造城乡统一的就业环境,从而建立城乡统一的劳动力就业市场,实现城乡统筹就业。在转变过程中,政府要转化职能,由管制转变为服务,积极提供大量且准确的就业信息,增加对农业和农村基础设施的投资,为农村创造更多的就业机会,对农村的人力资源进行开发,引导和教育农民转变观念,提高自谋职业、竞争就业的意识,化被动就业为主动就业,积极参与市场化就业。提高农民对劳动法的认识,消除城乡之间的就业歧视,实现城乡统筹发展;大力鼓励成立和培育劳动中介组织;鼓励失地农民自主择业和自主创业。

首先政府应加强对被征地农民的就业指导,提高这部分人群对市场

经济的适应能力和创业能力,政府的劳动保障部门可以出面成立失地农民创业服务中心。其次,农民在土地被征用后会得到一笔安置费,政府可以鼓励农民利用这笔费用来进行自主创业,如果失地农民从事个体经营、家庭手工业等创业项目,可以简化其手续,让其优先办理,并且在税费上享受与城市失业人员同等的优惠待遇;若这笔资金不足以进行自主创业,政府应该制定比较优惠的贷款利率,大力鼓励其贷款创业。最后,政府还应该制定和完善关于鼓励个体私营企业发展的措施,鼓励农民通过非全日制、临时性、季节性工作等其他一些比较灵活的形式就业。

3. 通过加快各地经济发展进程,提供更多的就业机会

由于我国的城乡经济结构,许多大中城市难以吸收大量的失地农民。由于国有企事业单位改革,许多城市面临着大量的下岗人员,其中大多数都集中在大城市,再加上每年这些城市都会有大量新增的劳动力,城市的就业形势已经十分严峻,而中小城镇中,主要以中小企业为主,可以通过大力发展中小企业,鼓励其吸纳失地农民。这些中小企业规模不是很大,对劳动者的素质和工作技能要求也不高,非常适合我国的基本情况。鼓励中小企业发展,不仅可以减轻失地农民的就业压力,而且将会带动该地的经济发展。因此,国家必须在财政政策、金融政策、行政管理、法律制度等方面对中小企业进行扶持。在财政政策上,对中小企业从税收和补贴方面入手,避免对中小企业进行不合理的收费;在金融政策上,鼓励银行贷款给中小企业;在行政管理上,简化中小企业的注册登记手续,减少限制其进行经营的障碍;在法律制度上,对中小企业进行合法保护以及规范化管理。

大力发展乡镇企业。乡镇企业是指分散在我国广大农村中的乡、镇、村从事经营农业、工业、建筑业、交通运输业等行业企业的总称。乡镇企业多为劳动与技术密集型企业,比较适合失地农民,而且乡镇企业能够比较好地适应失地农民的就地转移模式,所以可以很好地利用征地补偿款中村集体的那部分资金,大力发展劳动密集型的乡镇企业,借此来吸纳较多的当地劳动力就近就业。通过农业综合开发、农业基础设施建设来解决失地农民就业问题。积极引导失地农民走农、林、牧、副、渔综合发展道路,大力发展当地特色产品,通过深化农业内涵生产来解决失地农民就业的问题。此外,还可以实施保护性就业措施,建立失地农民就业保障金,强化劳动保障部门监察职能,规范劳动关系等,这些途径都可以对失地农民的就业起到一定的保障作用。

第七章

农民工社会保障制度

改革开放四十年来,伴随着社会主义市场经济的飞速发展,我国的工业化、城镇化进程不断加快,农村剩余劳动力也出现了大规模转移。"农民工"就是这一转移所产生的特殊群体。农民工的出现使劳动力转移到劳动生产率较高的部门,不仅在带动经济发展的同时增加了农民的收入,也使更多农民因此转变为城市居民,从而推动了城市化进程。但伴随着农村剩余劳动力的转移,也产生了一系列政治、经济与社会问题。这些问题若无法解决,我国在工业化、城市化、城乡一体化等方面的工作也很难有实质性进展。而解决农民工的社会保障问题是其中的关键环节,其有助于提升城市拉力,能有效缓解工业化、城市化给农民工群体所带来的经济社会风险,也有助于从根本上解决农民工非永久性乡城迁移问题。由此可见,如何建设适应农民工群体发展的社会保障体系,是我国城乡一体化建设进程中需要给予更多关注和有效加以解决的关键性问题之一。

第一节 农民工社会保障发展回顾

一、问题的出现

农民工是我国经济社会转型期出现的特殊群体。1949年后,尽管我国在政治制度上已经进入了社会主义初级阶段,但广大农村的生产力普遍较低,自1978年党的十一届三中全会起,到20世纪80年代后期,改革开放初显成效,农村实行家庭联产承包责任制改革,现代农业机械的使用也使农业生产效率大幅提高,农民拥有了自主支配财富的权力,而因此产生的一部分剩余劳动力选择外出或在当地务工来获得额外收入。这一时期对农村剩余劳动力的基本政策是"允许流转，控制进城"。农民主要从事工业、服务业等，就业范围也以乡镇企业为主。1983—1988年，全国约6300万农民工在乡镇企业工作。但农民受传统观念的影响仍然"离土不离乡，进厂不进城"，因此无论从制度上还是农民的观念上，城乡间隔阂依然较大。

这一时期，农民工主要为了解决基本的温饱问题而务工，而社会保障必须是建立在物质产品除了满足基本需要之外还存在一定剩余的基础之上，因此相关政策极为缺乏。而且农民工并没有脱离自己以往的生活方式和生活习惯，农民工群体的特殊性也因此没有得到足够重视。农民工社会保障的问题也就仅仅局限于个别工伤事件的赔偿等少数领域。

二、实践的探索

20世纪80年代末到21世纪初，农民工问题的社会影响开始显现。随着改革开放的深入，以及外资的进入，民营企业大量涌现，沿海地区对劳动力的需求加大；另外，农民也拥有了自主经营权，阻碍劳动力流动的行政壁垒也逐渐被突破。1989年，外出务工农民由改革开放初期的不到200万人上升至3000万人。这一阶段，农民更多是为了寻求不同的发展方式而外出务工，主要从事建筑业、加工业、纺织业或就职于出口企业，并且有很多人最终留在了城市，成为各类企业的骨干人才。

为了适应农民工从"离土不离乡"到"离土又离乡"的转变，越来越多的社会保障政策针对农民工群体作出了相应的规定。1991年7月，国务院第87号令发布了《全民所有制企业招用农民合同制工人的规定》，其中第二十五条规定：养老保险制度的适用群体包括与企业签订劳动合同的农民工人。这是我国首次针对农民工的养老保险作出相应规定。1997年7月，国务院颁布《关于建立统一的企业职工基本养老保险制度的决定》

(以下简称《决定》)。其中第六条指出要将城镇个体劳动者逐步加入到基本养老保险中来。《决定》虽未明确提出将农民工纳入基本养老保险范围,但城镇个体劳动者中包括不少进城经商的农民工,该政策为探索农民工的养老保险实践铺垫了道路。1998年12月,国务院颁布《国务院关于建立城镇职工基本医疗保险制度的决定》,该决定所规定的城镇医疗保险范围也适用于农民工群体。1999年,国家为应对金融危机造成的大量职工下岗失业现象,颁布了《失业保险条例》,农民工群体首次在中央制定的失业保险政策中被单独提到,规定农民工有权享受失业保险待遇。

然而通过上述政策规定可以看出,尽管随着经济发展水平的提高,我国社会保障制度在不断发展和完善,农民工在这一时期仅主要作为各项保障政策的适用对象,很少有政策或规定是专门为农民工设计的。

三、体系的优化

21世纪以来,中国特色社会主义民主政治得到发展,社会主义市场经济体制逐步建立,建设社会主义和谐社会的进程加快,为建立农民工社会保障制度奠定了基础。在政治层面,2003年、2004年国务院连续发出通知,要求各级政府切实改善农民工进城就业环境,做好管理和服务工作;2004年《宪法》第十四条增加一款:"国家建立健全同经济发展水平相适应的社会保障制度。"这是我国首次在《宪法》中使用"社会保障"的概念,也成为中国社会保障制度建设的新起点。在经济方面,国家财政收入随国民经济的飞速发展不断增加,有更多资金可投入社会保障建设。在社会层面,农民外出务工也进入了新时期,1980年及以后出生的新生代农民工已逐渐成为农民工的主体。国家统计局数据显示,截至2016年底新生代农民工已占全国农民工总量的49.7%。与父辈相比,他们更渴望融入城市,而他们的特殊性和成长性使得农民工的社会保障问题得到了前所未有的关注。

基于上述背景,这一时期一系列针对农民工群体的政策或规定得到细化。2004年劳动部下发了《关于农民工参加工伤保险有关问题的通知》,是国家首次出台关于农民工工伤保险的专门性政策。2006年发布的《国务院关于解决农民工问题的若干意见》是国家第一次针对农民工群体颁布的专门性政策。其中关于社会保障问题,该意见首次明确了农民工的各项权益,维护了农民工平等享受社会保障的权利。2008年10月发布的《中共中央关于推进农村改革发展若干重大问题的决定》中,多次提及农民工社会保障问题。其中最重要的一点是该政策提出户籍制度改革问题,为农民工有序转变为城镇居民提供了政策支持。二元户籍一直是导致农民工社保政策执行不力的重要因素,放松户籍制度无疑有助于农民工社保政策的制定和落实。2008年12月又专门下发了《国务院办公厅关于切实做好当前农民工工作的通知》,强调按照国家政策认真做好返乡农民工的社会保障和公共服务。2014年,国务院发布《国务院关于进一步做好为农民工服务工作的意见》,其中关于社会保障问题大致可分为以下几个方面:第一,继续强调扩大农民工参加城镇社会保险的覆盖面;第二,强调进一步制定和完善农民工社会保险转移接续的政策;第三,对农民工的养老保险、医疗保险、失业保险等各项社会保险项目做出了具体规划;第四,依法追究侵害农民工社会保障权利的用人单位及劳务派遣单位的责任;第五,实施"全民参保登记计划",整合社会保险经办管理资源,优化业务流程,增强服务能力。2016年,国务院发布《国务院关于整合城乡居民基本医疗保险制度的意见》,为建立统一的城乡居民基本医疗保险提供了指导。其中在统一覆盖范围的意见中,提出农民工和灵活就业人员依法参加职工基本医疗保险,有困难的可按照当地规定参加城乡居民医保。

尽管农民工社会保障政策在这一阶段实现了很大突破,在保障细节的落实与保障关系的转接等方面都有明显改善,但仍有一些政策内容难以完全适应农民工群体不断变化的社会保障需求,存在参保门槛高、政策执行不力等问题。

第二节　农民工社会保障现状

一、农民工当前基本状况

近年来我国农村劳动力转移呈现稳步发展态势,农民工在本地或外出务工呈现出以下几个明显特点。

1. 农民工总量持续增加

根据国家统计局发布的农民工监测报告,2016 年农民工总量达到 28171 万人,较 2015 年增加了 424 万人,增长 1.5%,见图 7-1。与此同时,外出务工农民工的增速近年来有所下降,本地农民工成为农民工数量增长的主要来源,见图 7-2。

2. 农民工年龄不断提高

农民工仍以青壮年为主,但所占比重继续下降,农民工平均年龄不断提高。从平均年龄看,2016 年农民工平均年龄为 39 岁;从年龄结构看,40 岁以下农民工最多,比重为 53.9%,见图 7-3。

3. 新生代农民工逐步壮大

新生代农民工的受教育程度普遍较高,八成以上选择外出就业,主要集中在东部地区及大中城市务工,从事制造业和建筑业的农民工比重近年来下降明显,从事第三产业的农民工比例有所上升,见表 7-1。

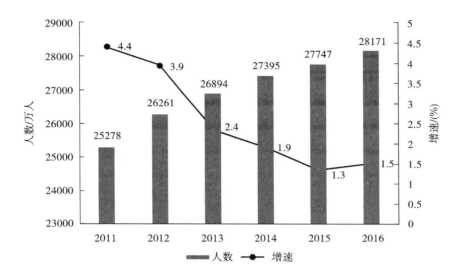

图 7-1 2011—2016 年农民工规模及增速①

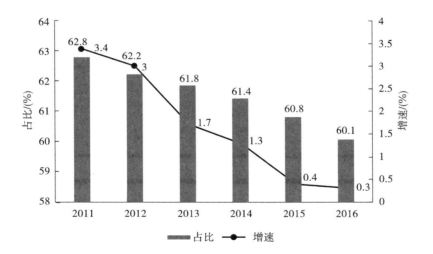

图 7-2 外出农民工增速及占农民工总量的比重①

---

① 国家统计局,2016 年农民工监测调查报告。

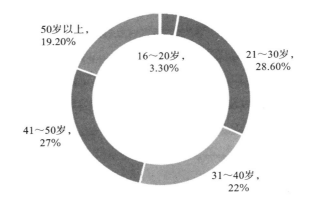

图 7-3　2016 年农民工年龄构成[1]

表 7-1　2016 年农民工从业行业分布[1]

行　　业	2015 年比例/(%)	2016 年比例/(%)	增长/(%)
第一产业	0.4	0.4	0.0
第二产业	55.1	52.9	-2.2
其中：制造业	31.1	30.5	-0.6
建筑业	21.1	19.7	-1.4
第三产业	44.5	46.7	2.2
其中：批发和零售业	11.9	12.3	0.4
交通运输、仓储和邮政业	6.4	6.4	0.0
住宿和餐饮业	5.8	5.9	0.1
居民服务、修理和其他服务业	10.6	11.1	0.5

二、农民工社会保险现状

1. 参保比例呈上升趋势,但仍然处于较低水平

随着国民经济的快速发展,人民生活水平大幅度提高和社会保障事

---

[1]　国家统计局,2016 年农民工监测调查报告。

业的发展,各类社会保险的参保农民工比例都不同程度地呈现上升趋势,社会保险覆盖面不断扩大。从图 7-4 可以看出,工伤保险的参保率一直最高。根据国家统计局公布的农民工监测调查报告,2016 年农民工总量达到 28171 万人,其中参加工伤保险的就有 7510 万人。这与农民工近年来一直普遍处于累、脏、险的较差工作环境有关,工伤保险更符合农民工对社会保险的需求。但与此同时也可以看到,即使是参保人数最多的工伤保险,参保比例也不足 30%。在农民工社会保障覆盖扩面政策的具体实施过程中,仍然存在一些因素阻碍外出农民工参保比例的进一步提升,只有一些较大的企业,工作年限较长、工作比较稳定的农民工,才参加社会保险;而众多的小微企业和那些工作年限不长、工作流动性大、工资收入较低的农民工,很多都没有参加社会保险。

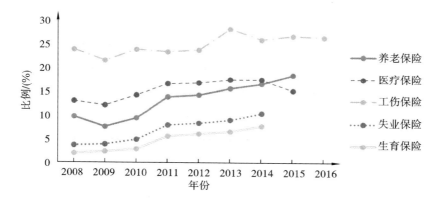

图 7-4　2008—2016 年农民工参加"五险"的比例①

在众多保险项目中,认为医疗保险为农民工最迫切需要参加保险项目的农民工比重最大,其次是养老保险,然后是工伤保险、失业保险,最后是生育保险。可见,农民工群体需求最大的三个社会保险项目分别为医疗保险、养老保险和工伤保险,并且农民工群体对医疗保险的保障需求最大,对生育保险的保障需求最小。而且,仅有 14.8% 的农民工表示没有迫

---

① 国家统计局,农民工监测调查报告(2013—2016 年)。

切需要参加的社会保险,说明这一部分农民工参加社会保险的状况较差;超过 4/5 的农民工都有参加社会保险的意愿,也说明这一部分农民工在社会保险方面的需求都没有被满足,具体见图 7-5。

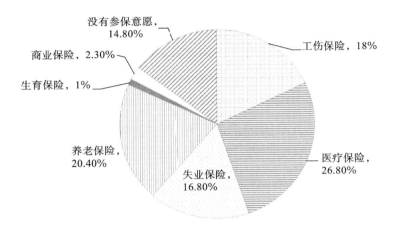

图 7-5　农民工参加社会保险状况[①]

2. 保障水平有所提升,但依然较低

以失业保险为例,相对于城镇职工而言,农民工失业保障水平也是比较低的,农民工与城镇职工失业保障待遇之间仍存在显著的差异性。按照《失业保险条例》的规定,农民合同工按累计缴费时间每满 1 年只能发 1 个月的生活补助金,且补助的标准由省、自治区、直辖市人民政府规定。而城镇职工却按累计缴费时间领取,累计缴费时间满 1 年不足 5 年的,领取失业保险金的期限最长为 12 个月;累计缴费时间满 5 年不足 10 年的,领取失业保险金的期限最长为 18 个月;累计缴费时间 10 年以上的,领取失业保险金的期限最长为 24 个月。

3. 退保现象严重

农民工对社会保险的需求较强,并且也迫切参加社会保险。然而由于二元社会管理制度下的我国传统的社会保障制度也带有明显的二元特

---

① 郑功成,黄黎若莲,等.中国农民工问题与社会保护[M].北京:人民出版社,2007.

性,导致农民工长期以来被排斥在社会保险制度外,农民工流动性相对较大,再加上各地具体的社会保障政策并不统一,社会保险跨地区特别是跨省转移的接续手续复杂、操作时间长,费时又费力。农民工流动频繁与社会保险转续困难存在着不可调和的矛盾,此矛盾也是农民工退保的根本原因。但在2006年,我国劳动保障部出台了《国务院关于解决农民工问题的若干意见》后,我国开始着手建立符合农民工特点的养老保险制度,并逐渐开始进行农民工养老保险的试点工作。此后,农民工成为我国社会保险制度扩大覆盖被保障对象的重要目标。

4. 缺乏统一立法,制度碎片化严重

由于我国关于农民工的社会保障没有统一的立法,各地区政策不统一,有的地区甚至在某些社会保险上存在政策空白现象,导致我国农民工社会保障多种模式并存,制度建设混乱。目前,我国主要存在三种农民工社会保障模式,分别是:城保模式,即将农民工纳入城镇社会保障体系,又称直接扩面模式;农保模式,即将农民工纳入农村社会保障体系;最后一种是综保模式,即为农民工建立独立于其他制度的社会保障制度。三种模式各具优势也各有缺点。城保模式跨越了户籍限制,取消了对农民工的制度歧视,但该模式不仅缴费高(相对农民工而言),而且便携性差,农民工退保现象严重。该模式的主要代表就是广东省,广东省是我国最早把农民工纳入统一的城镇职工社会保险体系的省份。农保模式缴费水平低,但统筹层次低,同样面临转续难的困境。目前农保模式的参保对象主要是乡镇企业的农民工,尤其是国家大力推行新型农村合作医疗后,农保模式也受到更多关注。综保模式是为农民工量身定制的保障模式。其费率较低,可操作性更强。但它不与任何制度接轨,转续困难。

三、农民工社会救助与社会福利现状

社会福利需求是社会保障最高层次的需求,随着经济发展水平和生活水平的不断提高,人们对社会福利的需求也越来越迫切,在农民工群体文化素质不断提高的状况下,其对社会福利的需求也越来越突出。而且未来我国社会福利的发展方向也将从补缺型社会福利向普惠型社会福利不断转变,农民工尤其是新生代农民工对社会救助的需求日益增长,要求与城市居民享有同等社会福利的愿望也越来越强烈。因此在这个转变过程中,农民工群体社会福利的建设和完善是必要环节。

2015年召开的中央经济工作会议中提出通过加快农民工市民化,扩大有效需求,打通供需通道,消化库存,稳定房地产市场。2016年的政府工作报告中也强调,要加快农业转移人口市民化,让农民工在中小城市"挣钱顾家两不误"。住房制度改革必须以满足新市民需求为出发点,应全面推进并完善居住证制度,令农民工和户籍居民平等享受公共服务和基础设施,尤其是让其子女享有接受优质教育的权利。

1. 农民工子女的教育问题

从教育救助状况来看,农民工子女入学难一直是农民工问题中的较为突出的问题之一。相关调查数据显示,农民工子女跟随农民工到城市生活的比重达到32.3%,而这些孩子到了适学年龄,其受教育问题就成为困扰农民工的一大问题。被调查农民工中其子女处于上学年龄的,有71.8%的孩子在老家上学,仅有28.2%的孩子在农民工打工的城市上学,大量的农民工子女留守在农村,疏于看管,导致了现阶段日益引人关注的留守儿童问题。这些在城市上学的孩子,有61.4%就读于公立学校,有38.6%的孩子就读于农民工子弟学校,而农民工对学费的看法中,有超过60%的农民工认为学费贵。为此,《关于进一步做好进城务工就业农民子女义务教育工作的意见》《国家中长期教育改革和发展规划纲要2010—2020年》等政策,都提出要保障农民工子女平等接受义务教育、减轻农民工子女教育费用负担。

2. 留守儿童问题

工业化和城镇化促使农民向城市迁移,产生留守儿童,这种现象在全世界也并不是特例,但我国的二元户籍制度和二元城乡结构使这个问题在我国显得更加复杂和深刻。近年来,"留守儿童校园暴力"等极端事件的频频发生,让我们看到留守儿童问题的严重性。隔代抚养,常年缺少父母的陪伴,困扰留守儿童的绝不只是物质贫困,更重要的还有留守儿童的精神贫困。农民工为我国的现代化建设做出了很多牺牲,包括牺牲孩子的童年,这不仅仅是一个家庭、一个群体、一代人的痛,更是整个社会的痛,解决留守儿童的问题刻不容缓。2016年国务院发布了《国务院关于加强农村留守儿童关爱保护工作的意见》。该意见首次提出,要"从源头上逐步减少儿童留守现象",目标是"到2020年,儿童留守现象明显减少"。政策还明确规定了解决留守儿童问题的部门职责。国家对留守儿童问题已给予高度重视,制定了初步的顶层设计。但这远远不够,继续完善保护留守儿童的法律和政策,构建留守儿童的救助和保障机制,使留守儿童扶助制度化,这些都是政府今后的工作重点。

3. 劳动福利

我国传统社会福利的一个重要特征就是劳动福利占主导,很多社会福利责任都由职工所在单位来承担,虽然我国社会福利正在向社会福利社会化的方向发展,即社会福利由社会组织、社区和单位等多个主体来承担,但现阶段劳动福利仍然在我国社会福利方面占据着重要地位。很多社会福利内容都是由职工所在单位负责实施的。

近年来,农民工超时劳动情况有所缓解,但并没有显著改善,农民工的从业时间和强度也基本稳定,见表7-2。但现阶段,农民工在节假日、住

表7-2 2013—2016年外出农民工从业时间和强度

指　　标	2013年	2014年	2015年	2016年
全年外出从业时间/月	9.9	10.0	10.1	10.0
平均每月工作时间/天	25.2	25.3	25.2	25.2
平均每天工作时间/小时	8.8	8.8	8.7	8.7
日工作超过8小时的比重/(%)	41.0	40.8	39.1	37.3
周工作超过44小时的比重/(%)	84.7	85.4	85.0	84.4

房补贴、加班费、病假工资、带薪休假等很多基本劳动福利方面都不能和城镇职工一样享有同等待遇。对于城市职工来说,其除了能够获得工资收入以外,还享有大量的劳动福利,如交通补贴、在职培训、休假、住房补贴、带薪休假等,而对于农民工来说,其劳动收益主要体现在工资收入方面,他们所能享有的劳动福利是非常少的。这不仅严重打击农民工的工作积极性,也是社会不公正的体现。这种农民工在劳动福利方面的匮乏,也是造成现阶段农民工短缺现象的重要原因之一。

4. 住房保障

全国各省市出台政策鼓励农民工进城购房,主要举措包括:将农民工纳入住房公积金制度范围、发放购房租房等补贴、允许申请公租房以及推出针对性的贷款产品等。2016年进城农民工人均住房面积为19.4平方米,购房的农民工占17.8%,比2015年提高0.5个百分点,进城农民工的居住条件也已经有所改善,农民工户住房配备电冰箱和洗衣机的比重分别达到57.2%和55.4%。可见近几年农民工居住条件总体上是在改善的。

但由于农民工劳动福利非常有限,所以其收入主要表现为工资,这就造成农民工的生活支出比较大。从住房福利来看,虽然农民工的工资收入较城镇劳动者来说,并没有低很多,但由于农民工收入来源单一,生活支出大,导致农民工购买商品房的能力非常弱,而由于户籍等多种因素,其在享有经济适用房等福利时会受到限制。因此,农民工的居住条件与城市市民相比显然较差,只有极少部分居住在亲戚家或自购房以及租住房中,大多数的农民工都居住在从业单位的集体宿舍,或临时搭建的工棚中,还有的就居住在其工作地和仓库中。

虽然我国正逐步加强农民工社会救助和社会福利方面的建设,但现行的政策仍然存在很多不合理的地方,无论是住房补贴、职业培训还是子女教育,农民工享受的待遇条件与城市居民相比都存在较大差异。例如:在住房福利方面,各项住房优惠政策都是为城市居民度身定做的。住房公积金、经济适用房、廉租房的适用条件之一都是必须有城市户口。可见,无论是哪一种形式的住房福利,都与户籍紧密挂钩,没有城市户口的农民工始终被排挤在住房保障的门口之外。关于农民工子女教育问题,流动儿童没学上、农民工子弟学校招不到学生的社会现象屡见不鲜。想要进入公立学校,家长必须拥有"五证"。无论是农民工子弟学校被无故关停,还是公立学校设立的种种入学门槛,都是对农民工的不公正待遇。

第三节 农民工社会保障存在的问题

一、政策设计中的问题

1. 政策取向偏离政策目标

农民工社会保障政策的目标应该是保障每一位农民工的基本生活需要和生存权,应当把满足农民工的权益作为主导价值。以养老保险为例,大部分地区针对农民工都实行了直接扩面式的养老保险模式。而众所周知,我国养老保险从现收现付制向基金积累制转变的过程中,产生了养老金隐形债务。农民工不得不因此承担着"空账"风险,政策在某种程度上成为政府用来应对社会统筹基金支付危机的一个工具。因为该政策不但没有真正维护农民工的养老保障利益,而且使农民工自然地成为这种空账运行风险的承担者。显然,这并不符合该政策的政策目标,或者说这样的政策取向与其政策目标存在较大偏差。

2. 无法满足农民工的实际需求

目前我国现行的农民工社会保障政策仍然没有充分考虑到农民工的

实际情况，无法满足农民工的实际需求。以现行的医疗保险政策为例，在各地普遍实行的"建社会统筹、用人单位缴费、保当期大病"的模式中，基金支付范围只涵盖大病医疗和特殊门诊，而目前进城务工的农民工大部分正处于青壮年时期，发生大病的概率较小。大病虽然也是农民工面临的风险，但农民工急需解决的问题还是基本医疗服务。根据农民工"小病扛，大病拖"的现象，"保门诊"似乎比"保大病"更有实际意义。

二、政策执行中的问题

除了政策设计在方向上的缺陷外，农民工社会保障政策在执行中也遇到了很多阻力，主要来源于雇佣农民工的企业与农民工群体的特殊性。

1. 企业的少保、漏保现象

社会保障体系是一个大范围的利民工程，企业作为社会的一个组成单位，在不断追求经济效益的同时，要切实关注农民工群体的需求和权益保护，在用人时要严格按照劳动合同的规定践行自己的义务，不能只是索取农民工廉价的劳动力。在农民工社会保险保费缴纳和基金补偿方面，按照相关政策规定应由企业缴纳。而在实际工作中，部分用人企业或单位，对农民工拖欠工资、克扣工资的很多，对其参与社会保险的抵触情节严重，很少愿意为农民工上交一些保险金，并没有按约定或合同来履行义务，对农民工的重视程度很低，帮助其参与社会保障的积极性不高。许多企业为控制成本压缩社保支出，尤其是小规模服务类企业为了控制成本极力压缩人力成本支出，不愿为农民工缴纳社保。因而大部分农民工在没有与企业签订劳动合同的情况下，无法要求企业为其缴纳社会保险。

2. 农民工自身的主观或客观因素

从客观因素看，农民工身份的双重性和低收入的现状，使他们无法充分享受社保政策带来的福利。我国城乡二元结构导致我国的社会保障制度也呈现出城乡二元性。而农民工的身份具有双重性,他们是户籍上的农民,职业上的工人,因此无法把农民工直接划入某一社保体系。现有社会保障制度的转接不便影响了农民工参保积极性。其次,参保的缴费压力较大。众所周知,导致农民工参保率不高的一个重要原因来源于农民工收入低的现状。农民工一般在农村上有老,下有小,在外打工的大部分收入都会寄回家,留在手头的收入勉强维持自己生存,社会保险的费用对于他们来说往往是一种负担。由于受文化水平的限制,其工作普遍较差,收入水平不高且不稳定,微薄的收入使很大部分农民工在社会保险费面前望而却步。部分地区建立农民工的综合保险模式,实行低于城镇职工的缴费水平等措施就是考虑到农民工收入低、缴费能力有限的特点而为他们量身设计的适应性政策。

而从主观因素来看,农民工对社会保障制度的认识不足、缺乏信心造成自身参保意识不够。尽管新一代农民工对参保的意识不断加强,参保率也有所提升,但仍有相当一部分农民工不愿支付额外的费用。农民工的高流动性与社会保险的难转续性之间的矛盾,使社会保障制度不仅没有保护农民工的利益,可能还使农民工的利益受到不同程度的损害。农民工很容易认为参保带来的费用损失大于能够获得的收益。另外,部分农民工没有意识到国家和社会对每一个公民在其医疗、失业、工伤、生育、养老等方面有提供社会保障的义务,或者说农民工根本没有意识到自己拥有维护自身社会保障利益的合法权利。

三、政策评估中的问题

政策的实施需要监督。在日常工作中,可以通过一定的记录、调研和信息反馈系统来监控社会政策行动的实施。政策评估机制在政策的制定和实施过程中发挥着重要作用,不仅可以帮助政策执行者及时发现政策存在的问题,以便及时总结经验,调整原有政策或制定新政策,还可以加强对政策执行者的监督,确保相关机构和工作人员认真负责地落实政策,从而使政策执行能始终朝着政策目标发展。而农民工的社保政策恰恰缺少这样一种评估机制。现阶段我国没有对农民工社会保障政策进行政策评估的专门机构,政府掌握的数据仅仅来自每年中央和地方统计部门对当年农民工参与社会保障的基本情况作出的大概统计。除此之外,我们还能看到部分农民工社会保障相关研究通过社会调查的形式,对典型地区农民工社保政策实施的情况展开的调查和分析。由于缺乏详细的基础数据,如农民工参保人数、退保率、缴费情况等,政府就无法对现行的农民工社会保障政策作出科学评估,从而无法为政策的进一步完善或调整提供更好的参考。相应地也就无法真正实现农民工社会保障政策的科学性,也无法对该政策的执行者进行有效的监督。

四、国外相关经验

世界上的发达国家普遍经历了较长时间的农村劳动力向城市转移的过程。劳动力的流动和转移不仅推动了经济发展,也对产业发展、就业结构、工业化和城市化进程产生了直接影响。现代社会保障制度正是为了解决工业化进程中迁移劳动力的医疗卫生、住房、就业和养老等问题而逐步确立的。其中日本在工业化进程解决农民工社会保障问题的做法对我国农民工社会保障政策未来的发展具有一定启示。

1955—1975年是日本从战败的废墟上实现腾飞的20年。伴随着日本工业化、城市化进程加快,平均每年有72.5万农民工进入城市,其中绝大多数从事制造业。20世纪50年代末至60年代是农民工的大潮期,城市就业人口的70%左右都是农民工。农民工除了对日本经济发展带来了不可磨灭的贡献,也对日本的法制建设、城市管理、个人保障等方面产生了促进作用。在经济高速发展的20年间,日本很好地化解了农民工的社会保障问题,主要得益于几个良性制度。

一是较为自由的户籍制度。日本没有城市和农村人口之分,只有户籍誊本。若准备长期出行到外地,只要把自己的户籍誊本从当地政府迁出,14天内到所到地政府再次登记即可。这种自由平等的户籍制度既能让劳动力自由流动,又不会使户籍制度成为农民工参与社保的难题。从户籍制度看,农民工可以自由选择自己的户籍所在地,随户籍享受当地的社会福利。迁徙自由的户籍制度对劳动力转移也具有促进作用。

二是全民保险制度。在日本,雇佣农民工的企业要和其他员工一样为其缴纳养老保险、医疗保险、工伤事故保险、雇佣保险等,与普通正式职工没有差别。政府严格要求企业对劳工实行雇佣保障,统一的全民保险制度使农民工安定了下来,确保农民进城后不会轻易失业。这在很大程度上也避免了农民的失业问题。这一保险制度看似增加了企业的负担,其实稳定了企业的用工来源,企业也愿意为农民工投保。

三是有专门的住房保障。为了解决农民工进城后的住房问题,日本的城市建有很好的供应住宅和住房公团体系,最初就是为农民工而建,一直延续至今,形成了日本完善的住房保障制度。

四是城市教育制度没有地域限制。日本全国实施九年全免费义务教育,日本文盲很少,农民工接受过良好的教育,文化素质水平相对较高。进入城市后,他们也很快能成为城市中优秀的劳动力。此外,学龄儿童转迁也不存在借读和赞助入学问题,学校没有地域限制,每个学生能在任何地方享受到同等的教育资源,这也在一定程度上解决了农民工的安居乐业问题。

第四节 农民工社会保障未来展望

农民工的特殊性及其生存困境决定了为其建立社会保障制度的必然

性,而我国政治制度的保障与经济实力的增强又加快了农民工社会保障制度的建设与完善。2017年10月,党的十九大报告第一次提出了"城乡融合发展",以"产业兴旺、生态宜居、乡风文明、治理有效、生活富裕"作为城乡融合发展的总要求,更加强调了我国新型城镇化快速发展进程中城乡发展的有机联系和相互促进,把乡村发展与城镇发展作为一个有机整体,不再仅限于从乡村本身思考乡村的发展问题,体现了我国城乡关系的发展思路从"城乡二元"到"城乡统筹"再到"城乡一体",最终到"城乡融合"的根本转变,确立了全新的城乡关系。目前中国经济社会发展处于城乡关系的转型期,虽然城乡收入差距在不断缩小,但中国日益增加的不平等现象超出了收入和消费等货币指标的范畴,并反映在地区间和地区内(尤其是城乡之间)的公共服务供给、就业机会和社会事业等方面,这给解决农民工的社会保障问题带来了极大挑战。尤其是户籍制度以及由此衍生的城乡养老、医疗、就业等社会保障差异为农民工群体造成了制度障碍。

为了解决城乡社会保障的不平衡问题,我国可以借鉴其他国家的社会保障体系经验,制定全国城乡统一的社会保障体系,减少不同地区分散的养老、医疗、就业、低保等不同项目带来的重合遗漏等问题,保障公平性。

(1)统筹城乡社会保障体系。一是要深化城乡二元户籍制度改革。改革户籍制度就是要逐步开放落户政策,有序接纳农民工成为城市居民。逐步建立统一、开放的人口管理机制,尽快改变进城务工人员身份转换滞后于职业转换的状况。建议逐步在大中城市建立全国统一的"流动人口居住证"制度,对流入城市的农村居民给定一个居住时间限定,如在城市居住达到规定年限后,流动人口取得"流动人口居住证"则视为城镇居民。二是要全面建成覆盖全民、城乡统筹、权责清晰、保障适度、可持续的多层次社会保障体系,全面实施全民参保计划,并建立全国统一的社会保险公共服务平台。

(2)完善养老、失业、工伤保险制度。建立符合农民工社会保障需求特点的制度体系应坚持重点突破、稳步推进原则。根据农民工的职业特点、收入状况、流动程度、市民化意愿和就业环境等特征,采取分层、分类的措施实现农民工社会保障权益。

(3)进一步完善社会福利和救助体系。建立健全农民工随迁子女接受义务教育经费保障长效机制。无论是老一代农民工还是新生代农民工,不仅要从职业能力建设的高度提升农民工人力资本存量和质量,而且要更加重视农民工子女人力资本积累问题,建立持续稳定的财政投入保障机制,保证农民工随迁子女和留守子女在义务教育阶段享有规范的、高质量的教育公共服务。因此,要加大解决后顾之忧力度,保障资金投入,使农民工子女学前教育和义务教育不受户口限制,能够享受到城市户口居民的待遇。资金缺口问题是制约教育发展、制约解决农民工子女教育问题的重要因素。教育的公益性决定着教育经费保障的政府责任,解决问题必然通过落实相关教育经费保障机制来施行,包括公用教育经费保障和农民工子女就读专项经费保障。此外,要坚持男女平等的基本国策,保障妇女儿童合法权益。完善社会救助、社会福利、慈善事业、优抚安置等制度,健全农村留守儿童和妇女、老年人关爱服务体系。发展残疾人事业,加强残疾康复服务。坚持房子是用来住的、不是用来炒的定位,加快建立多主体供给、多渠道保障、租购并举的住房制度,让全体人民住有所居。

(4)提高农民工的参保能力。一是要提高农民工工资待遇。工资水平低、不稳定已经成为农民工享受社会保障政策的极大阻力。要严格执行和完善最低工资制度,积极推行企业工资集体协商制度,建立农民工工资发放保障制度。二是要开展职业培训,对农民工加强人力资本投资。整合培训资源,提高培训效率,健全农村劳动力转移机制,实施职业技能培训工程,构建科学、合理的农民工职业培训质量控制机制,有效确定农民工培训需求导向,加强公共就业服务信息网络平台建设。

随着中国经济的飞速发展,农民工作为一个新的有主体意识的群体不断发展壮大,他们在推进城市发展的进程中毫无保留地贡献了自己的力量,而建立和健全农民工的社会保障机制也是全面建成小康社会的题中之意。目前,政府已经加强了对农民工社会保障的重视,城市农民工的生活在一定程度上有了改观,但是农民工群体的社会保障工作还是任重而道远,无论从立法保障、财政投入、社会监管、社会保障执法等环节,我们都要不断加强,切实保证农民工社会保障权的实现,从而实现中华民族伟大复兴的中国梦。

第八章

农村社会保障发展展望

第一节 农村社会保障发展的主要趋势

回顾新中国成立以来尤其是改革开放四十年来包括农村养老保险、农村合作医疗、农村社会救助、农村社会福利、农村失地农民社会保障以及农民工社会保障等不同农村社会保障制度的变迁,可以发现,农村社会保障制度经历了渐进式的变革和重构。这种变革与重构不仅有对持续选择传统非制度化的农村家庭和土地保障模式路径依赖失败的反思与突破,更有在"未富先老、未富先病"条件下对正式的、制度化的现代农村社会保障进行的积极探索和创新。当前的农村社会保障在内容体系上正在由社会救助型向社会保险型转变,在结构体系上正在由农村特殊群体向农村全体居民覆盖转变,在责权关系上正在由国家辅助参与到主动参与、积极引导转变,初步形成了国家、社会、个人相结合的社会保障责任体系。展望未来一个时期,突破了传统土地保障路径依赖的新型农村社会保障的发展主要有以下趋势。

一、城乡一体化社会保障建设将进一步加快

实施城乡二元结构是许多国家经济社会发展过程中的现实选择,而城乡一体化则是生产力发展到一定阶段的必然产物。随着城乡一体化的进程加快,城乡二元结构也必将被打破,城乡一体化是未来发展的趋势和方向。城乡一体化不只是一个概念,它具有丰富的制度内涵。而城乡一体化的社会保障制度框架设计就是其中之一。继城乡居民社会养老保

险、城乡居民基本医疗保险进入城乡一体化框架之后,今后中国城乡社会保障一体化进程还会向纵深方向发展,社会救助、最低生活保障等其他社会保障项目也必将打破城乡二元格局,进入到国家统一的社会保障制度框架之中,处境尴尬的农民工社会保障问题,也将随着城乡社会保障的一体化进程而逐步得到解决。

二、农村社会保障项目将均衡发展

农村社会保障问题是民生问题的重点和难点。改革开放以来,受诸多因素制约,农村社会保障不仅在区域间呈现非均衡发展态势,不同的社会保障项目之间的发展也不平衡。从前述相关章节可知,目前新型农村合作医疗、农村社会救助等项目发展较早、较好,新型农村社会养老保险(城镇居民社会养老保险)起步较晚,水平也较低,许多农民未参保或抵制参保,因此农民的养老后顾之忧还未能很好解除,而农民工等特殊群体社会保障问题尚未有明显突破。因此,为了提高农村居民的基本生活水平,满足他们的基本生活需求,切实完善和均衡推进农村社会保障各项目建设,促进其均衡发展,将是未来农村社会保障工作的重点发展方向。

三、政府主导地位加强

从农村社会保障的发展历程回顾可知,集体经济的衰退,特别是政府财政责任的缺失,是农村现代社会保障发展出现波折的重要原因。农村社会保障具有一般社会保障的公共物品和公共服务属性,事关农村居民的基本生存和健康需要能否得到有效保障,是政府的重要职能领域,因此,需要充分发挥政府的主导性作用。从相关国家的经验来看,无论是在发达国家还是发展中国家,有许多国家都强化了政府的主导地位,实施强制性的全民社会保障模式,农村社会保障基金大部分或全部来自国家税收。基于此,结合中国市场经济发展的现状,未来农村社会保障制度建设与发展将更加重视政府的主导作用。今后一个时期,统筹城乡社会保障建设与发展的任务和要求,就凸显出强烈的政府主导意图。

四、农村社会保障水平进一步提高

在农村社会改革如火如荼的背景下,我国农村社会保障体系的建设也取得了一些成绩。但是总体来看,我国农村社会保障事业的发展仍是初级的、低水平的,存在许多问题亟待解决。一方面是保障覆盖面窄。与城市社会保障覆盖的范围相比,我国农村社会保障体系覆盖面还较为有限。农村社会保障仅包括低保、五保供养、特困户基本生活救助、优抚安置等项目,合作医疗和养老保障仍在改革探索阶段,住房保障、失业保险、生育保险、工伤保险及不少社会福利项目也存在缺位。另一方面,农村社会保障还处于较低水平。我们知道,我国农村人口数量远超城市,但国家用于农村社会保障的支出却远远低于同期的城市社会保障支出。今后一个时期,国家将加大农村社会保障财政投入力度,不断提高农村居民的社会保障水平。

五、农村社会保障多层次发展

除了要建立国家统一的、覆盖城乡居民的社会保障制度框架外,基于区域间经济发展水平的差异和个人个体收入的差异,建设多层次的社会保障体系,满足不同区域、不同层次个体农村居民的社会保障需求,是农村社会保障发展的另一个重要目标,也是关键所在。多层次的社会保障体系主要分三个层次。第一个层次是兜底,通过最低生活保障、医疗救助、农村五保等制度对城乡的贫困家庭和居民给予社会救助,通过社会福利制度对鳏寡孤独等特定群体给予照顾。第二个层次是保障基本,主要是通过相应的社会保险制度,为参保人员提供养老、医疗、失业、工伤、生育等基本保障。第三个层次是补充,目的是提高待遇和扩大社保覆盖面,以满足不同社会成员的保障需求。

第二节 农村社会保障的政策方向

农业农村农民问题是关系国计民生的根本性问题,而农村社会保障建设又是其中重中之重。要推进今后一个时期农村社会保障制度改革和发展,需要把握以下几个政策方向。

一、坚持走中国特色社会保障道路

要为广大农村居民共享经济社会发展成果谋福利,需要不断完善和发展我国的社会保障制度。在未来的制度完善与发展过程中,首要的政策方向就是要坚持走有中国特色的社会保障道路。这主要包括两层含义:一方面,要把借鉴国外成熟经验与我国国情相结合,坚持走具有中国特色的农村社会保障道路;另一方面,要突破传统农村社会保障的路径依赖,实施制度创新,坚定走中国特色的社会保障新路。这是今后我国农村社会保障制度改革与发展的关键。

二、进行理念创新

制度经济学认为,意识形态作为共同的文化知识、理想信仰和价值观念,能够减少制度变迁和制度运行的成本。党的十八届五中全会确立了"创新、协调、绿色、开放、共享"的五大发展理念,是新时期指导我国经济社会建设与改革的主导理念。其中共享发展理念以实现社会公平发展为目标,坚持以人民为中心的取向,是我国公共治理的价值需求,是农村社会保障理性建设与发展进而发挥有效治理作用的重要依据。社会保障改革道路依然任重而道远,未来农村社会保障发展,需要突出强调公平优先理念为指导,深化共济互助意识,建立多元化多层次的社会保障体系。这不仅是发展农村社会保障的必要途径,也是我国农村社会保障发展的珍贵经验。

三、土地制度创新

土地不仅是农民最基本的生产资料,同时还是农村社会保障的重要内容。然而如前所述,农村传统以土地为中心的非正规保障模式,容易受到气候等自然灾害的影响,土地提供生活保障的可靠性下降,进一步说,土地是无法承担农民抵御生活风险的全部成本的,因此在传统土地保障模式下,广大农村居民缺乏足够的安全感。特别是随着农村市场经济的发展、社会的不断进步以及城市化进程的不断加快,基于家庭联产承包责任制基础上的农村社会保障模式已不能适应时代发展的要求。因此,今后农村社会保障制度发展的另一个政策方向是要进一步深化土地制度创新,推动农村社会保障制度摆脱对传统的路径依赖,进而实现农村社会保障制度创新。

四、强化政府主体地位

在现代市场经济条件下,传统的家庭、集体保障功能受到限制,因此,在未来的农村社会保障制度建设与发展过程中,政府应承担起相应的责任,积极发挥引导和推进作用。为此,一方面,要建立统一、协调的组织管理体制。通过整合目前多部门管理的农村社会保障管理体制,将其统一划归人力资源和社会保障部门来统筹全局,负责农村社会保障制度的政策制定、制度运行及监管,建立协调、有效的部门衔接机制,实现部门之间和城乡之间的社会保障管理体制的有效衔接,减少制度管理及运行成本。另一方面,要通过提高新型农村社会养老保险和新型农村合作医疗保险制度的统筹层次,完善农村养老保障服务体系,推进农村工伤保险、生育保险和失业保险的实施,以及主导构建农村综合型社会救助体系等政策措施,积极完善农村社会保障制度内容体系。

五、深化户籍制度改革

我国的城乡二元社会保障制度是在我国城乡二元户籍制度框架里产生的,这种二元的户籍制度环境决定了农村社会保障制度的性质、范围、进程等,反过来,这种城乡二元的社会保障制度又作用于并强化了我国的二元户籍制度,使户籍制度改革举步维艰。因此,进一步深化户籍制度改革,突破城乡二元体制的路径依赖,对推进城乡一体化建设,对促进国家治理现代化具有重要意义。今后一个时期,国家应积极引导户籍制度改革,推进城乡劳动力的自由流动,加强地区间社会保障资源的共享利用,实践共享发展理念,推进城乡社会保障制度一体化发展。

参考文献

[1] 鲍海君,吴次芳.论失地农民社会保障体系建设[J].管理世界,2002(10):37-42.

[2] 《中国社会保障制度总览》编辑委员会.中国社会保障制度总览[M].北京:中国民主法制出版社,1995.

[3] 曹立前.社会救助与社会福利[M].青岛:中国海洋大学出版社,2006.

[4] 柴志凯,孙淑云.新旧农村合作医疗制度比较新论[J].中国农村卫生事业管理,2007,27(10):726-729.

[5] 常亮.中国农村养老保障:制度演进与文化反思[D].北京:中国农业大学,2016.

[6] 车小曼.现阶段我国农民工社会保障政策研究[D].济南:山东大学,2017.

[7] 陈晨.城乡居民基本养老保险发展研究[D].泰安:山东农业大学,2017.

[8] 陈亚东.失地农民社会保障制度研究——以重庆为例[M].北京:人民出版社,2008.

[9] 陈志宏.中国农村医疗保障分析[D].北京:中央民族大学,2012.

[10] 成海军,陈晓丽.改革开放以来中国社会福利制度的嬗变[J].当代中国史研究,2011,18(3):70-78,127.

[11] 程蕊.中国农村社会保障体系建设研究[D].重庆:西南政法大学,2014.

[12] 程宇航.日本的"农民工"[J].老区建设,2011(7):56-58.

［13］丛旭文.中国失地农民社会保障问题研究［D］.长春:吉林大学,2013.

［14］崔乃夫.当代中国的民政(下)［M］.北京:当代中国出版社,1994.

［15］邓大松.中国社会保障若干重大问题研究［M］.深圳:海天出版社,2000.

［16］董莉,黄晶.现阶段中国农村社会福利制度研究［J］.管理观察,2016(5):16-18.

［17］杜丽霞.失地农民社会保障的地方政府职能研究［D］.武汉:华中科技大学,2012.

［18］杜伟,黄善明.失地农民权益保障的经济学研究［M］.北京:科学出版社,2009.

［19］范林.农村社会养老保险的城乡统筹［J］.人民论坛,2017(31):92-93.

［20］扶廷凤.城乡一体化进程中失地农民社会保障的法律体系建构［J］.农业经济,2015(4):79-81.

［21］符丽丹.我国失地农民群体性事件综述［J］.商,2014(23):45.

［22］高娜.城市化进程中失地农民养老保障问题研究［D］.天津:天津商业大学,2016.

［23］葛慧.农村社会福利制度建设初探［J］.佳木斯教育学院学报,2013(10):438-439.

［24］谷亚光.我国失地农民社会保障问题探讨［J］.当代经济研究,2010(5):62-66.

［25］顾昕,降薇.税费改革与农村五保户供养融资体系的制度化［J］.江苏社会科学,2004(3):224-230.

［26］郭春华,范露.中国农村妇女社会福利现状及对策研究［J］.劳动保障世界,2010(22):19-23.

［27］郭聪聪.我国现行城乡养老保险制度下农村居民养老保障水平研究［D］.北京:北京交通大学,2015.

［28］韩克庆.转型期中国社会福利研究［M］.北京:中国人民大学出版

社,2011.

[29] 何平,张远凤.论我国的社会救助标准[J].中南财经政法大学学报,2009(6):25-28.

[30] 何琼妹.失地农民社会保障实证测评:调整机制与保障优化[D].北京:中国财政科学研究院,2013.

[31] 胡凌云.发达地区城市化进程中失地农民权益保护问题研究[D].杭州:浙江大学,2004.

[32] 胡薇.失地农民的最低生活保障问题研究——以长沙市为例[D].长沙:湖南师范大学,2011.

[33] 胡小云.我国城市化进程中农民失地问题研究综述[J].商,2016(27):64-65.

[34] 胡岩松.城郊接合部失地农民安置途径选择[J].国土资源,2002(9):37.

[35] 花文苍.国外解决失地农民问题的经验及启示[J].江西农业学,2007,19(8):138-140,144.

[36] 黄耀冬.城乡一体化背景下的社会保障制度整合与优化研究[D].北京:中国社会科学院研究生院,2017.

[37] 贾洪波.社会保障概论[M].天津:南开大学出版社,2014.

[38] 姜丽美.发展型社会政策视域下农村医疗保障制度的修正[J].中国卫生经济,2010,29(11):27-29.

[39] 蒋翠珍.我国失地农民社会保障问题研究综述[J].华东交通大学学报,2007(3):99-103.

[40] 蒋吉祥,郑慧.我国养老保险法律体系建设现状和存在的问题[J].人大研究,2006(7):43-44.

[41] 蒋军成,高电玻,吴丽丽.农村社会养老保险制度保障效果及其城乡统筹[J].现代经济探讨,2017(4):26-31.

[42] 靳雄步.我国农民工群体特征及社会保障研究[D].长春:吉林大学,2014.

[43] 孔令强,严虹霞,乔祥利.构建失地农民社会保障机制的思考[J].农村经济,2007(8):80-83.

[44] 赖洁莲.农村医疗保险制度存在的问题及对策探讨[J].经济师,2003(10):178,226.

[45] 赖志杰,傅联英.我国新型社会救助体系构建原则与途径探析[J].社会保障研究,2009(6):64-68.

[46] 李本公,姜力.救灾救济[M].北京:中国社会出版社,1996.

[47] 李冬梅,钟永圣.论我国城市化进程中失地农民的社会保障问题[J].财政研究,2010(5):60-63.

[48] 李光勇.东亚社会保障制度的制度主义分析[D].成都:西南财经大学,2002.

[49] 李海金,贺青梅.农村社会福利:制度转型与体系嬗变[J].四川大学学报(哲学社会科学版),2010(2):102-106.

[50] 李红旗,李丹.我国失地农民社会保障相关文献的研究[J].安徽农业科学,2008,36(15):6554-6555,6577.

[51] 李军.失地农民养老保险的模式选择[D].沈阳:东北大学,2009.

[52] 李苏.我国失地农民问题研究述评[J].哈尔滨商业大学学报(社会科学版),2011(5):97-100.

[53] 李文静.结合国外教育救助制度论我国教育救助制度的发展[J].科学之友,2011(5):136-137.

[54] 李向东.新型农村合作医疗现状及发展研究[D].镇江:江苏大学,2010.

[55] 李学举.跨世纪的中国民政事业·总卷(1994—2002)[M]北京:中国社会出版社,2002.

[56] 李亚利.失地农民社会保障模式比较研究[D].太原:山西财经大学,2012.

[57] 李迎生,袁小平.新型城镇化进程中社会保障制度的因应——以农民工为例[J].社会科学,2013(11):76-85.

[58] 廖小军.中国失地农民研究[M].北京:社会科学文献出版社,2005.

[59] 林闽钢,刘喜堂.当代中国社会救助制度:完善与创新[M].北京:人民出版社,2012.

[60] 林奇清.论当代中国农村社会福利发展的治理出路[J].太原理工大学学报(社会科学版),2015,33(5):46-50.

[61] 林添福.失地农民问题研究述评[J].农业经济,2005(9):13-15.

[62] 凌文豪.论失地农民社会保障体系的构建[J].经济问题,2010(2):99-102,120.

[63] 刘峰.农村社会保障改革研究[M].长沙:湖南人民出版社,2011.

[64] 刘继同.中国儿童福利制度研究[M].北京:中国社会出版社,2017.

[65] 刘景章.农业现代化的"日本模式"与中国的农业发展[J].经济纵横,2002(9):40-44.

[66] 刘康.农村集体土地流转过程中"土地换社保"研究综述[J].北京农业,2012(15):262-263.

[67] 刘敏.适度普惠型社会福利制度[M].北京:中国社会科学出版社,2015.

[68] 刘晓梅、邵文娟.社会保障学[M].北京:清华大学出版社,2014.

[69] 刘晓霞.我国城镇化进程中的失地农民问题研究[D].长春:东北师范大学,2009.

[70] 刘雅静,张荣林.我国农村合作医疗制度60年的变革及启示[J].山东大学学报(哲学社会科学版),2010(3):144-151.

[71] 刘雅雯.我国中部地区农村老年人社会福利问题研究[D].上海:上海工程技术大学,2016.

[72] 刘彦男.城乡养老保险制度衔接问题研究[D].济南:山东大学,2015.

[73] 刘植荣.发达国家的社会福利:穷人优先[J].共产党员,2011(2):43.

[74] 卢海元.和谐社会的基石——中国特色新型养老保险制度研究[M].北京:群众出版社,2009.

[75] 骆芳婧.失地农民的医疗保障问题研究[D].南京:南京大学,2016.

[76] 马晓磊.城市化背景下失地农民的社会保障问题研究[J].农村经济,2010(5):71-73.

[77] 毛振华.社会福利与社会建设[M].北京:社会科学文献出版社,2010.

[78] 毛志忠,曾国华.失地农民社会保障问题研究综述[J].经济论坛,2006(18):115-117.

[79] 孟翠莲.我国新型农村合作医疗制度的可持续发展研究[M].北京:中国财政经济出版社,2008.

[80] 民政部.民政部对"关于将关爱农村留守儿童服务体系能力建设纳入国家"十三五"儿童福利服务保障体系规划的建议"的答复(摘要)[EB/OL].[2016-09-13].http://www.mca.gov.cn/article/gk/jytabljggk/rddbjy/201610/20161015002013.shtml.

[81] 倪军昌.北京城乡结合部征地和失地农民问题研究[D].北京:中国农业大学,2004.

[82] 欧俊,李松柏.农村医疗保障问题研究[J].安徽农业科学,2009,37(20):9678-9680,9688.

[83] 潘海斌.失地农民社会保障制度研究[D].杭州:浙江工商大学,2013.

[84] 潘胜文,杨丽艳.西方社会福利制度的改革及启示[J].武汉大学学报(哲学社会科学版),2005,58(6):845-849.

[85] 潘屹.中国农村福利[M].北京:社会科学文献出版社,2014.

[86] 齐鹏.中国城乡居民养老保险问题研究[D].济南:山东大学,2016.

[87] 钱敏.农村五保供养情况的调查与思考——以湖北省咸宁市为例[J].财政监督,2017(8):61-64.

[88] 乔益洁.中国农村合作医疗制度的历史变迁[J].青海社会科学,2004(3):65-67,40.

[89] 秦华.新型城镇化进程中失地农民市民化问题研究[D].南京:南京理工大学,2017.

[90] 任洁.农村社会养老保险——制度变迁简析[J].经济研究导刊,2016

(21):49-52,67.

[91] 任洁琼,陈阳.教育救助(上)[J].社会福利,2002(11):58-62.

[92] 任洁琼,陈阳.教育救助(下)[J].社会福利,2002(12):59-62.

[93] 邵彦敏,陈肖舒.共享发展与失地农民社会保障[J].学习与探索,2017(2):64-69.

[94] 盛琳.构建民族地区新型农村社会福利制度的思考[J].民族论坛,2011(9):42-45,65.

[95] 史红斌,薛昊.对失地农民社会保障制度理论与实践模式的综述[J].知识经济,2009(5):55-56.

[96] 史先锋,曾贤贵.我国城市化进程中失地农民养老保险问题研究[J].经济纵横,2007(2):25-27.

[97] 宋建辉,孙国兴,崔凯.失地农民收入问题研究综述[J].中国农业资源与区划,2013,34(6):198-204.

[98] 宋青锋,左尔钊.试论失地农民的社会保障问题[J].农村经济,2005(5):77-79.

[99] 宋士云.中国农村社会保障制度结构与变迁(1949—2002)[M].北京:人民出版社,2006.

[100] 宋彦辉.我国农村社会保障制度研究[D].哈尔滨:黑龙江大学,2004.

[101] 宋洋.多元治理视角下我国农村老年人社会福利体系构建[J].天津行政学院学报,2016,18(3):61-66.

[102] 隋想.新型城镇化过程中失地农民社会保障法律问题研究[D].哈尔滨:哈尔滨商业大学,2015.

[103] 孙建娥,黄锦鹏.我国农村灾害救助制度发展与完善研究[J].湖南行政学院学报,2010(3):25-28.

[104] 唐彦婷.农村散居孤儿社会福利政策探析[J].学理论,2015(25):100-101.

[105] 童星,林闽钢.中国农村社会保障[M].北京:人民出版社,2011.

[106] 汪柱旺.加快新型农村合作医疗制度建设[J].宏观经济管理,2005(9):20-22.

[107] 王必达,裴志伟.我国失地农民社会保障模式的比较与反思[J].科学·经济·社会,2012,30(4):55-59.

[108] 王晗,何万里.国外农村社会养老保险制度经验及其启示[J].合作经济与科技,2015(20):192.

[109] 王宏波.建立农村社会养老保险制度的理由、条件与启示——以若干国家的农村养老保险制度为例[J].农村经济,2017(12):70-74.

[110] 王怀勇.中国农村社会福利保障体制的形成与变迁[J].社会科学研究,2009(4):80-85.

[111] 王建,何兰萍.失地农民社会保障安置问题研究[J].天津大学学报(社会科学版),2008,10(1):52-55.

[112] 王建涛.农村土地征收补偿法律问题研究[D].大连:东北财经大学,2012.

[113] 王娟,王晶.我国被征地农民社会保障法律制度的完善路径[J].河北经贸大学学报(综合版),2016,16(2):105-108.

[114] 王丽维.新型城镇化失地农民社会保障问题研究[D].成都:西南交通大学,2016.

[115] 王敏,李济博.我国城乡居民养老保险财政负担的历史嬗变[J].河南财政税务高等专科学校学报,2017,31(4):1-4.

[116] 王敏.中国农村残疾人福利体系构建——以费边社会主义福利思想为例[J].管理观察,2017(3):174-176.

[117] 王鹏.中国城乡居民社会养老保险制度模式识别、目标优化和政策路径选择研究[D].杭州:浙江大学,2013.

[118] 王珊珊,郝勇,张现同.我国失地农民社会保障问题研究综述[J].社会保障研究,2010(2):91-95.

[119] 王世联.农村征地收益分配与失地农民社会保障问题研究综述[J].

经济纵横,2008(6):123-125.

[120] 王四炯,贲成龙.论新型农村社会保障体系的构建[J].农业经济,2008(2):30-32.

[121] 王涛.国外养老保险制度经验及对我国农村社会养老保险的启示[D].大连:东北财经大学,2012.

[122] 王雪峤.从英国圈地运动看我国当代农村土地流转及经营问题[J].太原城市职业技术学院学报,2010(4):43-45.

[123] 王岩.我国农村社会福利的发展与模式转换研究[J].改革与战略,2016,32(7):37-40,142.

[124] 王誉霖.中国社会养老保险城乡整合发展研究[D].[湖北]:武汉大学,2014.

[125] 李长明.农村卫生文件汇编(1951—2000).中华人民共和国卫生部基层卫生与妇幼保健司,2001.

[126] 魏瑞清.关于我国失地农民社会保障问题研究综述[J].现代营销,2012(9):201-202.

[127] 温衍欣.新型城乡居民社会养老保险制度实施现状、问题及对策研究[D].南昌:江西农业大学,2017.

[128] 武玲娟.城市化进程中"政府主导型"失地农民社会保障模式研究[D].济南:山东大学,2006.

[129] 冼青华.中国失地农民多层次的养老保险体系研究[D].成都:西南财经大学,2013.

[130] 肖湘.社会保障视角下失地农民幸福感的研究[D].长沙:湖南农业大学,2016.

[131] 习近平.决胜全面建成小康社会夺取新时代中国特色社会主义伟大胜利——在中国共产党第十九次全国代表大会上的报告[M].北京:人民出版社:2017.

[132] 杨国平.中国新型农村合作医疗制度可持续发展研究[D].上海:复旦大学,2008.

[133] 杨巧赞.中国社会福利发展报告[M].北京:中国社会出版社,2016.

[134] 杨素青.失地农民社会保障现状与对策——以山西为例[J].经济问题,2009,36(8):73-75.

[135] 杨一帆.失地农民的征地补偿与社会保障——兼论构建复合型的失地农民社会保障制度[J].财经科学,2008(4):115-124.

[136] 杨勇刚.中国农村社会福利的发展与模式转换研究[D].武汉:华中师范大学,2012.

[137] 杨致瑷.我国农村养老保险制度发展与"新农保"实施现状综述[J].安徽农业科学,2017,45(2):218-220,226.

[138] 姚晓荣,井文豪.完善社会救助制度促进和谐社会建设[J].社会科学家,2007(3):125-127.

[139] 于贝贝.城乡居民养老保险政策实施效果及影响因素研究[D].郑州:郑州大学,2017.

[140] 袁书华,邢占军.农村留守儿童社会福利与主观幸福感的关系研究[J].中国特殊教育,2017(9):9-14.

[141] 袁琰.被征地农民权益保障制度的法律构建[D].重庆:西南政法大学,2004.

[142] 岳颂东.呼唤新的社会保障[M].北京:中国社会科学出版社,1997.

[143] 岳岩.我国农村养老保险制度发展与完善——基于德国、日本的经验[J].新西部(中旬刊),2017(1):147-148.

[144] 张爱平.失地农民社会保障制度研究[D].武汉:武汉大学,2011.

[145] 张碧.我国失地农民社会保障问题研究[D].北京:中国财政科学研究院,2015.

[146] 张浩淼.中国社会救助制度改革的新思考——基于发展型模式的视角[J].黑龙江社会科学,2011(4):134-138.

[147] 张靖.被征地农民的社会保障安置途径探讨[D].北京:中国农业大学,2004.

[148] 张李娟.国际农村养老模式的经验借鉴[J].改革与战略,2017,33

(10):191-194.

[149] 张培勇,马洁华,丁珊.新时代语境下的我国农村社会保障研究[M].北京:中国水利水电出版社,2015.

[150] 张希兰.失地农民社会保障问题研究[D].南京:南京农业大学,2013.

[151] 张玉良.战后日本的土地改革[J].世界知识,1986(22):8-9.

[152] 章亮亮.试述我国土地征用补偿制度及完善[D].上海:华东政法学院,2004.

[153] 赵怀晓.失地农民社会保障现状及对策研究[D].海口:海南大学,2017.

[154] 赵立雄.农村扶贫开发新探[M].北京:人民出版社,2008.

[155] 赵新龙.论失地农民社会保障制度的构建[J].财贸研究,2006(2):72-77.

[156] 赵映诚,王春霞,杨平.社会福利与社会救助[M].大连:东北财经大学出版社,2015.

[157] 郑功成.中国救灾保险通论[M].长沙:湖南出版社,1994.

[158] 郑源峰.失地农民就业与社会保障现状及对策研究[D].杭州:浙江大学,2015.

[159] 北京大学医学部公共卫生学院,卫生部基层卫生妇幼保健司.中国农村卫生服务筹资和农村医生报酬机制研究[J].中国初级卫生保健,2000,14(7):3-4.

[160] 中华人民共和国劳动和社会保障部.1998年劳动和社会保障事业发展年度统计公报[J].劳动保障通讯,1999(7):36-37.

[161] 钟水映,李魁.失地农民社会保障安置:制度、模式与方向[J].中州学刊,2009(1):112-116.

[162] 周卉.中国农村养老保险制度的发展与反思[D].长春:吉林大学,2015.

[163] 周杰.改革开放以来我国农村社会保障政策的历史考察[D].长沙:

湖南师范大学,2009.
- [164] 周维,刘长秀.我国城镇化进程中失地农民权益问题的研究综述[J].科技创新导报,2011(4):1,4.
- [165] 周志凯.对我国农村社会福利事业的思考[J].生产力研究,2006(6):40-41,82.
- [166] 周志凯.论我国农村老年人社会福利事业[J].社会主义研究,2005(3):76-78.
- [167] 朱杏林.城乡居民养老保险制度的分析:改革与方向[J].财会学习,2017(21):209.
- [168] 朱玉莲,薛枝梅.我国失地农民教育培训研究述评[J].继续教育研究,2012(8):21-23.

后　记

早在 2017 年初，本丛书的总主编龚云博士就曾跟我提起他准备策划一套"中国农村改革四十年"的系列专著的想法，并拟让我承担《中国农村社会保障研究》一书的撰写任务。鉴于已有的年度工作要务，我本欲婉拒，但考虑其选题立意之高，以及本人多年对中国农村社会保障特别是对农村养老、农村医疗以及农村贫困救助等问题的研究思考，又想借机谈些什么，所以便应承了下来。

本书的撰写任务是在华中科技大学出版社周晓方编辑的大力支持和帮助下完成的。虽然本书的研究设计我完成得较早，但由于自己工作琐碎，加上本书是一本既要"瞻前"，又要"顾后"的农村社会保障著作，因此对其章节布局和细节处理又需要谨慎处理，因此，本书的撰写、修改以及总纂定稿时间比预期更长。

本书的撰写工作是在我明确整体撰写思路、拟定分析框架、设计各章撰写大纲后启动的。博士研究生王晶晶，硕士研究生李若疃、王跃、李乐群、肖童、赵豫和尹雪晶参与了相关章节的资料收集和初稿撰写工作。

由于作者水平有限，书中仍难避免疏漏或不妥之处，欢迎读者不吝赐教。

作　者
2018 年国庆假日写于北京

图书在版编目(CIP)数据

中国农村社会保障研究/苏保忠著.—武汉:华中科技大学出版社,2021.12
(中国农村改革四十年研究丛书)
ISBN 978-7-5680-4672-5

Ⅰ.①中… Ⅱ.①苏… Ⅲ.①农村-社会保障-研究-中国 Ⅳ.①F323.89

中国版本图书馆 CIP 数据核字(2021)第 252837 号

中国农村社会保障研究
Zhongguo Nongcun Shehui Baozhang Yanjiu

苏保忠 著

策划编辑:周晓方 杨 玲	
责任编辑:康 序	
封面设计:廖亚萍	
责任监印:周治超	
出版发行:华中科技大学出版社(中国·武汉)	电话:(027)81321913
武汉市东湖新技术开发区华工科技园	邮编:430223

录　　排:华中科技大学惠友文印中心
印　　刷:湖北金港彩印有限公司
开　　本:710mm×1000mm　1/16
印　　张:16.75　　插页:2
字　　数:256 千字
版　　次:2021 年 12 月第 1 版第 1 次印刷
定　　价:138.00 元

本书若有印装质量问题,请向出版社营销中心调换
全国免费服务热线:400-6679-118　竭诚为您服务
版权所有　侵权必究